Ciência da Lógica
O Ser

- *A formação do pensamento de Hegel*
- *Contemplação e dialética nos diálogos platônicos*
- *Introdução ao pensamento de Hegel* – Tomo I: A *Fenomenologia do espírito* e seus antecedentes
- *Ciência da Lógica, O Ser*

OBRA FILOSÓFICA INÉDITA DE
HENRIQUE CLÁUDIO DE LIMA VAZ

Georg Wilhelm Friedrich Hegel

Ciência da Lógica

Prefácio, Introdução e Primeira Parte
do Primeiro Tomo, Primeiro Livro

O Ser
Edição de 1812

Tradução de
Henrique Cláudio de Lima Vaz

Edição de
Manuel Moreira da Silva

Coordenação de
João Augusto Anchieta Amazonas Mac Dowell

Dados Internacionais de Catalogação na Publicação (CIP)
(Câmara Brasileira do Livro, SP, Brasil)

Vaz, Henrique Cláudio de Lima, 1921-2002
    Ciência da Lógica : O Ser / Henrique Cláudio de Lima Vaz.
-- São Paulo : Edições Loyola, 2021. -- (Obra filosófica inédita de
Henrique C. de Lima Vaz)
    ISBN 978-65-5504-132-3
    1. Filosofia 2. Lógica 3. Hegel, Georg Wilhelm Friedrich, 1770-1831.
A ciência da lógica I. Título II. Série.

21-87796   CDD-193

Índices para catálogo sistemático:
1. Hegel : Filosofia alemã   193
Maria Alice Ferreira - Bibliotecária - CRB-8/7964

Comissão Patrocinadora da Edição da Obra Filosófica Inédita de Henrique Cláudio de Lima Vaz
Prof. Dr. João Augusto Anchieta Amazonas Mac Dowell (Coord.)
Prof. Dr. Franklin Leopoldo e Silva (USP)
Prof. Dr. Joaquim Carlos Salgado (UFMG)
Prof. Dr. José Henrique Santos (UFMG)
Prof. Dr. Marcelo Fernandes de Aquino (UNISINOS)
Prof. Dr. Marcelo Perine (PUC-SP)
Prof. Dr. Paulo Gaspar de Meneses † (UNICAP)

Capa: Walter Nabas
Diagramação: Sowai Tam

A revisão do texto desta obra é de
total responsabilidade de seu autor.

Edições Loyola Jesuítas
Rua 1822 nº 341 – Ipiranga
04216-000 São Paulo, SP
T 55 11 3385 8500/8501, 2063 4275
editorial@loyola.com.br
vendas@loyola.com.br
www.loyola.com.br

Todos os direitos reservados. Nenhuma parte desta obra pode ser reproduzida ou transmitida por qualquer forma e/ou quaisquer meios (eletrônico ou mecânico, incluindo fotocópia e gravação) ou arquivada em qualquer sistema ou banco de dados sem permissão escrita da Editora.

ISBN 978-65-5504-132-3

© EDIÇÕES LOYOLA, São Paulo, Brasil, 2021

101965

Sumário

Apresentação 9
Tradução 39
Prefácio 41
Introdução 51
Lógica. Suas Divisões Gerais 89

LIVRO PRIMEIRO

O Ser. Qual deve ser o começo da Ciência? 97
Divisão geral do Ser 117

PRIMEIRA SEÇÃO

Determinidade (Qualidade) 121

Capítulo Primeiro
O Ser 123
  A. Ser 123
  B. O Nada 123
  C. O Devir 125
    1. Unidade do ser e do nada 125
      Nota I. A oposição do ser e do nada na representação 125

Nota II. Ser e nada, tomados cada um por si 141
Nota III. Outras relações no reportamento do ser e do nada 149
Nota IV. A dialética habitual diante do devir e do surgir e
 desaparecer... 153
2. Momentos do devir... 155
3. Suprassumir do devir 157
Nota. O suprassumir... 159

Capítulo Segundo
O Ser-aí.. 163
 A. Ser-aí como tal.. 163
  1. Ser-aí em geral 163
  2. Realidade.. 165
   a) Ser-outro.. 165
   b) Ser-para-outra-coisa e Ser-em-si................... 169
   c) Realidade.. 173
    Nota. Significação habitual da realidade 173
  3. Alguma-Coisa.. 179
 B. Determinidade... 183
  1. Limite... 185
  2. Determinidade 191
   a) Determinação... 191
   b) Disposição 193
   c) Qualidade... 193
    Nota. Significação habitual da qualidade........ 195
  3. Mudança 197
   a) Mudança da disposição................................... 199
   b) Dever-ser e limitação 201
    Nota. Tu deves, porque tu podes 205
   c) Negação.. 205
    Nota[1] 207
 C. Infinitude (qualitativa).. 211
  1. Finitude e Infinitude.. 211

---

[1] Esta nota não se encontra indicada na tábua de matérias da edição original (nota de Labarrière e Jarczyk). (N. do E.)

2. Determinação recíproca do finito e do infinito 215
3. Retorno a si da infinitude 221
   Nota. Oposição habitual do finito e do infinito 225

Capítulo Terceiro
O ser-para-si 231
   A. O ser-para-si como tal 231
      1. Ser-para-si em geral 233
      2. Os momentos do ser-para-si 233
         a) O momento de seu ser-em-si 233
         b) Ser para uma-coisa 235
            Nota. Que é, como coisa? 235
         c) Idealidade 237
      3. Devir do Um 243
   B. O Um 245
      1. O Um e o vazio 245
         Nota. Atomística 249
      2. Múltiplos Uns (Repulsão) 251
         Nota. Multiplicidade das Mônadas 255
      3. Repulsão recíproca 257
   C. Atração 261
      1. Um Um 263
      2. Equilíbrio da atração e da repulsão 265
         Nota. Construção kantiana da matéria a partir da força de atração e da força de repulsão 271
      3. Passagem à Quantidade 273

Observações editoriais 277

Obras citadas 303

Apresentação

O presente volume contém a tradução do Primeiro tomo, Livro primeiro, Seção I da *Ciência da Lógica* de Hegel em sua primeira edição, de 1812, realizada por Henrique Cláudio de Lima Vaz, ao que tudo indica, em 1983 ou antes. A tradução contempla, de modo mais preciso, o Prefácio, a Introdução e a Divisão geral da Lógica, assim como a Introdução, a Divisão geral e a Primeira seção (qualidade) da *Doutrina do Ser*, de 1812. Catalogada dentre os manuscritos inéditos do Padre Vaz sob a inscrição "Ficha: 24 — ARM 01 — GAV. 13" [Ficha 24, Armário 01, Gaveta 13], esta versão da primeira edição da *Ciência da Lógica* foi originalmente datilografada em 79 páginas, formato 20 x 27 cm, em espaçamento simples, e posteriormente escaneada em 79 arquivos, formato JPEG. Estes, os arquivos a partir dos quais, depois de transformados em PDF, impressos e enfim digitados[1], a presente edição tornou-se possível.

A tradução que ora temos em mãos parece ter sido primeiramente esboçada de próprio punho por Lima Vaz (conforme "Ciência da Lógica", "Cad. 2", 1982 [Ficha 18], citada desse modo por Vaz ele mesmo [Ficha 28], como "Bibliografia" de um outro curso sobre a *Lógica* de Hegel em 1985), assim como corrigida, aumentada e datilografada por ele próprio ou

---

[1] A digitação dos 79 arquivos impressos foi realizada por Alice Aguiar Moreira da Silva, minha filha, a quem agradeço a gentileza e parabenizo, publicamente, pela coragem de ter assumido tamanha tarefa, sem a qual este trabalho não teria se realizado a contento.

por um terceiro. Infelizmente, porém, não temos evidência direta desses três últimos fatos, aos quais é importante acrescentar que os dois textos não se mostram rigorosamente em sincronia; pois o manuscrito é, a um tempo, mais superficial e mais abrangente que a tradução datilografada ora apresentada. Em suas primeiras 44 (quarenta e quatro páginas), o manuscrito apresenta uma tradução resumida — uma espécie de paráfrase dos prefácios, da Introdução e do capítulo sem número da *Lógica do Ser* —, entremeada com notas, indicações bibliográficas e referências a alguns parágrafos da *Enciclopédia* de 1830, em especial os §§79-82, que tratam especificamente do Lógico segundo a forma ou, em rigor, do método especulativo. Nas últimas 46 (quarenta e seis páginas), o manuscrito salta para a *Lógica do Conceito*, igualmente resumida, bem como apresentada na mesma forma e no mesmo estilo da parte anterior.

Em todo caso, a presente tradução segue o mesmo padrão de outros textos datilografados de Lima Vaz, como, por exemplo, o artigo "Da Ciência da Lógica à Filosofia da Natureza: estrutura do sistema hegeliano", publicado na Revista *Kritérion*, do Departamento de Filosofia da UFMG, de Belo Horizonte[2], do qual encontramos alguns importantes esboços. A saber: (1) o manuscrito "Da ideia lógica à ideia da natureza: coerência e estrutura do sistema hegeliano", em *Exercitationes philosophicae variae*, Ficha 45, ARM 02 — GAV. 3, p. 23-58; (2) o mesmo texto datilografado, agora já com o título definitivo, "Da Ciência da Lógica à Filosofia da Natureza: estrutura do sistema hegeliano", catalogado como Ficha 153, ARM 4 — GAV. 1ª, cuja origem primeira foi na verdade (3), conforme o próprio Vaz (em *Exercitationes philosophicae variae*, Ficha 45, ARM 02 — GAV. 3, p. 23), duas aulas ministradas nos quadros do curso intitulado "O sistema hegeliano da maturidade — Enciclopédia", Ficha 30, ARM 01 — GAV. 1ª. Importante observar, neste ponto, que o texto datilografado referente ao artigo contém as mesmas características gráficas que o texto datilografado da tradução, sendo além disso revisado por Lima Vaz. O que se pode verificar devido à mesma grafia do manuscrito, exatamente a de Vaz, que inclusive assina, à caneta, o texto datilografado do artigo.

---

[2] Ver, VAZ, Henrique C. de Lima, Da Ciência da Lógica à Filosofia da Natureza: estrutura do sistema hegeliano, *Kritérion* 95 (1997): 33-48.

A evidência indireta, acima descrita em seus caracteres gerais, pode se mostrar uma peça importante na demonstração da autoria de Lima Vaz para a tradução em tela. Acrescente-se a isso o fato relatado ao autor destas linhas, pelo Prof. Dr. Pe. João Augusto Anchieta Amazonas Mac Dowell, SJ (FAJE/BH), coordenador do Projeto: *Edição da obra filosófica de Henrique C. de Lima Vaz*, de que "a tradução foi encontrada no espólio de Pe. Vaz juntamente com os cursos de 1983.2-84.1 sobre a *Ciência da Lógica (Doutrina da Essência)* na mesma pasta"[3], assim como a afirmação do Prof. Dr. Alfredo Pereira Júnior (UNESP Botucatu/Marília), mestrando em Filosofia na FAFICH/UFMG à época, segundo a qual Lima Vaz teria usado naquele curso uma tradução brasileira de uma parte da *Lógica*[4]. Essas informações exigem um exame acurado, ainda que célere, do referido material, do seu possível contexto de produção e uso por Lima Vaz. Comecemos pelo contexto da produção vaziana, especialmente de seus cursos sobre Hegel.

1. SOBRE AS FONTES: O MANUSCRITO, O CONTEXTO DE SUA EMERGÊNCIA E AUTORIA

Lima Vaz mudou-se para Belo Horizonte em princípios de 1964[5] e lecionou na FAFICH/UFMG de 1965 a 1986 e, até onde se sabe, ministrou cursos sobre Hegel no Mestrado em Filosofia a partir de 1974. Esses

---

[3] Discussão via e-mail atualizada em 19 de dezembro de 2019. Essa informação e a seguinte se confirmam mediante duas citações de Lima Vaz, no Curso *Introdução à Ciência da Lógica*, de 1985.2 (Ficha 28). Na primeira, o filósofo se refere à bibliografia do curso, especificamente à "Ciência da Lógica": Cad. 2 (1982) e Cad. 1 (1983); na segunda, ele cita o Cad. 2 (1982), quando, na seção II) A ideia da Lógica hegeliana, subseção 3) *Lógica e Fenomenologia do Espírito*, se refere ao *Prefácio* e à *Introdução* da *Ciência da Lógica*. O Cad. 2 (1982), que aqui nos interessa mais de perto, de início foi deixado de lado, mas logo depois, como se discutirá mais adiante, se mostrou fundamental para o trabalho de estabelecimento da tradução da Lógica por Lima Vaz.

[4] Ver, mais adiante, p. 12, nota 6.

[5] Veja-se a entrevista de Lima Vaz a Marcos Nobre e José Márcio Rego, em: NOBRE, M. e REGO, J. M., *Conversas com filósofos brasileiros*, São Paulo: Ed. 34, 2001, p. 32. Antes de sua mudança para Belo Horizonte, Lima Vaz residira em Nova Friburgo/RJ, quando de sua passagem pelo Colégio Anchieta (com a Faculdade de Filosofia) entre 1953-1964.

cursos, em sua maioria, trataram da *Ciência da Lógica*; em menor medida, discutiram temas da *Enciclopédia*, da *Fenomenologia do Espírito*, da *Filosofia do Direito* e da *Filosofia da História*. Nos anos de 1974, 1977 e 1982, respectivamente, o filósofo ensinou a Lógica da *Enciclopédia*, a Doutrina do Conceito da Grande Lógica e sobre Kant e Hegel no âmbito do Idealismos alemão, bem como sobre a *Ciência da Lógica* e sua relação com a *Filosofia do Direito*. No que diz respeito à tradução ora em questão, Lima Vaz traduziu o texto da Lógica do Ser (Prefácio, Introdução e 1ª seção do primeiro livro do tomo I), tendo como base ou modelo a versão de Labarrière/ Jarczyk publicada em 1972), versão essa por ele considerada excelente, em cujo texto, igualmente, ele não faz nenhuma referência ao texto da edição crítica das Gesammelte Werke (publicada em 1978). Em 1985 (Ficha 281) ele se refere ao texto alemão e ao texto francês, mas em 1982 (Idealismo Alemão — Hegel [e Kant] 2º/1982 — CLóg/Fil Dir, Fita 01 — A) ele não menciona a edição crítica.

De posse do Livro primeiro da edição francesa de Labarrière e Jarczyk, Lima Vaz provavelmente começou a traduzi-lo; o que poderia ter ocorrido entre 1976 e 1983, ou, ainda, entre 1982 e 1983. A primeira hipótese é baseada na data de registro do exemplar existente na Biblioteca da FAJE, conforme nota abaixo, precisamente em 1976 (quando dera entrada na Biblioteca Instituto Aloisiano, SJ, no Rio de Janeiro/RJ, onde o filósofo residira entre 1975 e 1981), sendo posteriormente cadastrado na Biblioteca do ISI-CES (antigo nome da FAJE/BH) em 1982. A segunda hipótese baseia-se, em parte, no testemunho do Professor Dr. Alfredo Pereira Júnior (UNESP Botucatu/Marília), então aluno de Vaz no Mestrado em Filosofia da UFMG, em 1983-1984, de que o ouro-pretano teria feito uso da tradução de uma parte da *Lógica* para o Português, assim como, talvez, da *Fenomenologia*, esta atribuída a Paulo Meneses; infelizmente, até o momento, não conseguimos uma cópia dessa tradução utilizada em sala de aula, nem temos qualquer confirmação de sua autoria a partir de testemunhos vindo do próprio filósofo ou de seus alunos à época, de modo que não foi possível confrontá-la com a versão de que dispomos[6]. A segunda hipótese baseia-se,

---

[6] Nas palavras de Alfredo Pereira Júnior: "Ele [Pe. Vaz] usava uma tradução do Paulo Meneses, acho que da Fenomenologia e de alguma parte da Lógica. Não me lembro dele ter mencionado uma tradução dele. Pelo que me lembro eu li

ainda, em dois fatos importantes, a saber: (1) No curso ministrado em 1977, intitulado *A concepção hegeliana do conceito*, Lima Vaz não faz menção à tradução francesa da Lógica de 1812; (2) em sua tradução do Prefácio, da Introdução e dos dois primeiros capítulos da *Fenomenologia do Espírito*[7], publicados em 1973 e depois em 1980 (em segunda edição), como parte do volume *Hegel*, da Coleção *Os pensadores*, pela Abril Cultural, a estratégia de tradução e o vocabulário são bastante diversos daqueles da tradução em tela. Por conseguinte, o mais provável é que essa tradução tenha sido feita em 1982 e, de fato, datilografada em 1983; quando, porém, chega ao ISI-CES o primeiro volume da edição crítica da *Ciência da Lógica* da Gesammelte Werke (GW 11), com os volumes seguintes (GW 12, GW 21) chegando, respectivamente, em 1984 e em 1988[8]. Corrobora essa tese o

> em uma tradução francesa [...]. [...] Eu não tenho mais informações a respeito, apenas me lembro que o Pe. Vaz sempre elogiava as traduções do Meneses, e distribuía xeroxes ou cópias mimeografadas para seus alunos." (Discussão via Facebook em 8 de setembro de 2018).
>
> [7] Tal como no caso do original da tradução da *Lógica*, conforme Mac Dowell, SJ (FAJE/BH), "também a tradução da 'Introdução e primeiros capítulos' foi encontrada junto com o *Curso sobre a Fenomenologia do Espírito* de 1970 e tudo indica que foi feita pelo Pe. Vaz já nessa época e anteriormente a qualquer influência de Paulo Meneses" (Discussão via e-mail atualizada em 19 de dezembro de 2019).
>
> [8] Registros e cadastros dos exemplares da *Ciência da Lógica* de Hegel no Instituto Aloisiano, SJ, do Rio de Janeiro, e depois transferidos para a FAJE/BH (antigo ISI-CES)*, quando da mudança do Instituto para a capital mineira: (1) (a) G. W. F. HEGEL. *Science de la logique*. Traduction: Labarrière et Jarczyk. Aubier Montaigne. Premier tome. Premier livre: Registrado em 1976 (Biblioteca Instituto Aloisiano, SJ) — Cadastrado na Biblioteca da FAJE em 1982. OBSERVAÇÃO: O Pe. Vaz morou nesse Instituto no período de 1975 a 1981. (b) Premier tome. Deuxième livre: Registrado em 1977 (Biblioteca Instituto Aloisiano, SJ) — Cadastrado na Biblioteca da FAJE em 1982. (c) Deuxième tome: Registrado em 1983 — Cadastrado na Base da Biblioteca da FAJE em 1991. (2) (a) HEGEL, G. W. F., *Wissenschaft der Logik*. (Gesammelte Werke, 11/1, 12/2, 21). Felix Meiner. Erster Band [*Die objektive Logik (1812/1813)*, 1978]: Registrado em 1980 (Biblioteca Instituto Aloisiano, SJ) — Cadastrado na Biblioteca da FAJE em 1983. (b) Zweiter Band [*Die subjektive Logik* (1816), 1978]: Registrado em 1984 — Cadastrado em na Biblioteca da FAJE em 1983. (c) Erster Teil (*Die Objektive Logik*. Erster Band. *Die Lehre vom Sein (1832)*, 1985: Registrado em 1988). Devo esta nota às pesquisas pessoais de Zita, bibliotecária responsável pela Biblioteca Padre Vaz, da FAJE/BH.
> * Faculdade Jesuíta de Filosofia e Teologia (FAJE) é desde 2005 a denominação do Centro de Estudos Superiores da Companhia de Jesus (CES), em Belo

fato de que, ainda no segundo semestre de 1982, quando Lima Vaz ministra o curso intitulado "Idealismo alemão e a dialética de Hegel", o filósofo

Horizonte, como instituição de ensino superior, credenciada pelo Ministério da Educação. A mudança, formalizada pela Portaria n° 3.383 de 17/10/2005 (D.O.U. 18/10/05), que aprovou a alteração do Regimento da Faculdade de Filosofia da Companhia de Jesus, foi motivada pela necessidade de maior adequação formal deste centro acadêmico às normas da educação superior nacional. A Faculdade Jesuíta de Filosofia e Teologia passa a ser constituída basicamente pelos Departamentos de Filosofia e Teologia. Estes Departamentos acadêmicos equivalem, sob o aspecto canônico, i.e., da legislação da Igreja Católica, às Faculdades Eclesiásticas de Filosofia e Teologia, que, enquanto tais, continuam a constituir o Centro de Estudos Superiores da Companhia de Jesus. O Centro de Estudos Superiores da Companhia de Jesus, hoje denominado, enquanto instituição civil, Faculdade Jesuíta de Filosofia e Teologia, resultou da transferência para Belo Horizonte em 1982, das Faculdades Eclesiásticas de Filosofia e de Teologia, mantidas pela Companhia de Jesus no Brasil e autorizadas a conceder títulos acadêmicos em nome da Santa Sé. A Faculdade de Filosofia criada em 1941, em Nova Friburgo (RJ), foi transferida sucessivamente para São Paulo (SP) em 1966 e para o Rio de Janeiro (RJ) em 1975, instalando-se finalmente em Belo Horizonte (MG) desde 1982. A Faculdade de Teologia foi fundada em São Leopoldo (RS) em 1949, onde permaneceu até ser transferida para Belo Horizonte, a fim de formar com a Faculdade de Filosofia um centro único de formação e estudos para os jesuítas de todo o Brasil, aberto para os membros da Companhia de Jesus de outros países e para estudantes do clero diocesano, de congregações religiosas e leigos de ambos os sexos. A Congregação para a Educação Católica, órgão da Santa Sé, aos 05 de dezembro de 1983, aprovou os Estatutos do CES por quatro anos e, com data de 25 de julho de 1989, ratificou definitivamente a sua aprovação. A Faculdade Jesuíta de Filosofia e Teologia mantém cursos de graduação e pós-graduação nas áreas respectivas. O curso de graduação em Filosofia, bacharelado e licenciatura, autorizado por decreto de 31 de janeiro de 1992 (D.O.U. 03/02/1992) foi definitivamente reconhecido pela Portaria ministerial n° 164 de 22 de fevereiro de 1996 (D.O.U. 23/02/1996). O Programa de Mestrado em Filosofia foi reconhecido pela Portaria n° 1.919 de 03/06/2005 e começou a funcionar em março de 2006. O curso de Mestrado em Teologia foi reconhecido pela CAPES/MEC desde 1997, mediante a Portaria n° 1432 de 02/02/1999 (D.O.U. 03/02/1999), confirmada para os triênios seguintes pelas Portarias n° 2.530 de 04/09/2002 (D.O.U. 06/09/2002) e n° 2.878 de 24/08/2005 (D.O.U. 25/08/2005), que também reconheceu o curso de Doutorado desde 2002. O Curso de Bacharelado em Teologia, já existente desde o início da Faculdade segundo a legislação eclesiástica, foi autorizado pela Portaria n° 264 de 19/06/2006 (D.O.U. 20/06/2006) e começou a funcionar, com caráter também civil, em 2007. A FAJE, conhecida também pelo nome de Instituto Santo Inácio (ISI), é mantida pela Associação Jesuíta de Educação e Assistência Social (AJEAS), entidade civil sem fins lucrativos e de caráter filantrópico, sediada em Belo Horizonte, através de sua filial, o Instituto Técnico Vocacional Santo Inácio (CNPJ 17.211.202/0003-47).

não se refere a nenhuma tradução brasileira do texto de 1812, mesmo que apenas para uso privado. Algo que, porém, ocorrerá em 1985 (Ficha 28), quando Lima Vaz utiliza como referência bibliográfica justamente a *Ciência da Lógica*, o Cad. 2, de 1982.

Em *Idealismo alemão e a dialética de Hegel*, ministrado em 1982, Lima Vaz comenta passo a passo, ainda que em largas passadas, os prefácios e a Introdução da *Ciência da Lógica*, antes de entrar no assim chamado capítulo sem número, que trata do Começo e, daí, na Lógica do Conceito; da qual, por fim, passa à Introdução à *Filosofia do Direito*, aplicando a esta as estruturas apreendidas naquela. Tais estruturas, manifestas em cursos anteriores, como em A *concepção hegeliana do Conceito*, de 1977, não são senão os silogismos da Filosofia, sendo o principal, para Lima Vaz, o silogismo por ele designado U-P-S (Universal-Particular-Singular), assumido como tal a partir de uma leitura da Lógica do Conceito fundada nas determinações gerais da Seção Qualidade (primeira parte da Doutrina do Ser, este entendido por Hegel como o conceito em geral). Mais do que isso, tais estruturas são delineadas por Lima Vaz precisamente no Caderno 2, 1982, por ele denominado "Ciência da Lógica", o qual, conforme indicado no início desta Apresentação, se constitui como uma espécie de resumo ou de paráfrase do conjunto da Grande Lógica, entremeada com algumas passagens ou parágrafos da *Enciclopédia* de 1830. Caso em que, pode-se dizer, essa foi preparada em princípio para o curso *Idealismo alemão e a dialética de Hegel* e então retomada como uma tradução propriamente dita.

Para além da tradução vaziana da *Ciência da Lógica*, no entanto, as estruturas acima aludidas são sistematizadas pelo ouro-pretano, ao seu próprio modo, e então incluídas em seu próprio sistema de filosofia. Um prenúncio disso consiste no fato de que a ordem do comentário do Prefácio e da Introdução obedecem claramente à divisão estabelecida na tradução no que diz respeito às suas articulações fundamentais; por exemplo, a divisão da Introdução em parágrafos, titulados conforme o conteúdo em jogo em cada bloco, algo que não está no próprio Hegel, mas já constitui, de certa maneira, uma transformação de sua concepção. Ademais, certas passagens

da tradução são como que parafraseadas em textos da *Antropologia Filosófica* e da *Introdução à Ética Filosófica*, precisamente aquelas que tratam da estrutura conceptual dessas disciplinas.

Neste sentido, apesar de este apresentador haver detectado estruturas paragrafais e vocábulos na tradução de Lima Vaz que só aparecerão em público mais tarde, na versão da *Fenomenologia do Espírito* de Paulo Meneses, não nos pareceu adequado atribuir a este algo como a autoria dos textos aqui publicados ao ilustre tradutor. É sabida, no entanto, a grande amizade e colaboração científica que existiu entre os dois jesuítas, a ponto de Meneses afirmar, certa vez, o fato de Pe. Vaz ter desistido de continuar sua própria tradução da *Fenomenologia*, para que o cearense terminasse e publicasse a sua[9]; a qual, conforme Meneses às vezes falava aos mais próximos, teria acolhido muitas das sugestões do filósofo ouro-pretano[10]. Os parágrafos divididos em dois ou mais da tradução de Vaz lembram os da de Meneses, assim como o uso dos termos 'essente' e 'essente-aí' (usados para traduzir os alemães 'seyende' e 'daseyende' ou suas formas substantivadas), termos que, em conjunto, somente na tradução de Vaz ocorrem mais de sessenta vezes; contudo, em que pese a colaboração (mais acima aludida) entre o filósofo mineiro e o cearense, o fato é que a obra deste é posterior à daquele em aproximadamente 10 anos. É importante observar que nos anos de 1970, 1971 e 1972, portanto, antes da publicação de sua tradução parcial da *Fenomenologia*, em 1973, Lima Vaz ministrara seis cursos sobre a obra em seu conjunto, com leitura completa[11]; porém, essa tradução é propositalmente densa, com parágrafos e períodos longos, seguindo passo a passo o texto de Hegel, inclusive com notas cuidadosamente elaboradas. Nessa tradução,

---

[9] Ver, mais adiante, o testemunho do Professor Dr. Alfredo de Oliveira Moraes (UFPE) a esse respeito.

[10] Ver, MENESES, P., Nota do tradutor, in HEGEL, G. W. F., *Fenomenologia do Espírito*. 7. ed. rev., Petrópolis: Vozes, 2002, p. 11.

[11] Com informações da professora Marilene Brunelli, que assistira a todos os cursos de Lima Vaz entre 1970 e 1986, salvo aqueles ministrados no Rio de Janeiro, entre 1975 e 1981. O curso sobre a *Fenomenologia* intitulara-se "Leitura da *Fenomenologia do Espírito* de Hegel" e fora ministrado em sequência entre: (1) 2/03/1970 a 15/06/1970; (2) 3/08/1970 a 16/11/1970; (3) 3/03/1971 a 9/06/1971; (4) 9/08/1971 a 24/11/1971; (5) 8/03/1972 a 19/06/1972 e (6) 7/08/1972 a 2/10/1972 (quando encerrou a leitura da *Fenomenologia* e iniciara a da *Enciclopédia*).

inclusive, o ouro-pretano não utiliza em nenhum momento os termos 'essente' ou 'essente-aí' para traduzir 'seyende' e 'daseyende' ou suas formas adjetivadas; não obstante, parece seguir muito de perto as pegadas de Heidegger, em especial a estrutura de sua leitura da *Fenomenologia do Espírito* então assumida como uma espécie de guia. Em vista disso, o uso de 'essente' e 'essente-aí' na tradução vaziana da *Doutrina do ser* levou o autor desta Apresentação a pensar primeiramente que tal uso pudesse derivar daquele de Vitorino Nemésio, em seu *O verbo e a morte* (1959), precisamente à luz de Heidegger, ou ainda do de Xavier Zubiri, em *Sobre la Esencia*, de 1962[12]. Hipótese interessante, mas logo descartada em função da inexistência de discussão de Vaz com esses autores ou a impossibilidade de confirmação de qualquer derivação nesse sentido; restava assim a hipótese de que o uso de Vaz consistisse numa apropriação do de Paulo Meneses, em que pese o inusitado dessa tese. O uso de 'essente' por Meneses, em contrapartida, conforme o tradutor, deriva do italiano 'essente', "equivalente ao *'seiende'* e ao *'étant'*", bem como "mais ágil e elegante para significar algo que está 'no elemento do ser'"[13], utilizado na tradução de Enrico de Negri (Firenze: La Nuova Itália, 1973). Este fato explica, em tese, por que Lima Vaz não utiliza 'essente' e 'essente-aí' em 1973, mas não ainda a sua utilização em 1983.

Em todo caso, por várias razões, é inverossímil que, precisamente naqueles anos (1982-1983), Paulo Meneses estivesse ocupado com a tradução da *Ciência da Lógica*. A primeira edição de seu *Para ler a Fenomenologia do Espírito* foi publicada em 1985[14] e a primeira edição de sua tradução da *Fenomenologia* em 1992; a tradução de Meneses da *Enciclopédia das Ciências Filosóficas em Compêndio*, cuja primeira parte consiste num resumo da Grande Lógica, só foi publicada em 1995. Uma palavra de Meneses, no entanto, comprova o que estamos a dizer, em 30 de abril de 2007, numa entrevista para o IHU Online, ele afirmou:

---

[12] Ver, ZUBIRI, X., *Sobre la Esencia*, 1962, p. 3.
[13] Ver, MENESES, P., Nota do tradutor, in HEGEL, G. W. F., *Fenomenologia do Espírito*. Op. cit., p. 10.
[14] Ver, MENESES, P., *Para ler a Fenomenologia do Espírito*, São Paulo: Loyola, 1985. Essa a edição citada neste trabalho, a qual, não obstante, não apresenta nenhuma diferença substancial em relação à segunda edição, de 1992, cuja diferença principal em relação àquela é tão somente a *Nota à segunda edição*, à página 11 desta.

Foi Pe. Machado que traduziu a Filosofia da natureza porque, na opinião do Pe. Vaz, era a única pessoa no Brasil capaz de fazê-lo (por conhecer tanto a filosofia como as ciências e sua história). Eu colaborei a cada etapa, como ele mesmo reconheceu na sua introdução.

[...]

O que eu mais destacaria na *Fenomenologia* não seriam propriamente "Ideias", mas a forma de pensar dialeticamente "por verbos, e não por substantivos", o que foge ao alcance de muitos que tratam de Hegel como se ele fosse um filósofo qualquer, sem ajustarem-se ao ritmo de seu pensamento, como fazem B. Bourgeois e Pe. Vaz.

[...]

Pe. Vaz escreveu pouco sobre Hegel, ocupado que estava em fazer textos para seus alunos. Mas o pouco que escreveu se destaca entre tudo o que foi escrito no Brasil sobre Hegel (por exemplo, o senhor e o escravo) e influenciou a todos que vieram depois. De fato, escrever sobre Hegel não parece ser difícil — haja vista os muitos que hoje escrevem sobre esse autor —, mas entender mesmo, pensar hegelianamente, era coisa para Vaz e sua genialidade inegável[15].

Meneses confirma nessa entrevista o papel diretivo de Lima Vaz sobre sua formação, em especial no que diz respeito à tradução da obra de Hegel, publicada em vida, praticamente toda ela traduzida pelo filósofo da Unicap. Meneses também indica a diferença da forma de pensar em jogo na *Fenomenologia* e, de certo modo, aquela que estará em jogo na *Lógica*, a qual somente Lima Vaz, nos anos de 1980, parecia ter domínio suficiente. Com isso, igualmente, Meneses nos dá uma pista importante para entendermos o pequeno número de escritos de Vaz a respeito de Hegel: o professor das Gerais estava ocupado demais para produzir textos para seus alunos. Textos aos quais podemos incluir as duas traduções acima mencionadas (a versão parcial da *Lógica do Ser* ora em questão, e a igualmente parcial da *Fenomenologia do Espírito*, publicada em 1973 e 1980).

---

15 MENESES, P. G. de, O desafio de traduzir Hegel para o português. In *IHU Online*, 217, 30 de abril de 2007, disponível em: <http://www.ihuonline.unisinos.br/index.php?>. Acesso em outubro de 2018.

É sintomático o fato de Meneses traduzir todas as principais obras publicadas em vida por Hegel, mas não a Grande Lógica. Isso impõe a consideração de algumas questões que nos permitem esclarecer de modo mais adequado o problema em tela. Em vista disso, consideramos o testemunho do Professor Dr. Alfredo de Oliveira Moraes (UFPE), um dos colaboradores do Pe. Meneses quando da tradução da *Fenomenologia do Espírito*. O que segue abaixo é a formatação de uma conversa que o autor desta *Apresentação* teve com o Professor Alfredo via e-mail:

(P) A partir de 1970, tanto Pe. Meneses (na Unicap), quanto Pe. Vaz (na UFMG) ministraram seminários sobre a *Fenomenologia*; ambos também traduziram a *Fenomenologia* (ou partes dela) nessa época. Vaz não continuou a dele, cuja parte traduzida conhecida foi publicada em 1973; a de Meneses só em 1992. Contudo, ao que parece, entre 1982 e 1985, Meneses já teria traduzido várias partes ou toda a *Fenomenologia* (há indícios de que Vaz teria usado essas traduções em seus cursos na UFMG). Você tem conhecimento disso? Conhece algum documento (carta ou afim) que possa confirmar isso que escrevi?

PS. No *Para ler a Fenomenologia do Espírito* (1985, p. 9 ss), Meneses dá indícios de que já teria traduzido a FdE, ainda que não a publicado...

(R) Em conversa com ambos (Pe. Paulo e Pe. Vaz), eles me disseram que o Vaz havia feito uma tradução da *Fenomenologia do Espírito* antes da publicação do livro do Pe. Paulo — "Para ler...", mas que depois que ele leu esse livro e viu a terminologia usada por Pe. Paulo, achou que teria de refazer toda a tradução, foi na ocasião em que a Vozes pediu a tradução para publicação, aí o Pe. Vaz encaminhou a Vozes ao Pe. Paulo com a alegação de que não tinha condições de refazer todo o trabalho; Pe. Paulo, por sua vez, ainda não havia feito a tradução, em princípio não quis aceitar o encargo, mas a partir de nossas conversas (usei com ele o argumento de que ele tinha obrigação de fazer a tradução, uma vez que ele havia escrito o "Para ler..." tinha que trazer ao público brasileiro a obra referenciada), ele aceitou e impôs a mim a condição de fazer a análise comparativa do texto à medida que ele fosse traduzindo, com as traduções inglesa, espanhola e francesa, o que evidentemente não pude recusar, pois à época eu trabalhava no Instituto de Filosofia

Social, do qual ele era o Presidente. Assim, havia a tradução do Vaz, mas a do Paulo somente foi feita por ocasião da publicação da edição Vozes.

(P) Há no Memorial Pe. Vaz uma tradução parcial da *Ciência da Lógica* (1812) atribuída a Vaz e que, conforme minhas pesquisas, incidiu de maneira importante na sua concepção de dialética, que não é necessariamente a hegeliana tal como Hegel a concebera; no entanto, no que diz respeito à estrutura e à terminologia, uma em específico, me impedem (até o momento) de estabelecê-la de modo indubitável como sendo de Vaz. Em vista disso, pergunto se, nos arquivos de Meneses, há alguma informação sobre algum projeto ou esboço de tradução da CdL 1812 ou alguma correspondência entre Meneses e Vaz a respeito desse assunto?

(R) Não posso ajudar quanto a isto, não tive acesso ao acervo deixado por Pe. Paulo, quando de seu falecimento em Fortaleza, bem como, das muitas conversas que tivemos, não recordo de nenhuma em que ele tenha feito alusão a qualquer tradução da *Ciência da Lógica*, de 1812.

(P) Entre 1970 e 1985, além da *Fenomenologia*, até onde você sabe, Meneses também ministrou cursos sobre a *Ciência da Lógica*?

(R) Não que eu saiba.

Na biblioteca da Unicap ou da UFPE há a *Science de la logique I* (1812) (1972), com data de registro ou cadastro anterior a 1985?

Quanto às Bibliotecas nada posso informar, quanto a essa edição sim, recebi de presente do Pe. Paulo não me recordo em que ano, mas ainda a conservo comigo.

As palavras do Professor Alfredo Moraes corroboram o que foi escrito mais acima e nos dão a profundidade da íntima conversação e amizade que impulsionava o trabalho dos dois jesuítas brasileiros. Neste sentido, é possível afirmar com certa consistência que a tradução parcial da *Lógica do Ser* de 1812 foi realizada por Lima Vaz à luz do roteiro "Para ler...", de Paulo Meneses, ainda que não da própria tradução da *Fenomenologia do Espírito* feita por este último anos depois[16]. Embora velada, a intenção de Vaz, em

---

16 Ver, a respeito, VAZ, Henrique C. de Lima, Apresentação. In: MENESES, P., *Para ler a Fenomenologia do Espírito*, op. cit., p. 5-7, especialmente p. 7.

sua versão da *Lógica*, parece levar a termo mais um roteiro de leitura, sob a forma de uma tradução adaptada para fins didáticos, que uma tradução estritamente formal da *Lógica*, como aquela que ele próprio fizera da *Fenomenologia*, publicada em 1973. Não obstante, o filósofo se aposentara em 1987, tendo seu último curso ministrado sobre a Grande Lógica em 1985; outro elemento que pode explicar a interrupção de sua tradução, já que esta era estritamente para fins didáticos.

Meneses só traduzirá de fato a *Fenomenologia* — em versão publicável — após 1985 e, ao que se sabe, jamais ministrou seminários sobre a Grande Lógica ou se mostrou inclinado a traduzi-la. Mas isso não significa que as traduções tanto da *Fenomenologia* quanto da *Lógica* utilizadas por Lima Vaz em seus cursos de 1983-1984, sobretudo em razão de sua possível referência ao trabalho do jesuíta cearense em sala de aula, sejam ambas suas próprias produções. Não resta dúvida, porém, que a tradução parcial da *Lógica* de 1812 é obra do filósofo ouro-pretano; isso, mesmo que fortemente influenciada pelo trabalho pioneiro de Pe. Meneses, ainda à época de elaboração ou às vésperas da publicação do roteiro *Para ler a Fenomenologia do Espírito*, editado, lido e comentado por aquele[17]. Roteiro que, no dizer de Vaz, "sendo uma paráfrase vigorosa e penetrante, é, igualmente, uma indicação dos nós estruturais e uma explicitação das transições dialéticas que dão movimento e unidade ao texto de Hegel"[18]. Ora, justamente porque uma paráfrase, o Roteiro de Meneses ou já é uma tradução, ainda que sob a forma de paráfrase, ou tem que pressupor uma tradução, embora jamais publicada, mas que, de um modo ou de outro, deve ter antecedido a tradução publicada em 1992, a qual só foi levada a termo devido ao incentivo do próprio Lima Vaz. Que se leia Meneses ele mesmo a respeito de seu Roteiro.

> Para traçar este roteiro, fez-se antes uma tradução cotejada com a francesa (Hyppolite), a italiana (De Negri) e a espanhola (W. Roces); o texto foi em seguida condensado, destacando-se os pontos salientes da exposição. [...]

---

[17] Lima Vaz fora editor da Coleção Filosofia, das Edições Loyola, e da Revista Síntese — Revista de Filosofia desde 1976. Ver, MONDONI, D., P. Henrique Cláudio de Lima Vaz, SJ: 24.08.1921 — 23.05.2002. In: *Síntese*. Belo Horizonte, v. 29, n. 94, (2002): 149-156.

[18] Ver, a respeito, VAZ, Henrique C. de Lima, Apresentação. In: op. cit., p. 6.

> Tivemos de fazer algumas opções de tradução dos termos hegelianos, procurando encontrar para cada termo técnico um vocábulo correspondente, que não fosse utilizado para outras significações que talvez sejam sinônimas no glossário comum, mas que na Fenomenologia têm um significado peculiar [...][19]

Ora, o texto de Meneses é claro: "fez-se antes uma tradução", à qual Lima Vaz poderia muito bem ter tido acesso e da qual nos fala Alfredo Pereira Júnior[20]. Meneses confirma que teve "de fazer algumas opções de tradução dos termos hegelianos", nas quais se incluem, dentre outros, além de 'seyende' e 'daseyende', a dupla 'aufheben' e 'Aufhebung'. Estes, traduzidos por 'suprassumir' e 'suprassunção', a partir da proposição de Yvon Gauthier em 1967 e adotados por Labarrière em 1968[21].

Isso encerra a questão que se impusera neste passo. Lima Vaz traduz a primeira seção da *Lógica do Ser* de 1812 à luz dos trabalhos de Meneses, os quais, mais tarde, resultarão no roteiro ou na paráfrase *Para ler a Fenomenologia do Espírito*, de 1985, e na própria tradução da *Fenomenologia do Espírito*, em 1992. Desse modo, é possível concluir que, se de fato Lima Vaz utilizara alguma versão portuguesa da *Fenomenologia* em seus cursos de 1983-1984, essa provavelmente poderia ter sido algum esboço de tradução preparatório para o referido roteiro. Antes disso, porém, já havia, ou haveria, a tradução (ainda que apenas esboçada) da *Ciência da Lógica*, no caso, aquela apresentada no Cad. 2 (1982), referida por Lima Vaz no frontispício da Ficha 28 como "Bibliografia" de Hegel, precisamente da *Ciência da Lógica*, assim como citara esse mesmo caderno em uma passagem crucial desta última Ficha, a saber:

> [...] Tal problema é tratado por Hegel nos Prefácios e na Introdução à Ciência da Lógica (ver Cad. 2, 1982), e é objeto de vivas discussões na "Hegelforschung" atual*.
>
> *A partir sobretudo da obra de H. F. Fulda, *Das Problem einer Einleitung in Hegels Wiss. der Logik*, Frankfurt M. Klostermann, 1965.

---

[19] MENESES, P., *Para ler a Fenomenologia do Espírito*, op. cit., p. 9.
[20] Ver, mais acima, nota 6, à p. 12.
[21] MENESES, P., *Para ler a Fenomenologia do Espírito*, op. cit., p. 10.

O trecho acima confirma o que foi dito no início desta Apresentação. Disso se conclui que o Cad. 2 (1982), Ficha 18, consiste em um primeiro esboço de tradução da *Ciência da Lógica*, assim como outros, por exemplo, o "Cad. 1", de 1983, também citado por Lima Vaz na "Bibliografia" no frontispício da Ficha 28, no que se refere a outras partes da Grande Lógica, e que a tradução ora apresentada constitui uma pequena parte de um esforço maior de Lima Vaz em traduzir o conjunto da *Ciência da Lógica*. Projeto que, de um modo ou de outro, foi deixado de lado, talvez, devido ao desejo e à prioridade do filósofo ouro-pretano de deixar-nos o legado de sua própria obra filosófica.

2. A TRADUÇÃO VAZIANA DA DOUTRINA DO SER DE 1812, SUA IMPORTÂNCIA PARA OS ESTUDOS HEGELIANOS E SEU INFLUXO NO PENSAMENTO SISTEMÁTICO DE LIMA VAZ

Na pesquisa realizada para o estabelecimento crítico desta edição, a tradução parcial da *Ciência da Lógica* de Hegel efetuada por Henrique Cláudio de Lima Vaz mostrou-se de fundamental importância para a compreensão dos estudos vazianos, senão para os próprios estudos hegelianos em Língua portuguesa. De fato, a *Ciência da Lógica* (1812-1816; 1832) não recebeu em Língua portuguesa um tratamento adequado até os anos de 1980, quando Lima Vaz inicia seus cursos sobre essa obra. Somente a partir de 2016 a *Ciência da Lógica* ganha sua primeira edição completa em Língua portuguesa, com o lançamento da Doutrina do Ser (1832) em fins de 2016[22] e o da Doutrina da Essência (1813) em fins de 2017[23], à qual se seguiu a *Lógica subjetiva* (Doutrina do Conceito) em 2018[24]. Acontecimento alvissareiro que prenuncia desdobramentos interessantes para a pesquisa sobre Hegel e a filosofia especulativa pura em terras brasileiras.

---

[22] Ver, HEGEL, G. W. F., *Ciência da Lógica. 1. A doutrina do Ser*. Trad. Christian Iber, Marloren Miranda e Federico Orsini. Petrópolis: Vozes; Bragança Paulista: Edusf, 2016.

[23] Ver, HEGEL, G. W. F., *Ciência da Lógica. 2. A doutrina da Essência*. Trad. Christian Iber e Federico Orsini. Petrópolis: Vozes; Bragança Paulista: Edusf, 2017.

[24] Ver, HEGEL, G. W. F., *Ciência da Lógica. 3. A doutrina do Conceito*. Trad. Christian Iber e Federico Orsini. Petrópolis: Vozes; Bragança Paulista: Edusf, 2018.

Não obstante o surgimento de outras versões da *Ciência da Lógica* de Hegel, a de Lima Vaz permanece um referencial importante. Isso não só porque ele próprio é um dos mais importantes filósofos brasileiros de sua geração, mas também, no concernente àquela obra, porque ele inova em sua tradução, feita a partir da primeira edição crítica existente à época, embora em francês[25], mas da primeira edição original alemã, a de 1812, que nas edições posteriores em alemão fora substituída pela versão de 1831, concluída uma semana antes do falecimento de seu autor (ocorrido em 14/11/1831) e publicada em 1832 pela assim chamada "uma Associação de Amigos do Defunto" (einen Verein von Freuden des Verewigten). À diferença desta edição, estritamente do ponto de vista dos estudos hegelianos, a *Doutrina do Ser* de 1812 apresenta uma concepção de sistema que torna muito mais bem estruturada e articulada quando, por exemplo, se se debruça sobre a primeira concepção do sistema da ciência (que se poderia datar de 1807 a 1816) em confronto com a segunda (datável de 1817, com a primeira edição da *Enciclopédia*, até a terceira, em 1830, e mesmo até a morte de Hegel ou, pelo menos, até à época da segunda edição da *Enciclopédia*, em 1827), se não for o caso de uma terceira concepção do sistema da ciência, talvez esboçada nos últimos anos de vida de Hegel[26]. Tal estruturação e tal articulação se mostram explícitas tanto na *Fenomenologia* quanto na *Lógica do Ser* de 1812 — mas não mais a partir de 1817 e, sobretudo, 1831, quando a *Fenomenologia* perde de modo definitivo o *status* de primeira parte do sistema da ciência —, caso em que a presente tradução aportará uma contribuição indispensável aos estudiosos de am-

---

25 Ver HEGEL, G. W. F., *Science de la logique*, *L'Être*. Paris: Aubier, 1972.

26 Em razão do que se impõe nesta *Apresentação*, não se discute aqui a constatação de J.-M. Lardic, em sua *Introduction* à edição francesa das *Lições sobre as provas da existência de Deus* (Paris: Aubier, 1994, p. 9), de que, tal qual no período de juventude, uma evolução igualmente notável se opera no sistema de Hegel à época de sua maturidade, mais precisamente entre 1829 e 1831, quando de seu falecimento. Uma evolução que, extrapolando o comentário de J.-M. Lardic, que se apoia nas relações entre Lógica e Filosofia da Religião, mais especificamente no tocante às provas metafísicas da existência de Deus, poderia desaguar numa terceira concepção do sistema da ciência. Algo plenamente possível de se conceber se se afastar o preconceito segundo o qual, no período de Berlim, o sistema de Hegel já estaria fixado de uma vez por todas. Ver também, a respeito, DA SILVA, M. M., *Hegel e a Ideia de um idealismo especulativo da subjetividade e da intersubjetividade*. [Tese de Doutorado]. IFCH: Campinas, 2011, passim.

bas as obras em Língua portuguesa. Quando, enfim, se poderá confrontar de modo mais adequado os assim chamados sistema-Fenomenologia e sistema-Enciclopédia[27].

Ainda do ponto de vista dos estudos hegelianos, a tradução ora apresentada se mostra essencial para se compreender, inclusive, os limites da primeira elaboração do sistema da ciência e a tentativa de Hegel em corrigi-la do ponto de vista de seu próprio conteúdo. Tarefa para a qual a exposição enciclopédica não só se mostra inepta, mas também completamente deslocada[28] — haja vista seu caráter didático-pedagógico —, caso em que Hegel se impõe a exigência de uma nova elaboração do conteúdo propriamente lógico tal como exposto na *Lógica* de 1812-1816, exigência sistemática cujo momento determinante parece ser a interrupção da correção da própria *Fenomenologia*, ainda em suas primeiras páginas em 1831, e a ocupação com a correção da *Lógica* e a preparação das *Lições sobre as provas da existência de Deus* para publicação. De qualquer modo, a tradução da *Doutrina do Ser* de 1812 permitirá que essas investigações possam se tornar mais familiares a um público maior de pesquisadores de Língua portuguesa e, assim, permitir o desenvolvimento de pesquisas em

---

[27] Sobre este ponto, veja-se, HEIDEGGER, M., Erläuterung der "Einleitung" zu Hegels "Phänomenologie des Geistes" (1942). In: HEIDEGGER, M., *Gesamtausgabe, 68. Hegel*. Herausgegeben von Ingrid Schüssler. Frankfurt am Main: Vittorio Klostermann, 1993; DA SILVA, M. M., A *Phänomenologie des Geistes* de Hegel e a insuficiência do chamado "sistema-fenomenologia": Limites e alcances da concepção fenomenológica do Especulativo puro. In: CHAGAS, E. F.; UTZ, K.; DE OLIVEIRA, J. W. J. (Orgs.). *Comemoração aos 200 anos da Fenomenologia do Espírito de Hegel*. 1. ed. Fortaleza: Edições UFC, 2007, p. 105-125.

[28] O mais próximo que a exposição enciclopédica chega dessa elaboração se dá quando, na Anotação ao § 384 da *Enciclopédia* de 1830, Hegel desenvolve as linhas gerais do que ele designa as três formas do revelar do espírito. Isso a começar pelo reconhecimento de que encontrar a definição "o absoluto é o espírito", tomada como a suprema definição daquele, e conceber seu sentido e conteúdo seria a tendência absoluta de todo cultura e filosofia, tendência na qual insistiu toda religião e ciência; caso em que somente a partir dessa insistência é que se pode conceber a história mundial. A terceira forma ora aludida refere-se mediatamente ao sistema-fenomenologia porquanto, à diferença deste — que é a primeira forma, o revelar da ideia *abstrata* —, consiste no espírito absoluto como "o revelar no conceito", isto é, "o criar do mundo como ser do espírito, no qual ele se proporciona a *afirmação* e *verdade* de sua liberdade". Algo a que o sistema-fenomenologia não se mostrara suficiente, bem como o chamado sistema-Enciclopédia, em nenhuma de suas três versões.

torno das próprias concepções de sistema que, do ponto de vista do conteúdo propriamente especulativo, em Hegel se conflitam. Por último, mas não menos importante, esta tradução igualmente aporta uma contribuição inestimável para os estudiosos de Hegel que simpatizam com o pensamento francês, em especial com os comentários de P.-J. Labarrière e G. Jarczyk acerca da *Fenomenologia do Espírito*, da *Ciência da Lógica* e da *Filosofia do Direito*. Isso na medida em que tais comentadores estão na linha de frente daqueles que consideram as articulações entre a Lógica e a Fenomenologia como as mais determinantes do pensamento de Hegel, o que põe a *Doutrina do Ser* em lugar de destaque em relação àquela de 1832.

Do ponto de vista dos estudos vazianos, a tradução em tela cumpre dois papeis igualmente essenciais. O primeiro desses papeis consiste na possibilidade da *Doutrina do Ser* se mostrar um instrumento bastante útil para se prospectar a influência de Hegel — sobretudo da dialética hegeliana — na obra sistemática de Lima Vaz e a sua ressonância na construção das categorias fundantes da *Antropologia* e da *Ética*. O segundo papel fundamental incide profundamente na concepção sistemática do filósofo de Ouro Preto, desde as estruturas as mais concretas ou historicamente determinadas — nas quais se põem e se o-põem as diferentes categorias então articuladas dialeticamente pelo jesuíta mineiro, por exemplo, nas obras acima aludidas —, até as mais abstratas, ou metafisicamente determinadas, que, não obstante, em grande parte, permaneceram sem a devida elaboração ou articulação sistemática por Lima Vaz. Esse o caso das categorias propriamente metafísicas e políticas de nosso filósofo, as quais, embora pensadas por ele em seu rigor dialético, não tiveram, até o momento, um tratamento adequado ou sistemático do ponto de vista de sua estrutura conceptual, isto é, dialética. Ora, tal como Labarrière e Jarczyk relacionam o lógico e o fenomenológico em seus estudos sobre Hegel e seu sistema, Lima Vaz articula o lógico e o histórico, partindo deste para então chegar àquele, em um périplo como o do filósofo de Jena, da Fenomenologia à Lógica. O que, ao fim e ao termo, reflete de modo fiel a trajetória ou o caminho de formação do próprio Vaz.

Tal procedimento, contudo, talvez tenha sido pouco percebido até aqui pelo fato dos estudos de Lima Vaz sobre Hegel terem permanecido inéditos, recebendo somente agora um tratamento editorial adequado. Outro aspecto que ainda parece obnubilar muitos leitores do filósofo mineiro é o fato de que ele se utiliza de dois procedimentos de igual importância para

suas demonstrações: de um lado, um estritamente científico, sistemático ou dialético; de outro, um procedimento didático-pedagógico, esquemático, para o qual, ainda com a ajuda do elemento histórico, transpõe as suas demonstrações dialéticas. Esse procedimento didático-pedagógico, esquemático, é o mesmo utilizado em suas obras e cursos, bem como na presente tradução; caso em que a proximidade desta com a de Paulo Meneses se mostra em toda a sua transparência; o que também se explica ou pode se explicar pela formação comum, se não, em todo caso certamente pela colaboração mútua de ambos. Lima Vaz e Paulo Meneses escreveram textos bastante diferentes um do outro, mas sua colaboração e amizade os aproximaram de tal maneira que, especialmente nos anos de 1980, o trabalho de um se espelhava essencialmente no trabalho do outro. Embora hegelianos, ambos os filósofos mantiveram o cerne de sua formação tomista ou, em rigor, tomasiana; isso, talvez pelo procedimento didático-pedagógico, no caso do ouro-pretano, faz prevalecer em muitos trabalhos, que até aqui se põem a comentá-lo, um tratamento porventura adequado quanto ao conteúdo, mas algo carente no tocante à forma. Com a presente tradução e a verificação de seu influxo na obra de Vaz, é possível que o equilíbrio prevaleça também no âmbito dos estudos vazianos tanto quanto nos de Vaz.

Em sua versão da *Lógica do Ser* de 1812, Lima Vaz não só divide os parágrafos maiores, como também acrescenta, na Introdução, alguns subtítulos não só com o objetivo de facilitar a leitura da obra, mas também de indicar suas articulações e seus elementos teóricos fundamentais. O propósito do ouro-pretano, com esse procedimento, não era o de proceder a uma tradução comercial da obra hegeliana, mas o de colocar à disposição de seus alunos uma versão legível em Língua portuguesa do texto trabalhado por ele em sala de aula. A estratégia de tradução de Lima Vaz torna os parágrafos da *Ciência da Lógica* mais sucintos e, portanto, como aqueles da *Enciclopédia das ciências filosóficas* (1817; 1827; 1830), mais legíveis para o público de então, nos anos de 1970 e de 1980, em geral composto basicamente de iniciantes na leitura de Hegel. Ao introduzir subtítulos no texto traduzido, Vaz como que deixa explícita sua intenção pedagógica; da mesma forma, ele também deixa transparecer traços importantes de sua formação jesuíta, mais propriamente tomístico-transcendental. Nessa perspectiva, determinados aspectos da versão vaziana como que se apresentam enquanto elementos constituintes do que, mais tarde, será a sua própria

concepção de dialética, desenvolvida parcialmente, nos anos seguintes, nas obras propriamente sistemáticas *Antropologia filosófica*[29] e *Introdução à Ética filosófica*[30]. Estas obras, de certo modo, prenunciam um projeto sistemático de Vaz que, não obstante, jamais fora explicitado formalmente, em rigor, o desenvolvimento científico de sua profunda afinidade com alguns aspectos do pensamento de Hegel, de modo especial com a dialética e a releitura da metafísica clássica. Ambas contidas na *Ciência da Lógica*, mas, conforme Lima Vaz, aplicáveis aos campos da história, da sociedade e do Estado moderno[31].

Pode-se notar na *Ética filosófica* um influxo importante da dialética hegeliana[32], em especial o procedimento que parte do Universal, cinde-se no Particular e conclui-se no Singular. Procedimento chave também para Hegel, o qual, porém, em sua tematização, à diferença de Lima Vaz, não parece aplicar formalmente a dialética à explicação ou à interpretação dos conteúdos históricos, políticos e sociais, compreendendo-os, no entanto, como o próprio desdobramento dialético do Lógico. Lima Vaz, ao contrário, talvez por influência de sua profunda leitura da seção Qualidade, de acordo com a versão da *Lógica do Ser* de 1812, assume como paradigmática a estrutura da exposição hegeliana do capítulo, intitulado O conceito, da seção A *subjetividade* (na *Doutrina do Conceito*), que não será investigada no presente estudo, a qual parte justamente do Universal abstrato que se desdobra no Particular e se conclui no Singular, que para Hegel é o Universal concreto. Tal estrutura, contudo, devido ao seu caráter imediato ou formal, já pode ser verificada na seção Qualidade, portanto na *Lógica do Ser*, quando está em jogo a determinação qualitativa ou conceitual do ser, isto é, o modo pelo qual o ser é posto ou determinado pela Reflexão. Não obstante, ao expor sistematicamente os princípios e categorias que estruturam a Ética,

---

29 VAZ, Henrique C. de Lima, *Antropologia filosófica II*. São Paulo: Loyola, 1992; H. C. de L. VAZ, *Antropologia filosófica I*. São Paulo: Loyola, 1991.
30 VAZ, Henrique C. de Lima, *Escritos de Filosofia V. Introdução à Ética Filosófica 2*. São Paulo: Loyola, 2000; VAZ, Henrique C. de Lima, *Escritos de Filosofia IV. Introdução à Ética Filosófica 1*. São Paulo: Loyola, 1999.
31 Ver a entrevista de Lima Vaz a Marcos Nobre e José Márcio Rego, em: NOBRE, M. e REGO, J. M., *Conversas com filósofos brasileiros*, op. cit., p. 30.
32 Ver, SAMPAIO, R. G., *Metafísica e Modernidade, método e estrutura, temas e sistema em Henrique Cláudio de Lima Vaz*. São Paulo: Loyola, 2006, cap. IV.

Lima Vaz os concebe e os explicita segundo aqueles momentos, em cujos limites tais princípios e categorias são pensados em seus diferentes níveis. Desse modo, mediante o arcabouço da dialética hegeliana, Lima Vaz repensa a relação fundamental entre Ética e Metafísica, por ele explicitada ao longo de sua obra. Tal relação também se mostra presente na filosofia de Hegel, que vê no Ético a realização do Metafísico; porém, com a diferença de que o aspecto formal — aqui o modo de estruturação da relação em questão — não é tematizado pelo filósofo alemão e nem apresentado explicitamente como o é, por exemplo, na parte sistemática da *Ética filosófica* de Lima Vaz. Entretanto, permanece implícito o porquê de Vaz explicitar formalmente cada um dos momentos lógicos de sua Ética; ao que parece, duas opções de interpretação se mostram possíveis. Se com isso, de um lado, o filósofo ouro-pretano pretende esclarecer formalmente os desenvolvimentos lógicos do conteúdo ético, perde-se a relação intrínseca de forma e conteúdo, presente em Hegel e, pelo menos na intenção, buscada pelo jesuíta mineiro. Se, de outro lado, ao contrário, Lima Vaz pretende evidenciar o movimento mesmo da estrutura lógica, com isso ele como que atualiza o pensamento de Hegel, não o fixando, mas tornando explícito os modos pelos quais esse pensamento se move. Como isso é feito em sua *Ética filosófica*, portanto, no âmbito de seu próprio pensamento, o filósofo brasileiro se mostra assim um continuador do pensamento hegeliano.

Tal relação, contudo, permanece incompleta se a ela não se acrescentar a dimensão da estrutura conceptual da Antropologia, entendida como uma Ontologia do ser humano, por sua vez considerada o fundamento da Ética e da Política, assim como a dimensão da estrutura conceptual da Política, que se constitui como desdobramento e realização sistemática da Ética. Nessa perspectiva, a partir da Ontologia do ser humano, Lima Vaz pretende pensar a continuidade necessária da Ética e da Política, uma continuidade a um tempo lógica e ontológica, a qual se desenvolve mediante um movimento dialético, logo sistemático, cuja exigência fundamental, inspirada em Hegel, mas assumida em seu movimento real no espaço-tempo da historicidade do pensamento ocidental, é a adaptação do método (ou da forma sistemática) ao conteúdo histórico[33]. Ora, do ponto de vista do

---

[33] Ver, VAZ, Henrique C. de Lima, Método e dialética, in: DE BRITO, E. F. e CHANG, L. H., *Filosofia e método*. São Paulo: Loyola, 2002, p. 9. Nesse *locus*,

ethos — simultaneamente individual e social —, a referida continuidade limitou-se a uma constatação empírica em Aristóteles[34]; da perspectiva do discurso ou da organização das categorias éticas e políticas, porém, tal continuidade foi sistematizada precisamente na *Filosofia do Direito* de Hegel. Este, contudo, não a pensou apenas a partir do *ethos* em seu desenvolvimento histórico concreto ou da chamada universalidade *nomotética*, propriamente greco-antiga, portanto da Physis como universalidade objetiva, mas, ao que parece, no âmbito de sua contraposição à universalidade *hipotética*[35] do *Direito abstrato*, moderno, e de sua suprassunção na circularidade dialética da substância ética, conformadora do Estado e da história mundial do espírito, de modo a restaurar a universalidade *nomotética* a partir da ideia do Estado[36]. Não obstante, falta a Hegel um desenvolvimento categorial que parta justamente do *ethos*, enquanto ainda situado no polo da natureza e o eleve ao polo de sua forma simbólica, a partir da *universalidade nomotética* ela mesma. Esse, ao que tudo indica, o intento de Lima Vaz[37].

Lima Vaz parece ter entrevisto essa lacuna já em seus primeiros textos acerca de questões éticas e políticas[38]; entretanto, não chegou a escrever uma Política sistemática, isto é, uma Filosofia política ou uma Filosofia do Direito segundo o modelo dialético de sua Antropologia e de sua Ética filosófica. Não obstante, o filósofo ouro-pretano deixara alguns escritos,

---

Vaz afirma explicitamente que "o procedimento dialético é diferente segundo a diferença dos conteúdos que são pensados dialeticamente"; como exemplo do mesmo, ele cita precisamente as partes sistemáticas de sua *Antropologia* e sua *Ética*. Ver, VAZ, Henrique C. de Lima, Método e dialética, in: op. cit., p. 15 ss.

[34] Ver, ARISTOTE, *L'Éthique a Nicomaque*, X, 10, 1179 b 31-1181 b 23.
[35] Sobre a diferença e a discussão vaziana desses conceitos, ver VAZ, Henrique C. de Lima, Ética e Direito, in: *Escritos de Filosofia II. Ética e Cultura*, São Paulo: Loyola, 1988, p. 146-160; p. 163-172. Para sua discussão em Hegel, ver DA SILVA, M. M., Introdução ao problema da fundamentação especificamente filosófica do Direito contemporâneo. In: *Revista Guairacá*, 21, (2005): 103-125, p. 110 ss.
[36] Ver VAZ, Henrique C. de Lima, Ética e Direito, in: op. cit., p. 171-172.
[37] Esse o percurso seguido por Lima Vaz na *Antropologia* e na *Ética filosófica*, como atesta a estrutura silogística de cada uma destas obras.
[38] Ver, VAZ, Henrique C. de Lima, Moral, Sociedade e Nação, in: *Revista Brasileira de Filosofia*, 53 (1964): 1-30; referido em VAZ, Henrique C. de Lima, Ética e Direito, in: op. cit., p. 141, nota 17.

anteriores à elaboração sistemática dessas disciplinas, em que a Política fundamental ou, o que para ele é o mesmo, a ideia do Direito é traçada em suas linhas gerais, bem como indicações acerca do lugar da Política ou do Direito no quadro teórico do que se poderia designar o sistema filosófico vaziano. Neste, a Política se funda na Ética e esta na Antropologia, que consiste em um desdobramento da Ontologia ou da Metafísica, a qual, a exemplo da Antropologia, se realiza na Ética ou como a Ética mesma, em sua unidade com a Política.

O texto capital na tematização vaziana de uma Política sistemática tem por título "Ética e Direito" e forma o capítulo quarto dos *Escritos de Filosofia II*. *Ética e Cultura*, de 1988, obra que recolhera diversos artigos antes publicados em revista e os refundira de modo a que se adequassem ao formato de livro. O referido capítulo fora publicado originalmente em 1977 — ano em que Lima Vaz iniciara seus cursos na UFMG sobre a *Ciência da Lógica* de Hegel —, sob o título "Antropologia e direitos humanos"[39] e como que, embora ainda sem a clareza da silogística desenvolvida nos anos seguintes[40], traça de modo preciso o percurso teórico

---

[39] Ver, VAZ, Henrique C. de Lima, Antropologia e direitos humanos, in: *REB*, 37 (1977): 13-40; referido em VAZ, Henrique C. de Lima, Ética e Direito, in: op. cit., p. 135, nota. Embora ao que parece, até aqui, descuidado pelos estudiosos de Lima Vaz, o artigo de 1977 se impõe como paradigmático no que diz respeito ao desenvolvimento dialético, isto é, sistemático, do pensamento do filósofo de Ouro Preto, sobretudo no concernente à sua filiação à forma de pensar preconizada por Hegel. Ver, VAZ, Henrique C. de Lima, Antropologia e direitos humanos, op. cit., p. 20; p. 39.

[40] Em 1977, quando publica o paradigmático "Antropologia e direitos humanos", provavelmente escrito em 1976, e pronuncia o curso — igualmente preparado no ano anterior — intitulado A *teoria hegeliana do conceito*, junto ao PPG em Filosofia da UFMG, Lima Vaz tematiza pela primeira vez os silogismos fundamentais da silogística hegeliana. Essa a ocasião em que o filósofo ouro-pretano comenta justamente o § 198 da *Enciclopédia* de 1830 — que discute o chamado silogismo do mecanismo, entendido como uma triplicidade de silogismos, em especial a Anotação a tal parágrafo, na qual Hegel estende o referido silogismo ao Estado — e o interpreta a partir da noção de Pessoa. Os silogismos aí tematizados irão conformar precisamente a silogística vaziana, que terá na refundição (termo de Lima Vaz) do artigo de 1977, ocorrida no capítulo Ética e Direito, dos *Escritos de Filosofia II*, em 1988, sua primeira formulação. Esta, em rigor, inicia sua gestação já mesmo em 1976, quando da preparação do curso acima referido e da menção, por Lima Vaz, ao silogismo U-P-S (que depois será o silogismo fundamental da Ética), o qual, na verdade, não é extraído da silo-

que as futuras obras sistemáticas irão percorrer. Isso, contudo, tão somente após os cursos sistemáticos sobre a Lógica hegeliana e, em especial, a tradução em tela.

Se o que foi dito no parágrafo anterior está correto, pode-se afirmar com alguma certeza a relevância da tradução vaziana da seção Qualidade. Esta reveste-se assim de um significado e um alcance deveras relevante para a compreensão do pensamento do próprio Lima Vaz; caso em que, embora ainda não editada para efeito de publicação, a mesma contém ou, antes, se constitui como um fio condutor ou mesmo uma chave de leitura da obra do filósofo ouro-pretano. Trata-se, pois, de um modo ou de outro, de uma importante contribuição para os estudos vazianos e, pelo menos indiretamente, para os estudos hegelianos em Língua portuguesa.

3. SOBRE A PRESENTE EDIÇÃO

Nesta edição, além da tradução de Henrique Cláudio de Lima Vaz, também se publica, ao lado, o texto da edição original, em alemão, de 1812, cujo exemplar utilizado está disponível na Página Web do Projeto *Deutsches Textarchiv*[41]. Os números romanos ou cardinais entre colchetes (por exemplo: "[IX]" ou "[9]") referem-se à paginação desta edição do original alemão, a qual também é reproduzida na primeira edição crítica do texto, em francês, ao encargo de Pierre-Jean Labarrière e Gwendoline

---

gística hegeliana, mas consiste na formalização, pelo filósofo ouro-pretano, do capítulo primeiro (O conceito em geral) da Lógica subjetiva ou da Doutrina do conceito, da Ciência da Lógica. Ver, a respeito, VAZ, Henrique C. de Lima, A teoria hegeliana do conceito. Curso ministrado junto ao Mestrado em Filosofia da UFMG, primeiro semestre de 1977, Caderno de anotações de H. C. de Lima Vaz. Memorial Pe. Vaz. Ficha 11, Armário 1, Gaveta 5. Fotocópia. Material disponibilizado ao autor em 2013, passim. É interessante observar que, embora trabalhe com a Lógica de Hegel desde pelo menos 1974, quando ministra um curso sobre a Enciclopédia, Lima Vaz introduz o silogismo U-P-S apenas em 1977, utilizando antes disso a estrutura S-P-U. Ver VAZ, Henrique C. de Lima, A *Enciclopédia de Hegel*. Curso ministrado junto ao Mestrado em Filosofia da UFMG, 1974, Transcrição dos áudios dos cursos de H. C. de Lima Vaz. Memorial Pe. Vaz. Fita 64B. Cópia. Material disponibilizado ao autor em 2013, folha 1 ss.

[41] HEGEL, G. W. F., *Wissenschaft der Logik*. Nürnberg: Johann Leonhard Schrag, 1812. Disponível em: <http://www.deutschestextarchiv.de/book/view/hegel_lo gik0101_1812?p=1>. Acesso em julho de 2019.

Jarczyk, razão pela qual não se reproduz aqui a paginação da edição francesa. Já os números cardinais entre chaves (por exemplo: "{9}") referem-se à paginação do original datilografado de Lima Vaz; sua indicação no corpo do texto português intenta facilitar possíveis pesquisas futuras, que possam ser o caso, no que tange ao uso dos originais arquivados no *Memorial Padre Vaz*. Para isso também serão de valia as *Observações editoriais* inseridas ao final deste volume.

No concernente às notas ao texto hegeliano na presente edição, utilizam-se três sistemas. O primeiro sistema compõe-se das notas do próprio Hegel, as quais, apenas duas nesta tradução, foram indicadas por número cardinal sobrescrito (no corpo do texto alemão) e, como tais, devidamente traduzidas na versão brasileira, na qual se acrescenta a expressão "N. do A." (Nota do Autor). O segundo sistema compõe-se das notas do tradutor, mediante a expressão "N. do T." (em sua quase totalidade reproduções ou resumos das notas de P.-J. Labarrière e G. Jarczyk à edição crítica francesa de 1972) e das notas do editor, indicadas pela expressão "N. do E.", em ambos os casos entre parêntesis, ao final da nota, introduzida por número cardinal sobrescrito (no corpo do texto) e anotada no rodapé da página em que aparece. O terceiro sistema, enfim, diz respeito ao aparato crítico, reduzido ao mínimo necessário, indicado com "(*)" asterisco ao texto em Língua portuguesa (para passagens maiores, com um asterisco no início e outro no final do texto), eventualmente ao original alemão, com anotação ao final do volume referenciada pelos respectivos números das páginas e das linhas em questão. As notas do editor são abertas, no aparato crítico, com a indicação do número da página do original alemão, seguida de parênteses contendo o número da página e das respectivas linhas da edição presente, bem como, depois disso, do número do original datilografado de Lima Vaz. À guisa de exemplo: 45 (159, 19); 38 — o lugar exato onde consta o título "*O suprassumir*", referente à nota de Hegel sobre a suprassunção.

Embora não se queiram exaustivas, as notas constantes do aparato crítico buscam contextualizar as intervenções de Lima Vaz no texto de Hegel a partir de seu próprio pensamento. Em vista disso, as intervenções do editor no texto vaziano, no caso, a versão brasileira ora publicada da Lógica hegeliana, foram as mínimas possíveis; quando alguma intervenção mais profunda se mostrou o caso, isso foi dado a conhecer na respectiva nota. Que esta edição contribua para o aprofundamento dos estudos vazianos

em nosso país e para a ampliação das perspectivas das pesquisas sobre Hegel e o sistema da filosofia em língua portuguesa.

4. FONTES

LIMA VAZ, H. C. DE. *Introdução à Ciência da Lógica*. Curso ministrado junto à Mestrado em Filosofia da UFMG, segundo semestre de 1985, Caderno de anotações de H. C. de Lima Vaz. Memorial Pe. Vaz. Ficha 28, Armário 1, Gaveta 14. Transcrição. Material disponibilizado ao autor em 2018.

LIMA VAZ, H. C. DE. *Introdução à Ciência da Lógica*. (Continuação). Curso ministrado junto à Mestrado em Filosofia da UFMG, segundo semestre de 1985, Caderno de anotações de H. C. de Lima Vaz. Memorial Pe. Vaz. Ficha 29, Armário 1, Gaveta 15. Manuscrito. Fotocópia. Material disponibilizado ao autor em 2013.

LIMA VAZ, H. C. DE. *Introdução à Ciência da Lógica*. Curso ministrado junto à Mestrado em Filosofia da UFMG, segundo semestre de 1985, Caderno de anotações de H. C. de Lima Vaz. Memorial Pe. Vaz. Ficha 28, Armário 1, Gaveta 14. Manuscrito. Fotocópia. Material disponibilizado ao autor em 2013.

LIMA VAZ, H. C. DE. *Idealismo alemão. A dialética de Hegel*. Curso ministrado junto à Mestrado em Filosofia da UFMG, segundo semestre de 1982, Caderno de anotações de H. C. de Lima Vaz. Memorial Pe. Vaz. Caderno 2, Ficha 18, Armário 1, Gaveta 9. Fotocópia. Material disponibilizado ao autor em 2021.

LIMA VAZ, H. C. DE. *Hegel: Lógica 1812: prefácio, introdução e 1ª parte*. Tradução do texto de Hegel com algumas notas de Labarrière. A *dialética de Hegel*. s/d. Ficha 24, Armário 1, Gaveta 13. Texto datilografado. Fotocópia. Material disponibilizado ao autor em 2013.

LIMA VAZ, H. C. DE. *A teoria hegeliana do conceito*. Curso ministrado junto ao Mestrado em Filosofia da UFMG, primeiro semestre de 1977, Caderno de anotações de H. C. de Lima Vaz. Memorial Pe. Vaz. Ficha 11, Armário 1, Gaveta 5. Manuscrito. Fotocópia. Material disponibilizado ao autor em 2013.

LIMA VAZ, H. C. DE. *A Enciclopédia de Hegel*. Curso ministrado junto ao Mestrado em Filosofia da UFMG, 1974, Transcrição dos áudios dos cursos de H. C. de Lima Vaz. Memorial Pe. Vaz. Fita 64B. Cópia. Material disponibilizado ao autor em 2013.

5. REFERÊNCIAS

ARISTOTE, **L'Éthique à Nicomaque**. Introduction, traduction et commentaire par R. A. Gauthier, o. p., et J. Y. Jolif, o. p., Louvain. Publications Universitaires; Paris, Éditions Béatrice-Nauwelaerts, 1961.

DA SILVA, M. M. **Hegel e a Ideia de um idealismo especulativo da subjetividade e da intersubjetividade**. [Tese de Doutorado]. IFCH: Campinas, 2011.

DA SILVA, M. M. A *Phänomenologie des Geistes* de Hegel e a insuficiência do chamado "sistemafenomenologia": Limites e alcances da concepção fenomenológica do Especulativo puro. In E. F. CHAGAS; K. UTZ; J. W. J. DE OLIVEIRA (Org.). **Comemoração aos 200 anos da Fenomenologia do Espírito de Hegel**. 1. ed. Fortaleza: Edições UFC, 2007, p. 105-125.

DA SILVA, M. M. Introdução ao problema da fundamentação especificamente filosófica do Direito contemporâneo. In **Revista Guairacá**, 21, (2005): 103-125.

HEGEL, G. W. F. **Ciência da Lógica. 3. A doutrina do Conceito**. Trad. Christian Iber e Federico Orsini. Petrópolis: Vozes; Bragança Paulista: Edusf, 2018.

HEGEL, G. W. F. **Ciência da Lógica. 2. A doutrina da Essência**. Trad. Christian Iber e Federico Orsini. Petrópolis: Vozes; Bragança Paulista: Edusf, 2017.

HEGEL, G. W. F. **Ciência da Lógica. 1. A doutrina do Ser**. Trad. Christian Iber, Marloren Miranda e Federico Orsini. Petrópolis: Vozes; Bragança Paulista: Edusf, 2016.

HEGEL, G. W. F. **Ciência da Lógica**, *Excertos*. Seleção e tradução de Marco Aurélio Werle. São Paulo: Barcarolla, 2011.

HEGEL, G. W. F. **Fenomenologia do Espírito**. 7. ed. rev. Tradução de Paulo Meneses. Petrópolis: Vozes; Bragança Paulista: USF, 2002.

HEGEL, G. W. F. **Leçons sur les preuves de l'existence de Dieu.** Traduction, présentation et notes par Jean-Marie Lardic. Paris: Aubier, 1994.

HEGEL, G. W. F. **Lógica** — 1812. *Prefácio, Introdução e Primeira parte, O Ser (com algumas notas de Labarrière)*. Tradução de Henrique Cláudio de Lima Vaz. Inédito. Espólio. Ficha 24, Armário 01, Gaveta 13. Belo Horizonte: memorial Padre Vaz, s/d. Fotocópia.

HEGEL, G. W. F. **Science de la logique**, Premier tome. Premier libre. *L'Être*. Édition de 1812. Traduction, présentation et notes par P. J. Labarrière et Gwendoline Jarczyk. Paris: Aubier, 1972.

HEGEL, G. W. F. **Wissenschaft der Logik**, *Erster Band. Die objektive Logik. [Erster Buch: Das Sein]*. Nürnberg: Johann Leonhard Schrag, 1812. Disponível em: <http://www.deutschestextarchiv.de/book/view/hegel_logik0101_1812?p=1>. Acesso em julho de 2019.

HEIDEGGER, M. Erläuterung der "Einleitung" zu Hegels "Phänomenologie des Geistes" (1942). In M. HEIDEGGER, **Gesamtausgabe, 68. Hegel**. Herausgegeben von Ingrid Schüssler. Frankfurt am Main: Vittorio Klostermann, 1993.

LARDIC, J.-M. Introduction. In HEGEL, G. W. F. **Leçons sur les preuves de l'existence de Dieu**. Traduction, présentation et notes par Jean-Marie Lardic. Paris: Aubier, 1994.

MEMORIAL PE. VAZ, Apresentação [da **FICHA 24. DADOS DA BIBLIOTECA**. Setor: ME — Classificação: ARM 01 — GAV 13. Autor: VAZ, Henrique C. de Lima. Título: **Hegel: Lógica 1812: prefácio, introdução e 1ª parte**. Colação: 77 p.]. Disponível em: <http://www.padrevaz.com.br/index.php/pensadores/hegel/manuscritos-sobre-hegel/261-ficha-24-hegel-logica-1812-prefacio-introducao-e-1-p>. Último acesso em dezembro de 2018.

MENESES, P. G. de. O desafio de traduzir Hegel para o português. In **IHU Online**, 217, 30 de abril de 2007, Disponível em: <http://www.ihuonline.unisinos.br/index.php?>. Acesso em outubro de 2018.

MENESES, P. G. de. Nota do tradutor, in G. W. F. HEGEL, **Fenomenologia do Espírito**. 7. ed. rev. Tradução de Paulo Meneses. Petrópolis: Vozes; Bragança Paulista: USF, 2002.

MENESES, P. G. de. **Para ler a Fenomenologia do Espírito**, São Paulo: Loyola, 1985.

NOBRE, M; REGO, J. M., **Conversas com filósofos brasileiros**, São Paulo: Ed. 34, 2001.

SAMPAIO, R. G. **Metafísica e Modernidade**, *método e estrutura, temas e sistema em Henrique Cláudio de Lima Vaz*. São Paulo: Loyola, 2006.

VAZ, H. C. de L. **A formação do pensamento de Hegel**. São Paulo: Loyola, 2014.

VAZ, H. C. de L. **Contemplação e dialética nos diálogos platônicos**. Tradução do latim para o português por Juvenal Savian Filho. São Paulo: Loyola, 2012.

VAZ, H. C. de L. Método e dialética, in E. F. DE BRITO; L. H. CHANG. **Filosofia e método**. São Paulo: Loyola, 2002.

VAZ, H. C. de L. **Escritos de Filosofia V**. *Introdução à Ética Filosófica 2*. São Paulo: Loyola, 2000.

VAZ, H. C. de L. **Escritos de Filosofia IV**. *Introdução à Ética Filosófica 1*. São Paulo: Loyola, 1999.

VAZ, H. C. de L. Da Ciência da Lógica à Filosofia da Natureza: estrutura do sistema hegeliano, **Kritérion** 95 (1997): 33-48.

VAZ, H. C. de L. **Antropologia filosófica II**. São Paulo: Loyola, 1992.

VAZ, H. C. de L. **Antropologia filosófica I**. São Paulo: Loyola, 1991.

VAZ, H. C. de L. **Escritos de Filosofia II**. *Ética e Cultura*, São Paulo: Loyola, 1988.

VAZ, H. C. de L. Apresentação. In MENESES, P. G. de. **Para ler a Fenomenologia do Espírito**, São Paulo: Loyola, 1985.

VAZ, H. C. de L. Antropologia e direitos humanos, in **REB**, 37 (1977): 13-40.

VAZ, H. C. de L. Moral, Sociedade e Nação, in **Revista Brasileira de Filosofia**, 53 (1964): 1-30.

ZUBIRI, X. **Sobre la Esencia**, 1962.

Wissenschaft der Logik.

Von

D. Ge. Wilh. Friedr. Hegel,

Professor und Rector am Königl. Bayerischen Gymnasium zu Nürnberg.

Erster Band.

Die objective Logik.

Nürnberg,
bey Johann Leonhard Schrag.
1812

Ciência da Lógica

Do

Dr. Georg Wilhelm Friedrich Hegel

Professor e reitor do Ginásio Real Bávaro

em Nüremberg

Primeiro Tomo

A

Lógica objetiva

Nüremberg

Johann Leonard Schrag

1812

Vorrede

Die völlige Umänderung, welche die philofophifche Denkweife feit etwa fünf und zwanzig Jahren unter uns erlitten, der höhere Standpunkt, den das Selbftbewußtfeyn des Geiftes in diefer Zeitperiode über fich erreicht hat, hat bisher noch wenig Einfluß auf die Geftalt der Logik gehabt.

Dasjenige, was vor diefem Zeitraum Metaphyfik hieß, ift, fo zu fagen, mit Stumpf und Styl ausgerottet worden, und aus der Reihe der Wiffenfchaften verfchwunden. Wo laffen, oder wo dürfen fich Laute der vormaligen Ontologie, der rationellen Pfychologie, der Kosmologie oder felbft gar der vormaligen natürlichen Theologie noch vernehmen laffen? Unterfuchungen, zum Beyfpiel über die Immaterialität der Seele, über die mechanifchen und die Endurfachen, wo follten fie noch ein Intereffe finden? auch die fonftigen Beweife vom Dafeyn Gottes werden nur hiftorifch, oder zum Behufe der Erbauung und Gemüthserhebung angeführt. Es ift diß ein Factum, daß das Intereffe theils am Inhalte, theils an der Form der vormaligen Metaphyfik, theils an beyden zugleich verlohren ift. So merkwürdig es ift, [IV] wenn einem Volke z. B. die Wiffenfchaft feines Staatsrechts, wenn ihm feine Gefinnungen, feine fittlichen Gewohnheiten und Tugenden unbrauchbar geworden find, fo merkwürdig ift es wenigftens, wenn ein Volk

Prefácio*

A mutação completa por que passou entre nós a maneira de pensar filosófica, nestes últimos 25 anos, e o ponto de vista mais elevado que a consciência-de-si do espírito alcançou sobre si mesma durante esse período, só tiveram pouca influência sobre a configuração da *lógica*[1] até o presente.

*O que antes desse período se chamava de *metafísica* foi, por assim dizer, extirpado radicalmente e desapareceu da lista das ciências. Onde estão as vozes da ontologia de outrora, da psicologia racional, da cosmologia, ou mesmo da teologia natural que antes se faziam ainda ouvir? Onde se pode escutá-las? Por exemplo, investigações sobre a imaterialidade da alma, sobre causas mecânica e final, onde poderiam despertar interesse? Até mesmo as provas da existência de Deus que antes tinham curso, só são mencionadas do ponto de vista histórico, ou então para edificação ou elevação da alma. O fato é que se perdeu o interesse em parte pela forma, em parte pelo conteúdo da antiga metafísica, em parte por ambos ao mesmo tempo.*

Se é estranho [IV] que um povo descubra como inutilizáveis, por exemplo, a ciência de seu Direito do Estado, suas convicções, seus costumes, suas virtudes éticas, é pelo menos também estranho que um povo perca sua metafísica, e que nele o espírito que se ocupa com sua pura essência não tenha mais ser-aí efetivo.

---

1 Em itálico no original alemão (1812) e nas edições críticas francesa e alemã. Como na edição francesa, nesta passagem, Vaz mantém o termo com inicial minúscula, contudo sem itálico. Na sequência, sempre que o termo lógica referir-se em geral à *ciência lógica*, utilizá-lo-emos em itálico e inicial minúscula, padronizando assim o uso de Vaz, que às vezes segue e às vezes não segue o original alemão ou a edição francesa. Quando o termo, porém, referir-se especificamente à obra *Ciência da Lógica*, ele será grafado em itálico e com inicial maiúscula. Também se grafará apenas com inicial maiúscula, caso se refira à Lógica enquanto uma ciência determinada do sistema da Filosofia. (N. do E.)

ſeine Metaphyſik verliert, wenn der mit ſeinem reinen Weſen ſich beſchäftigende Geiſt kein wirkliches Daſeyn mehr in demſelben hat.

Die exoteriſche Lehre der Kantiſchen Philoſophie, — daß der Verſtand die Erfahrung nicht über fliegen dürfe, ſonſt werde das Erkenntniß vermögen theoretiſche Vernunft, welche für ſich nichts als Hirngeſpinſte gebähre, hat es von der wiſſenſchaftlichen Seite gerechtfertigt, dem ſpeculativen Denken zu entſagen. Dieſer populären Lehre kam das Geſchrey der modernen Pädagogik, die Noth der Zeiten, die den Blick auf das unmittelbare Bedürfniß richtet, entgegen, daß, wie für die Erkenntniß die Erfahrung das Erſte, ſo für die Geſchiklichkeit im öffentlichen und Privatleben, theoretiſche Einſicht ſogar ſchädlich, und Uebung und praktiſche Bildung überhaupt das Weſentliche, allein Förderliche ſey.

— Indem ſo die Wiſſenſchaft und der gemeine Menſchenverſtand ſich in die Hände arbeiteten, den Untergang der Metaphyſik zu bewirken, ſo ſchien das ſonderbare Schauſpiel herbeygeführt zu werden, ein gebildetes Volk ohne Metaphyſik zu ſehen; — wie einen ſonſt mannichfaltig ausgeſchmückten Tempel ohne Allerheiligſtes. — Die Theologie, welche in frühern Zeiten die Bewahrerin der ſpeculativen Myſterien [V] und der obzwar abhängigen Metaphyſik war, hatte ſie gegen Gefühle, gegen das Prattiſch-populäre, und gelehrte Hiſtoriſche aufgegeben. Welcher Veränderung entſprechend iſt, daß anderwärts jene Einſamen, die von ihrem Volke aufgeopfert und aus der Welt ausgeſchieden wurden, zu dem Zwecke, daß die Contemplation des Ewigen und ihr allein dienendes Leben vorhanden ſey, nicht um eines Nutzens, ſondern um des Seegens willen, — verſchwanden; ein Verſchwinden, das in einem andern Zuſammenhange, dem Weſen nach als dieſelbe Erſcheinung, wie das vorhin erwähnte, betrachtet werden kann. — So daß, nach Vertreibung dieſer Finſterniſſe, der farbloſen Beſchäftigung des in ſich gekehrten Geiſtes mit ſich ſelbſt, das Daſeyn in die heitre Welt der Blumen verwandelt zuſeyn ſchien, unter denen es bekanntlich keine ſchwarze gibt.

Ganz ſo ſchlimm als der Metaphyſik iſt es der Logik nicht ergangen. Daß man durch ſie denken lerne, was ſonſt für ihren Nutzen und damit für den Zweck derſelben galt, — gleichſam als ob man durch das Studium der Anatomie und Phyſiologie erſt verdauen und

A doutrina exotérica da filosofia kantiana — ensinando que *o entendimento não tem o direito de ir além dos limites da experiência*, porque então a faculdade do conhecimento se torna *razão teórica* que só produz para si *quimeras* — justificou cientificamente a renúncia ao pensamento especulativo. Ao encontro dessa vulgarização do kantismo vieram as proclamações da pedagogia moderna — essa miséria dos tempos —, que dirige o olhar para a necessidade imediata. Segundo ela, assim como a experiência está em primeiro lugar para o conhecimento, também na vida pública e privada só a prática, e o saber que ela dá, são o essencial, enquanto uma visão teórica mais profunda seria até nociva.

A ciência e o senso comum, reforçando um ao outro para provocar o declínio da metafísica, provocaram o espetáculo estranho *de um povo cultivado desprovido de metafísica*, — como se fosse um templo muito bem decorado, mas privado de santuário.

A Teologia, que nos tempos de antanho era a guardiã dos mistérios especulativos [V], junto com a metafísica — dependente sua —, já os tinha abandonado em troca dos sentimentos, da religião popular, da erudição histórica. Corresponde a tal mudança o fato do desaparecimento desses *solitários*, que tinham sido sacrificados por seu povo e separados do mundo com a finalidade de tornar presentes a contemplação do Eterno e uma vida toda dedicada ao serviço desta contemplação; não para alguma utilidade, mas para a bênção divina. Tal desaparecimento, embora em outro contexto, pode ser considerado como o mesmo fenômeno que o desaparecimento (da metafísica e da teologia) acima mencionado.

Desse modo, depois de se terem dissipado essas trevas, o monólogo terno consigo mesmo do espírito voltado para si, pareceu que o ser-aí {2} se tinha transformado no mundo sereno das flores; no qual, como se sabe, não existem flores *pretas*.

A *lógica* não ficou tão mal servida quanto a metafísica. Antes se considerava que sua utilidade era para *aprender a pensar*,* e também seu fim. Como se fosse preciso estudar antes anatomia e fisiologia para aprender a se mover e a digerir... Esse preconceito já se perdeu

ſich bewegen lernen ſollte —, diß Vorurtheil hat ſich långſt verlohren, und der Geiſt des Praktiſchen dachte ihr wohl kein beſſeres Schikſal zu. Deſſen ungeachtet, wahrſcheinlich um einigen formellen Nutzens willen, wurde ihr noch ein Rang unter den Wiſſenſchaften gelaſſen, ja ſie wurde ſelbſt als Gegenſtand des öffentlichen Unterrichts beybehalten. Diß [VI] beſſere Loos betrifft jedoch nur das åuſſere Schickſal; denn ihre Geſtalt und Inhalt iſt derſelbe geblieben, als er ſich durch eine lange Tradition fortgeerbt, jedoch in dieſer Ueberlieferung immer mehr verdünntund abgemagert hatte; der neue Geiſt, welcher der Wiſſenſchaft nicht weniger als der Wirklichkeit aufgegangen iſt, hat ſich in ihr noch nicht verſpüren laſſen. Es iſt aber ein für allemal vergebens, wenn die ſubſtantielle Form des Geiſtes ſich umgeſtaltet hat, die Formen früherer Bildung erhalten zu wollen; ſie ſind welke Blåtter, welche von den neuen Knoſpen, die an ihren Wurzeln ſchon erzeugt ſind, abgeſtoſſen werden.

Mit dem Ignoriren der allgemeinen Verånderung fångt es nach gerade an auch im Wiſſenſchaftlichen auszugehen. Unbemerkterweiſe ſind ſelbſt den Gegnern die andern Vorſtellungen geläufig und eigen geworden, und wenn ſie gegen deren Quelle und Principien fortdauernd ſpröde thun und ſich widerſprechend dagegen benehmen, ſo haben ſie dafür die Conſequenzen ſich gefallen laſſen, und des Einfluſſes derſelben ſich nicht zu erwehren vermocht; zu ihrem immer unbedeutender werdenden negativen Verhalten wiſſen ſie ſich auf keine andere Weiſe eine poſitive Wichtigkeit und einen Inhalt zu geben, als daß ſie in den neuen Vorſtellungsweiſen mitſprechen.

Von der andern Seite ſcheint die Zeit der Gåhrung, mit der eine neue Schöpfung beginnt, vorbey zu ſeyn. In ihrer erſten Erſcheinung pflegt eine ſolche [VII] ſich mit fanatiſcher Feindſeeligkeit gegen die ausgebreitete Syſtematiſirung des frühern Princips zu verhalten; theils auch furchtſam zu ſeyn, ſich in der Ausdehnung des Beſondern zu verlieren, theils aber die Arbeit zu ſcheuen, die zur wiſſenſchaftlichen Ausbildung erfordert wird, und im Bedürfniſſe derſelben zuerſt zu einem leeren Formalismus zu greifen. Die Anfoderung der Verarbeitung und Ausbildung des Stoffes wird nun um ſo dringender. Es iſt eine Periode in der Bildung einer Zeit, wie in der Bildungdes Individuums, wo es vornemlich um Erwerbung und Behauptung des Princips

há muito tempo, e o espírito, no que toca ao domínio prático, não reserva melhor sorte à *lógica*. Contudo, por causa de certa utilidade formal, possivelmente, — deixaram-lhe um lugar entre as ciências; mas, ainda, foi até mantida como ob-jeto* do ensino oficial*. Porém, essa [VI] sorte só se refere a seu destino exterior; porque sua configuração e seu conteúdo conservaram-se os mesmos, como foram transmitidos por uma longa tradição, e ainda por cima empobrecidos e desgastados durante o processo de transmissão. O espírito novo ainda não se fez sentir nela.

Quando a forma substancial do espírito passou para uma outra figura é definitivamente vão querer manter as formas da cultura anterior: são folhas murchas que os novos rebentos, já formados em sua base, expulsam.

Pouco a pouco se começa, até mesmo no domínio da ciência, a sair de um *estado de ignorância* no que toca a esta universal mutação. Sem se darem conta, até os adversários se tornaram familiarizados com as novas representações, e as adotaram. Embora por suas origens e princípios as critiquem, e adotem atitudes que as contradizem, não deixam de lhes aceitar as consequências nem podem escapar à sua influência. Sua resistência é cada vez mais fraca; mais ainda: só conseguem dar-lhe importância positiva e um conteúdo, pondo-se em harmonia com as novas representações.

Aliás, parece que o tempo de fermentação, que inaugura uma criação nova, já tenha passado. Quando aparece pela primeira vez, essa nova [VII] criação toma uma atitude de hostilidade fanática em face da sistematização largamente difundida do princípio anterior. Ora sente que se está perdendo na extensão do particular; ora teme o trabalho que exige à formação científica; e quando tal formação lhe faz falta, recorre de imediato a um formalismo vazio.

Torna-se então mais urgente a exigência de uma elaboração e de uma formação do material. Há um período na cultura de uma época, como sucede também na cultura de um indivíduo, em que se trata, sobretudo de adquirir e de afirmar o princípio em sua intensidade não

in feiner unentwickelten Intenfität zu thun ift. Aber die höhere Foderung geht darauf, daß es zur Wiffenfchaft werde.

Was nun auch für die Sache und für die Form der Wiffenfchaft bereits in fonftiger Rückficht gefchehenfeyn mag; die logifche Wiffenfchaft, welche die eigentliche Metaphyfik oder reine fpeculative Philofophie ausmacht, hat fich bisher noch fehr vernachläffigt gefehen. Was ich unter diefer Wiffenfchaft und ihrem Standpunkte näher verftehe, habe ich in der Einleitung vorläufig angegeben. Die Nothwendigkeit, mit diefer Wiffenfchaft wieder einmal von vorne anzufangen, die Natur des Gegenftandes felbft, und der Mangel an Vorarbeiten, welche hätten benutzt werden können, mögen bey billigen Beurtheilern in Rückficht kommen, wenn auch eine vieljährige Arbeit diefem Verfuche nicht eine größere Vollkommenheit geben konnte. — Der wefentliche Geﬁchtspunkt ift, daß es überhaupt [VIII] um einen neuen Begriff wiffenfchaftlicher Behandlung zu thun ift. Die Philofophie, indem fie Wiffenfchaft feyn foll, kann, wie ich anderwärts erinnert habe, hiezu ihre Methode nicht von einer untergeordneten Wiffenfchaft, wie die Mathematik ift, borgen, fo wenig als es bey kategorifchen Verficherungen innerer Anfchauung bewenden laffen, oder fich des Räfonnements aus Gründen der äuffern Reflexion bedienen. Sondern es kann nur die Natur des Inhalts feyn, welche fich im wiffenfchaftlichen Erkennen bewegt, indem zugleich diefe eigne Reflexion des Inhalts es ift, welche feine Beftimmung felbft erft fetzt und erzeugt.

Der Verftand beftimmt und hält die Beftimmungen feft; die Vernunft ift negativ und dialektifch, weil fie die Beftimmungen des Verftands in Nichts auflöst; fie ift pofitiv, weil fie das Allgemeine erzeugt, und das Befondere darunter fubfumirt. Wie der Verftand als etwas getrenntes von der Vernunft überhaupt, fo pflegt auch die dialektifche Vernunft als etwas getrenntes von der pofitiven Vernunft genommen zu werden. Aber in ihrer Wahrheit ift die Vernunft Geift, der höher als beydes, der verftändige Vernunft, oder vernünftiger Verftand ift. Er ift das Negative, fowohl dasjenige, welches die Qualität der dialektifchen Vernunft, als des Verftandes ausmacht; — er negirt das Einfache, fo fetzt er den beftimmten Unterfchied des Verftandes, er löst ihn eben fo fehr auf, fo ift er dialektifch [IX]. Er hält fich aber nicht im Nichts diefes Refultates, fondern ift darin eben fo pofitiv, und hat fo das erfte Ein-

desenvolvida. Porém, a exigência superior visa a que este princípio chegue à Ciência.

Sejam quais forem os resultados a que se chegou noutros aspectos quanto ao conteúdo e à forma da ciência, a verdade é que a ciência lógica — que constitui a metafísica propriamente dita ou a pura filosofia especulativa — até o presente ficou ainda muito negligenciada. Na *Introdução* indiquei, numa primeira abordagem, o que entendo mais precisamente por esta ciência, e sobre o ponto de vista que lhe é peculiar. Embora um trabalho de muitos anos não tenha conseguido dar a este ensaio maior perfeição, é desejável que os que a julguem com equidade levem em conta a necessidade que se impunha de retomar esta ciência desde o seu começo, a natureza do ob-jeto mesmo* e a falta de trabalhos preparatórios que pudessem ser utilizados. {3}

O ponto de vista essencial consiste em que [VIII] se propõe, sobretudo, *um conceito novo do tratamento científico*.* Como já disse outras vezes, a filosofia, enquanto deve ser Ciência, não pode para isso tomar seu método de uma ciência subordinada, como é a matemática, nem também pode limitar-se às afirmações categóricas da intuição interior, e nem se servir do raciocínio fundado sobre a reflexão exterior. Mas compete somente à *natureza do conteúdo mover-se* no conhecer científico, enquanto é somente esta *reflexão própria* do conteúdo que põe, e com isso produz, sua *determinação* mesma.

O *entendimento* determina e fixa as *determinações*; a *razão* é negativa e *dialética*, porque reduz a nada as determinações do entendimento; e é *positiva* porque produz o *universal* e nele subsume o particular. Como se costuma tomar o entendimento como algo separado da razão em geral, também se costuma tomar a razão dialética como algo separado da razão positiva. Porém, em sua verdade, a razão é *espírito*, o qual é superior a ambos: é uma razão de entendimento ou um entendimento de razão.

O espírito é o negativo, o que constitui tanto a qualidade da razão dialética, quanto a do entendimento; — ele nega o que é simples, e é assim que ele põe a diferença determinada do entendimento; mas dissolve do mesmo modo essa diferença, e é assim que ele é dialético [IX]. Contudo, não se mantém no nada desse resultado, mas nele tam-

fache damit hergeſtellt, aber als Allgemeines; unter dieſes wird nicht ein gegebenes Beſonderes ſubſumirt, ſondern in jenem Beſtimmen und in der Auflöſung deſſelben hat ſich das Beſondere ſchon mit beſtimmt. Dieſe geiſtige Bewegung, die ſich in ihrer Einfachheit ihre Beſtimmtheit, und in dieſer ihre Gleichheit mit ſich ſelbſt gibt, die ſomit die immanente Entwicklung des Begriffes iſt, iſt die abſolute Methode des Erkennens, und zugleich die immanente Seele des Inhaltes ſelbſt. — Auf dieſem ſich ſelbſt conſtruirenden Wege allein, behaupte ich, iſt die Philoſophie fähig, objective, demonſtrirte Wiſſenſchaft zu ſeyn. — In dieſer Weiſe habe ich das Bewußtſeyn, in der Phänomenologie des Geiſtes darzuſtellen verſucht. Das Bewußtſeyn iſt der Geiſt als concreter Gegenſtand; aber ſeine Fortbewegung beruht allein, wie die Entwicklung alles natürlichen und geiſtigen Lebens, auf der Natur der reinen Weſenheiten, die den Inhalt der Logik ausmachen. Das Bewußtſeyn, als der erſcheinende Geiſt, welcher ſich auf ſeinem Wege von ſeiner Unmittelbarkeit und Concretion befreyt, wird zum reinen Wiſſen, das jene reinen Weſenheiten ſelbſt, wie ſie an und für ſich ſind, zum Gegenſtand hat. Sie ſind die reinen Gedanken, der ſein Weſen denkende Geiſt. Ihre Selbſtbewegung iſt ihr geiſtiges Leben, und iſt das, wodurch ſich die Wiſſenſchaft conſtituirt, und deſſen Darſtellung ſie iſt. [X]

Es iſt hiemit die Beziehung der Wiſſenſchaft, die ich Phänomenologie des Geiſtes nenne, zur Logik angegeben. — Was das äußerliche Verhältniß betrift, ſo war dem erſten Theil des Syſtems der Wiſſenſchaft (Bamb. und Würzb. bey Göbhard 1807), der die Phänomenologie enthält ein zweyter Theil zu folgen beſtimmt, welcher die Logik und die beyden realen Wiſſenſchaften der Philoſophie, die Philoſophie der Natur und die Philoſophie des Geiſtes, enthalten ſollte, und das Syſtem der Wiſſenſchaft beſchloſſen haben würde. Aber die nothwendige Ausdehnung, welche die Logik für ſich erhalten mußte, hat mich veranlaßt, dieſe beſonders ans Licht treten zu laſſen; ſie macht alſo in einem erweiterten Plane die erſte Folge zur Phänomenologie des Geiſtes aus. Späterhin werde ich die Bearbeitung der beyden genannten realen Wiſſenſchaften der Philoſophie folgen laſſen. — Dieſer erſte Band der Logik aber enthält als erſtes Buch die Lehre vom Seyn; das zweyte Buch, die Lehre vom Weſen, als zweyte Abtheilung des erſten Bands, iſt bereits unter der Preſſe; der zweyte Band aber wird die ſubjective Logik, oder die Lehre vom Begriff enthalten.

bém é positivo, e assim estabelece o primeiro (termo) simples, mas como um universal. Sob este universal não está subsumido um particular dado, mas nesse determinar e em sua redução*, o particular já se co-determinou. Este movimento espiritual, que em sua simplicidade se dá sua determinidade, e nessa sua igualdade consigo mesmo, é o método absoluto do conhecer, e ao mesmo tempo é a alma imanente do próprio conteúdo. É somente seguindo este caminho, que se constrói por si mesmo, que a filosofia — como eu afirmo — é capaz de ser uma ciência objetiva, demonstrada.*

Na *Fenomenologia do Espírito*, tentei apresentar dessa forma a *consciência*. A consciência é o espírito como ob-jeto concreto; mas o movimento que a impele para diante repousa unicamente — como, aliás, o desenvolvimento de toda a vida natural e espiritual — sobre a natureza das *essencialidades puras* que constituem o conteúdo da lógica. A consciência, enquanto é o espírito que se manifesta, em seu caminho se liberta de sua imediatez e concretude; chega ao nível do saber puro que tem por ob-jeto essas essencialidades puras mesmas, tais como são em-si e para-si. São os pensamentos puros, o espírito que pensa sua essência. Seu automovimento é sua vida espiritual; é aquilo pelo qual a ciência se constitui, e em cuja apresentação a ciência consiste. [X]

Com isso está indicado o reportamento* que tem com a *lógica* esta ciência que eu chamo *Fenomenologia do Espírito*. Quanto à relação exterior, a primeira parte do *Sistema da Ciência* (Ed. Goebhard, 1807), que compreende a Fenomenologia, devia ser seguida de uma segunda parte, abrangendo a Lógica e as duas ciências reais da Filosofia, a Filosofia da Natureza e a Filosofia do Espírito, com o que se teria concluído o Sistema da Ciência. Porém, a extensão necessária que teve de tomar a *Lógica*, para si,* me levou a publicá-la à parte. Ela constitui, assim, em um plano ampliado, a primeira continuação à *Fenomenologia do Espírito* e será posteriormente seguida pela publicação das duas ciências reais acima mencionadas. O primeiro tomo contém a *Doutrina do Ser* e a *Doutrina da Essência*; o segundo, a *Doutrina do Conceito*.

Einleitung

Es fühlt sich bey keiner Wissenschaft stärker das Bedürfniß, ohne vorangehende Reflexionen, von der Sache selbst anzufangen, als bey der logischen Wissenschaft. In jeder andern ist der Gegenstand, den sie behandelt, und die wissenschaftliche Methode von einander unterschieden; so wie auch der Inhalt nicht einen absoluten Anfang macht, sondern von andern Begriffen abhängt, und um sich herum mit anderem Stoffe zusammen-hängt. Diesen Wissenschaften wird es daher zugegeben, von ihrem Boden und dessen Zusammenhang, so wie von der Methode lemmatischer Weise zu sprechen, die als bekannt und angenommen vorausgesetzten Formen von Definitionen und dergleichen ohne weiteres anzuwenden, und sich der gewöhnlichen Art des Räsonnements zur Festsetzung ihrer allgemeinen Begriffe und Grundbestimmungen zu bedienen.

Die Logik dagegen kann keine dieser Formen der Reflexion oder Regeln und Gesetze des Denkens voraussetzen, denn sie machen einen Theil ihres Inhalts aus und haben erst innerhalb ihrer begründet zu werden. [II] Auch der Begriff selbst der Wissenschaft überhaupt, nicht nur der wissenschaftlichen Methode, gehört zu ihrem Inhalte, und zwar macht er ihr letztes Resultat aus; was sie ist, kann sie daher nicht voraussagen, sondern ihre ganze Abhandlung bringt diß Wissen von ihr selbst erst als ihr Letztes und als ihre Vollendung hervor. Gleichfalls ihr Gegenstand, das Denken oder bestimmter das begreiffende Denken, wird wesentlich innerhalb ihrer abgehandelt; der Begriff desselben erzeugt sich in ihrem Verlaufe, und kann daher nicht vorausgeschikt werden. Was daher in dieser Einleitung vorausgeschikt wird, hat nicht den Zweck, den Begriff der Logik etwa zu begründen, oder den Inhalt und die Methode derselben zum voraus wissenschaftlich zu rechtfertigen, sondern, durch einige Erläuterungen und Reflexionen, in räsonnirendem und historischem Sinne, den Gesichtspunkt, aus welchem diese Wissenschaft zu betrachten ist, der Vorstellung näher zu bringen.

Introdução*

§ 1. A Lógica não é uma ciência como as outras*

Não há ciência em que se faça sentir mais imperiosamente a necessidade de começar pela Coisa mesma, sem reflexões preliminares que na Ciência lógica. Nas outras, o método e o ob-jeto de que tratam são diferentes; e seu conteúdo não é um começo absoluto, se não que depende de outros conceitos, e se encontra tributário de um material outro que o circunda. Em consequência, permite-se a essas ciências que falem de maneira temática de seu fundamento e de seu método; podem aplicar, sem mais, formas de definições e coisas semelhantes que pressupõem conhecidas e admitidas; podem servir-se do modo habitual de raciocínio para estabelecer seus conceitos universais e determinações fundamentais.

A Lógica, ao contrário, não pode pressupor nenhuma dessas formas de reflexão, ou regras e leis de pensar, já que constituem uma parte de seu conteúdo e só devem ser fundadas no interior do que é a lógica mesma. [II] Inclusive o próprio conceito de Ciência em geral, e não só o do método científico, pertence a seu conteúdo. Na verdade, é esse o seu resultado último: não se pode dizer de entrada o que é a Ciência, porque só sua exposição total produz o saber do que ela é e isso somente como seu termo ou acabamento.

Da mesma forma, seu ob-jeto, o pensar — mais precisamente, o pensar conceptualizante — se encontra exposto essencialmente em seu interior; o conceito desse objeto é produzido no percurso da Lógica, e, por conseguinte, não pode ser dado adiantado. Assim, o que nesta Introdução é apresentado previamente não tem por finalidade fundar em alguma-coisa o conceito da Lógica, ou justificar cientificamente, de modo preliminar, seu conteúdo e seu método. Destina-se apenas a tornar mais acessível à representação o ponto de vista a partir do qual se deve considerar esta Ciência, utilizando alguns esclarecimentos e reflexões, num sentido raciocinante e histórico.

Wenn die Logik als die Wiſſenſchaft des Denkens im Allgemeinen angenommen wird, ſo wird dabey verſtanden, daß diß Denken die bloße Form einer Erkenntniß ausmache, daß die Logik von allem Inhalte abſtrahire, und das ſogenannte zweyte Beſtandſtück, das zu einer Erkenntniß gehöre, die Materie, anderswoher gegeben werden müſſe, daß ſomit die Logik, als von welcher dieſe Materie ganz und gar unabhängig ſey, nur die formalen Bedingungen wahrhafter Erkenntniß angeben, nicht aber reale Wahrheit ſelbſt enthalten, noch auch nur der Weg zu realer Wahrheit ſeyn könne, weil [III] gerade das Weſentliche der Wahrheit, der Inhalt, auſſer ihr liege.

Vors erſte iſt es ſchon ungeſchikt zu ſagen, daß die Logik von allem Inhalte abſtrahire, daß ſie nur die Regeln des Denkens lehre, ohne auf das Gedachte ſich einlaſſen und auf deſſen Beſchaffenheit Rükſicht nehmen zu können. Denn da das Denken und die Regeln des Denkens ihr Gegenſtand ſeyn ſollen, ſo hat ſie ja unmittelbar daran ihren eigenthümlichen Inhalt; ſie hat daran auch jenes zweyte Beſtandſtück der Erkenntniß, eine Materie, um deren Beſchaffenheit ſie ſich bekümmert.

Allein zweytens ſind überhaupt die Vorſtellungen, auf denen der Begriff der Logik bisher beruhte, theils bereits untergegangen, theils iſt es Zeit, daß ſie vollends verſchwinden, daß der Standpunkt dieſer Wiſſenſchaft höher gefaßt werde, und daß ſie eine völlig veränderte Geſtalt gewinne.

Der bisherige Begriff der Logik beruht auf der im gewöhnlichen Bewußtſeyn ein für allemal vorausgeſetzten Trennung des Inhalts der Erkenntniß und der Form derſelben, oder der Wahrheit und der Gewißheit. Es wird erſtens vorausgeſetzt, daß der Stoff des Erkennens, als eine fertige Welt auſſerhalb dem Denken, an und für ſich vorhanden, daß das Denken für ſich leer ſey, als eine Form äuſſerlich zu jener Materie hinzutrete, ſich damit erfülle, erſt daran einen Inhalt gewinne und ein reales Erkennen werde.

Alsdann ſtehen dieſe beyden Beſtandtheile, — (denn ſie ſollen das Verhältniß von Beſtandtheilen haben, und das [IV] Erkennen wird aus ihnen mechaniſcher oder höchſtens chemiſcherweiſe zuſammenge-

Quando a Lógica é tomada como a Ciência do pensar em geral se entende então que este pensar constitui *a forma simples de um conhecimento*; entende-se que a Lógica abstrai de todo conteúdo, e que deve ser dado n'outro lugar o que se chama o segundo *elemento-constitutivo* do que pertence a um conhecimento: a matéria. Assim a lógica, da qual essa matéria seria absolutamente independente, só poderia dar as condições de um conhecimento verdadeiro, mas não seria capaz de conter nela nenhuma verdade real; mas nem sequer poderia ser o *caminho* para a verdade real, porquanto [III] o conteúdo — que é justamente o essencial da verdade — se encontraria fora dela.

§ 2. Refutação dessa falsa compreensão da lógica*

Em primeiro lugar, é impróprio dizer que a lógica abstrai de todo conteúdo, e que só ensina as regras do pensar, sem poder se pronunciar sobre o que é pensado. Porque como o pensar e as regras do pensar devem ser seu ob-jeto mesmo, ela tem aí imediatamente seu conteúdo próprio; neste ela dispõe daquele segundo elemento constitutivo do conhecimento — uma matéria — e se ocupa de sua disposição.

Mas, em segundo lugar, as representações — sobre as quais repousava até o {5} presente o conceito da lógica — já estão em geral submergidas em parte e é tempo de desaparecer o que delas resta, que esta Ciência tenha seu ponto de vista estabelecido num plano superior e que receba uma configuração completamente mudada.

O conceito da *lógica* que até então vigorava repousa sobre a separação, pressuposta de uma vez por todas na consciência comum, entre conteúdo e forma do conhecimento, ou seja, entre verdade e certeza. Ou, mais explicitamente:

1. Pressupõe-se que o material do conhecimento está presente em-si e para-si, como um mundo acabado no exterior do pensar; que o pensar, para si, é vazio; que, à maneira de uma forma, aproxima exteriormente esta matéria, se enche dela e só assim ganha um conteúdo e se torna um conhecer real.

2. Estas duas partes constitutivas (porque devem ter relação de partes constitutivas, e o [IV] conhecer é composto a partir delas, de maneira

ſetzt —) in dieſer Rangordnung gegen einander, daß das Object ein für ſich vollendetes, fertiges ſey, das des Denkens zu ſeiner Wirklichkeit vollkommen entbehren könne, da hingegen das Denken etwas mangelhaftes ſey, das ſich erſt an einem Stoffe zu ver vollſtändigen, und zwar als eine weiche unbeſtimmte Form ſich ſeiner Materie angemeſſen zu machen habe. Wahrheit iſt die Uebereinſtimmung des Denkens mit dem Gegenſtande, und es ſoll, um dieſe Uebereinſtimmung hervorzubringen, — denn ſie iſt nicht an und für ſich vorhanden, — das Denken nach dem Gegenſtande ſich fügen und bequemen.

Drittens, indem die Verſchiedenheit der Materie und der Form, des Gegenſtandes und des Denkens nicht in jener neblichten Unbeſtimmtheit gelaſſen, ſondern beſtimmter genommen wird, ſo iſt jede eine von der andern geſchiedene Sphäre. Das Denken kommt daher in ſeinem Empfangen und Formiren des Stoffs nicht über ſich hinaus, ſein Empfangen und ſich nach ihm Bequemen bleibt eine Modification ſeiner ſelbſt, es wird dadurch nicht zu ſeinem Andern; und das ſelbſtbewußte Beſtimmen gehört ohnediß nur ihm an; es kommt alſo auch in ſeiner Beziehung auf den Gegenſtand nicht aus ſich heraus zu dem Gegenſtande, dieſer bleibt als ein Ding an ſich, ſchlechthin ein Jenſeits des Denkens.

Dieſe Anſichten über das Verhältniß des Subjects und Objects zu einander drücken die Beſtimmungen deſſelben aus, welche die Natur unſers gewöhnlichen, des [V] erſcheinenden Bewußtſeyns ausmachen; aber dieſe Vorurtheile, in die Vernunft übergetragen, als ob in ihr daſſelbe Verhältniß Statt finde, als ob dieſes Verhältniß an und für ſich Wahrheit habe, ſo ſind ſie die Irrthümer, deren durch alle Theile des geiſtigen und natürlichen Univerſums durchgeführte Widerlegung die Philoſophie iſt, oder die vielmehr, weil ſie den Eingang in die Philoſophie verſperren, vor derſelben abzulegen ſind.

Die ältere Metaphyſik hatte in dieſer Rükſicht einen höhern Begriff von dem Denken als in der neuern Zeit gäng und gäb geworden iſt. Jene legte nemlich zu Grunde, daß das, was durchs Denken von und

mecânica ou no máximo química) estão entre si numa ordem hierárquica, tal que o objeto seja algo completo e acabado para-si, que, por sua efetividade, poderia passar perfeitamente sem o pensar; enquanto o pensar, como algo incompleto, não pode se realizar senão num material e que, de fato, como forma mole e indiferenciada, teria de se adaptar à sua matéria. A verdade é a harmonização do pensar com o ob-jeto; e como tal harmonização não está presente em-si e para-si, para que seja produzida é o pensar que se deve submeter ao ob-jeto e se conformar a ele.

Em terceiro lugar, quando a diversidade da matéria e da forma, do ob-jeto e do pensar, não se deixa nessa indeterminação nebulosa, mas se toma de maneira mais determinada, então cada uma é uma esfera separada da outra. Daí se segue que o pensar, ao acolher um material e lhe conferir uma forma, não se ultrapassa: o ato de acolher esse material e de se lhe conformar fica sendo uma modificação de si mesmo. Assim fazendo, não se torna seu Outro e, na falta disso, só a ele pertence o determinar consciente de si. Portanto, em seu reportamento ao ob-jeto, o pensamento também não sai de si em direção ao ob-jeto e este fica como uma coisa em si, pura e simplesmente um além do pensamento.

Estas vistas sobre a relação do sujeito e do objeto exprimem determinações que constituem a natureza de nossa consciência habitual: a [V] consciência fenomenal. Porém, esses preconceitos, uma vez transpostos para a Razão, como se nela tivesse lugar a mesma relação, como se essa relação tivesse em-si e para-si verdade, são então erros cuja refutação, levada através de todas as partes do universo espiritual e natural, constitui a filosofia; ou antes, posto que barram a entrada para a filosofia, devem ser afastados antes que a filosofia seja abordada.

§ 3. A velha metafísica estava mais perto da verdade que o senso comum*

Nessa perspectiva, a antiga metafísica tinha a respeito do pensar um conceito mais elevado que o que se tornou moeda corrente na época moderna. Com efeito, seu fundamento era que só é verdadei-

an den Dingen erkannt werde, das allein an ihnen wahrhaft Wahreſey; ſomit nicht ſie in ihrer Unmittelbarkeit, ſondern ſie erſt in die Form des Denkens erhoben, als Gedachte. Dieſe Metaphyſik hielt ſomit dafür, daß das Denken und die Beſtimmungen des Denkens nicht ein den Gegenſtänden fremdes, ſondern vielmehr deren Weſen ſey, oder daß die Dinge und das Denken derſelben, — (wie auch unſere Sprache eine Verwandſchaft derſelben ausdrückt, —) an und für ſich übereinſtimmen, daß das Denken in ſeinen immanenten Beſtimmungen, und die wahrhafte Natur der Dinge, ein und derſelbe Inhalt ſey.

Aber nachdem der gemeine Menſchenverſtand ſich der Philoſophie bemächtigte, hat er ſeine Anſicht geltend gemacht, daß die Wahrheit auf ſinnlicher Realität beruhe, daß die Gedanken nur Gedanken ſeyen, in dem Sinne, daß erſt die ſinnliche Wahrnehmung ihnen Gehalt und Realität gebe, daß die Vernunft, inſofern ſie [VI] an und für ſich bleibe, nur Hirngeſpinnſte erzeuge. In dieſem Verzichtthun der Vernunft auf ſich ſelbſt iſt der Begriff der Wahrheit verlohren gegangen; ſie hat ſich darauf eingeſchränkt, nur ſubjective Wahrheit, nur die Erſcheinung zu erkennen, nur etwas, dem die Natur der Sache ſelbſt nicht entſpreche; das Wiſſen iſt zur Meynung zurükgefallen.

Allein dieſe Wendung, welche das Erkennen genommen hat, und die als Verluſt und Rükſchritt erſcheint, hat das Tiefere zum Grunde, worauf überhaupt die Erhebung der Vernunft in den höhern Geiſt der neuern Philoſophie beruht. Der Grund jener allgemein gewordenen Vorſtellung iſt nemlich in der Einſicht von dem nothwendigen Widerſtreite der Beſtimmungen des Verſtands mit ſich ſelbſt, zu ſuchen. — Die Reflexion geht über das concrete Unmittelbare hinaus, und trennt daſſelbe beſtimmend. Aber ſie muß eben ſo ſehr über dieſe ihre trennenden Beſtimmungen hinausgehen, und ſie zunächſt beziehen. Auf dem Standpunkte dieſes Beziehens tritt der Widerſtreit derſelben hervor. Dieſes Beziehen der Reflexion gehört der Vernunft an; die Erhebung über jene Beſtimmungen, die zur Einſicht ihres Widerſtreits gelangt, iſt der große negative Schritt zum wahrhaften Begriffe der Vernunft. Aber die nicht durchgeführte Einſicht fällt in den Misverſtand, als ob die Vernunft es ſey, welche in Widerſpruch mit ſich gerathe; ſie erkennt nicht, daß der Widerſpruch eben das Erheben der Vernunft über die Beſchränkungen des Verſtands und das Auflöſen derſelben iſt.

ramente verdadeiro nas coisas o que é conhecido delas e nelas por meio do pensamento. Assim, não são as coisas em sua imediatez; mas sim, elas elevadas à forma do pensar ou enquanto são pensadas. {6} Segundo essa metafísica, o pensar e as determinações do pensar não são algo estranho aos ob-jetos; mas antes, são a sua essência: as coisas e o pensar se harmonizam em si e para si, *e o pensar em suas determinações imanentes e a verdadeira natureza das coisas seriam um só e mesmo conteúdo.*

Mas depois que o senso comum se apoderou da Filosofia e fez prevalecer seus pontos de vista, conforme os quais a verdade repousa na realidade sensível, enquanto os pensamentos *não* são mais *que* pensamentos — no sentido em que só a percepção sensível lhes dá teor e realidade, pois a razão, na medida em que [VI] permanece em si e para si, só engendra quimeras. Nessa renúncia da razão a si mesma se perdeu o conceito da verdade: ela se limitou a conhecer apenas a verdade subjetiva, ou a só conhecer o fenômeno, ou a conhecer somente algo que não corresponda à natureza da própria coisa. O *saber* decaiu para o nível da *opinião*.

Acontece que este rumo tomado pelo conhecer, e que aparece como uma perda ou um retrocesso, tem por fundamento o aspecto mais profundo sobre que repousa em geral a elevação da razão no espírito mais elevado da filosofia moderna.

§ 4. Exposição e crítica do kantismo*

O fundamento dessa representação tornada universal deve ser buscado na intelecção do conflito necessário das determinações do entendimento com elas mesmas. A reflexão ultrapassa o imediato concreto e o separa determinando-o. Porém deve, igualmente, ultrapassar essas determinações separadoras que são suas, e inicialmente as relacionar. Por ocasião desse relacionar surge o conflito das determinações. Esse relacionar que opera a reflexão é obra da razão; *a elevação acima dessas determinações, que chegam à intelecção de seu conflito, é o grande passo negativo para o verdadeiro conceito da razão.* Entretanto, a intelecção que não é levada ao termo cai nesse engano; de que seria a própria razão que estava entrando em contradição consigo mesma por não reconhecer a contradição justamente como o

Statt von hier aus den letzten [VII] Schritt in die Höhe zu thun, ift die Erkenntniß von dem Unbefriedigenden der Verftandesbeftimmungen zu der finnlichen Wirklichkeit zurükgeflohen, an derfelben das Fefte und Einige zu haben vermeinend. Indem aber auf der andern Seite diefe Erkenntniß fich als die Erkenntniß nur von Erfcheinendem weiß, wird das Unbefriedigende derfelben eingeftanden, aber zugleich vorausgefetzt, als ob zwar nicht die Dinge an fich, aber doch innerhalb der Sphäre der Erfcheinung richtig erkannt würde; als ob gleichfam nur die Art der erkannten Gegenftände verfchieden wäre, und zwar nicht die eine Art, nemlich die Dinge an fich, aber doch die andere Art, nemlich die Erfcheinungen in die Erkenntniß fielen. Wie wenn einem Manne richtige Einficht beygemeffen würde, mit dem Zufatz, daß er jedoch nichts Wahres, fondern nur Unwahres einzufehen fähig fey. So ungereimt das Letztere wäre, fo ungereimt ift eine wahre Erkenntniß, die den Gegenftand nicht erkännte, wie er an fich ift.

Die Kritik der Formen des Verftandes hat das angeführte Refultat gehabt, daß diefe Formen keine Anwendung auf die Dinge an fich haben. — Diß kann keinen andern Sinn haben, als daß diefe Formen an ihnen felbft etwas Unwahres find. Allein indem fie für die fubjective Vernunft und für die Erfahrung als geltend gelaffen werden, fo hat die Kritik keine Aenderung an ihnen felbft bewirkt, fondern läßt fie für das Subject in derfelben Geftalt, wie fie fonft für das Object galten. Wenn fie ungenügend für das Ding an fich find, fo müßte der Verftand, dem fie angehören [VIII] follen, noch weniger diefelben fich gefallen laffen und damit vorliebnehmen wollen. Wenn fie nicht Beftimmungen des Dings an fich feyn können, fo können fie noch weniger Beftimmungen des Verftandes feyn, dem wenigftens die Würde eines Dings an fich zugeftanden werden follte. Die Beftimmungen des Endlichen und Unendlichen find in demfelben Widerftreit, es fey, daß fie auf Zeit und Raum, auf die Welt angewendet werden, oder daß fie Beftimmungen innerhalb des Geiftes feyen; fo gut als Schwarz und Weiß ein Grau geben, ob fie an einer Wand, oder aber noch auf der Pallete mit einander vereinigt werden; wenn unfre Weltvorftellung fich auflöft, indem die Beftimmungen des Unendlichen und Endlichen auf fie übergetragen

ato-de-elevar a razão por cima das limitações do entendimento, e o ato-de-dissolver essas mesmas limitações.

Ao invés de fazer a partir daí o último [VII] passo que conduz ao cume, o conhecimento trata de escapar do que havia de insatisfatório nas determinações do entendimento, e retrocede de volta à efetividade sensível, julgando aí encontrar o que há de firme e garantido. Porém, como de outro lado, tal conhecimento, como se sabe, não passa de um conhecimento do que aparece, se reconhece o que há nele de insatisfatório, enquanto ao mesmo tempo permanece a suposição que se conhece bem no interior do fenômeno, mas não as coisas em si.

Então a suposição é de que os objetos conhecidos têm duas maneiras de ser: uma que não cai no conhecimento: as coisas em si; outra que cai: os fenômenos. É o mesmo que atribuir a um homem uma intelecção justa, acrescentando que não está em medida de entender a verdade, mas só a inverdade. Tão absurda como esta última proposição é a afirmação de um conhecimento verdadeiro que não conheceria o ob-jeto tal como é em si.

A *crítica das formas do entendimento* obteve o resultado a que se alude acima, pois estas formas não têm *aplicação às coisas em si*. Não há outro sentido possível a lhes dar: essas formas nelas mesmas, são algo de não-verdadeiro. Somente enquanto são deixadas como válidas para a razão subjetiva e para a experiência, a crítica nelas não efetuou mudança alguma, {7} mas as deixa para o sujeito no mesmo estado em que valiam antes para o objeto. Se são insuficientes para a coisa em si, então o entendimento ao qual tinham que pertencer [VIII] deveria ainda menos aceitá-las ou contentar-se com elas. Se não podem ser determinações da coisa em si, podem menos ainda ser determinações do entendimento — ao qual deveria pelo menos ser concedida a dignidade de uma coisa em si. As determinações do finito e do infinito estão no mesmo conflito: quer se apliquem ao tempo e ao espaço, quer sejam determinações interiores ao espírito. O branco e o preto produzem o cinza, quer sejam misturados no muro, quer no pincel. Se é verdade que nossa representação do mundo se dissolve sempre quando as determinações do finito e do infinito são a ela referidas, então é mais verdade ainda que o próprio espírito, que contém ambas em si, é algo que se contradiz a si mesmo, algo que se dissolve. Nem

werden, so ist noch mehr der Geist selbst, welcher sie beyde in sich enthält, ein in sich selbst widersprechendes, ein sich auflösendes. — Es ist nicht die Beschaffenheit des Stoffes oder Gegenstands, worauf sie angewendet würden oder in dem sie sich befänden, was einen Unterschied ausmachen kann; denn der Gegenstand hat nur durch und nach jenen Bestimmungen den Widerspruch an ihm.

Jene Kritik hat also die Formen des objectiven Denkens vom Ding nur entfernt, aber sie im Subject gelassen, wie sie sie vorgefunden. Sie hat dabey nemlich diese Formen nicht an und für sich selbst, nach ihrem eigenthümlichen Inhalt betrachtet, sondern sie lemmatisch aus der subjectiven Logik geradezu aufgenommen; so daß von einer Ableitung ihrer an ihnen selbst, oder einer Ableitung der subjectiv-logischen Formen, noch weniger aber [IX] von der dialektischen Betrachtung derselben die Rede war.

Der consequenter durchgeführte transcendentale Idealismus hat die Nichtigkeit des von der kritischen Philosophie noch übrig gelassenen Gespensts des Dings-an-sich, dieses abstracten von allem Inhalt abgeschiedenen Schattens erkannt, und den Zweck gehabt, ihn vollends zu zerstören. Auch machte diese Philosophie den Anfang, die Vernunft aus sich selbst ihre Bestimmungen darstellen zu lassen. Aber die subjective Haltung dieses Versuchs ließ ihn nicht zur Vollendung kommen. Fernerhin ist mit dieser Haltung auch jener Anfang um die Ausbildung der reinen Wissenschaft aufgegeben worden.

Ganz ohne Rüksicht auf metaphysische Bedeutung aber wird dasjenige betrachtet, was gemeinhin unter Logik begriffen wird. Diese Wissenschaft, in dem Zustande, worin sie sich noch befindet, hat freylich keinen Inhalt der Art, wie er als Realität und als eine wahrhafte Sache in dem gewöhnlichen Bewußtseyn gilt. Aber sie ist nicht aus diesem Grunde eine formelle, inhaltsvoller Wahrheit entbehrende Wissenschaft. In jenem Stoffe, der in ihr vermißt, und dessen Mangel das Unbefriedigende derselben zugeschrieben zu werden pflegt, ist ohnehin das Gebiet der Wahrheit nicht zu suchen. Sondern das Gehaltlose der logischen Formen liegt vielmehr allein in der Art, sie zu betrachten und zu behandeln. Indem sie nemlich als feste Bestimmungen aus einander fallen, und nicht in organischer Einheit zusammengehalten werden, sind sie todte Formen, und haben den Geist in ihnen nicht [X]

é a disposição do material ou do ob-jeto a que seriam aplicadas que poderia constituir uma diferença; porque o ob-jeto só tem nele a contradição por meio dessas determinações e segundo elas.

O que fez essa crítica foi afastar da coisa as formas do pensar objetivo; porém as deixou no sujeito, tais como havia encontrado na partida. Mas, com isso, não considerou essas formas em si e para si mesmas, conforme seu conteúdo característico, se não que as tomou diretamente da lógica subjetiva de maneira temática. Não se tratava, assim, de sua dedução nelas mesmas, ou de uma dedução das formas lógico-subjetivas, e ainda menos [IX] de sua consideração dialética.

O idealismo transcendental levado a seu termo de maneira mais consequente veio a conhecer a inanidade do fantasma da *coisa-em-si*, essa sombra abstrata separada de todo conteúdo, que a filosofia crítica tinha ainda deixado como um resto e teve como fim destruí-lo completamente. Por isso, esta filosofia tomou por começo deixar a razão apresentar suas determinações a partir dela mesma. Mas a atitude subjetiva que implicava essa tentativa não lhe permitiu atingir seu acabamento. Posteriormente, ao mesmo tempo em que esta atitude, também aquele começo foi abandonado para a elaboração da Ciência pura.

§ 5. Lógica e Metafísica*

Mas o que se compreende comumente sob o nome de lógica é considerado sem nenhuma referência à significação metafísica. Esta ciência, no estado em que ainda se encontra, não tem evidentemente este tipo de conteúdo, que na consciência habitual vale como realidade e como uma Coisa verdadeira. Porém não é por essa razão uma ciência formal, carecendo de verdade rica em conteúdo. De qualquer modo, não se deve buscar o domínio da verdade nesta falta de material que lhe é comumente atribuída como o que tem de insatisfatório. De fato, a ausência de teor das formas lógicas está mais na maneira de considerá-las e tratá-las. Pois, enquanto caem umas fora das outras, como determinações fixas e não são mantidas em conjunto numa unidade orgânica, são formas mortas que não abrigam em si o espírito [X] que constituiria a unidade viva concreta. Por isso mes-

wohnen, der die lebendige concrete Einheit ausmachte. Damit aber entbehren fie des gediegenen Inhalts, einer Materie, die Gehalt an fich felbft wäre. Der Inhalt, der an den logifchen Formen vermißt wird, ift nemlich nichts anderes, als eine fefte Grundlage und Concretion der abftracten Beftimmungen; und ein folches fubftantielles Wefen pflegt auffen gefucht zu werden. Aber die Vernunft felbft ift das Subftantielle oder Reelle, das alle abftracten Beftimmungen in fich zufammenhält, und ihre gediegene, abfolut-concrete Einheit ift. Nach dem alfo, was eine Materie genannt zu werden pflegt, brauchte nicht weit gefucht zu werden; es ift nicht Schuld des Gegenftands der Logik, wenn fie gehaltlos feyn foll, fondern allein der Art, wie derfelbe gefaßt wird.

Diefer Gefichtspunkt führt mich näher auf die Anficht, nach der ich dafür halte, daß die Logik zu betrachten ift, inwiefern fie fich von der bisherigen Behandlungsweife diefer Wiffenfchaft unterfcheidet, und auf den allein wahrhaften Standpunkt, auf den fie in Zukunft für immer zu ftellen ift.

In der Phänomenologie des Geiftes (Bamb. und Würzb. 1807) habe ich das Bewußtfeyn in feiner Fortbewegung von dem erften unmittelbaren Gegenfatz feiner und des Gegenftands bis zum abfoluten Wiffen dargeftellt. Diefer Weg geht durch alle Formen des Verhältniffes des Bewußtfeyns zum Objecte durch, und hat den Begriff der Wiffenfchaft zu feinem Refultate. Diefer Begriff bedarf alfo (abgefehen davon, daß er innerhalb der Logik felbft hervorgeht) hier keiner [XI] Rechtfertigung, weil er fie dafelbft erhalten hat; und er ift keiner andern Rechtfertigung fähig, als nur diefer Hervorbringung deffelben durch das Bewußtfeyn, dem fich feine Geftalten alle in denfelben als in die Wahrheit auflöfen. — Eine räfonnirende Begründung oder Erläuterung des Begriffs der Wiffenfchaft kann zum höchften dieß leiften, daß er vor die Vorftellung gebracht und eine hiftorifche Kenntniß davon bewirkt werde; aber eine Definition der Wiffenfchaft oder näher der Logik hat ihren Beweis allein in jener Nothwendigkeit ihres Hervorgangs. Eine Definition, mit der irgend eine Wiffenfchaft den abfoluten Anfang macht, kann nichts anders enthalten, als den beftimmten, regelrechten Ausdruck von demjenigen, was man fich zugegebener- und bekanntermaffen unter dem Gegenftande und Zweck der Wiffenfchaft

mo, carecem de conteúdo compacto, uma matéria, que seria teor em si mesma.

{8} O conteúdo que falta às formas lógicas é uma base e uma concreção fixas das determinações abstratas; tem-se o costume de buscar no exterior uma tal essência substancial. Porém, a própria razão é o substancial ou o real que mantém nele reunidas todas as determinações abstratas, e que é sua unidade compacta, absolutamente concreta. Não é precisa buscar longe o que se costuma chamar de matéria; se a lógica deve ser desprovida de teor, a falta não compete a seu ob-jeto, mas unicamente à maneira como é apreendido.

Este ponto de vista leva à maneira de ver em função da qual eu afirmo que se deve considerar a Lógica: em que medida se diferencia do tipo de tratamento dessa ciência que vigorou até o presente? Isso me leva ao único ponto de vista verdadeiro onde se precisa colocar a Lógica para sempre, no futuro.

§ 6. Lógica e Ciência no sistema hegeliano*

Na *Fenomenologia do Espírito* (Bamb. et Würz. 1807) eu apresentei a consciência em seu movimento evolutivo, desde a primeira oposição imediata dela e do objeto, até o Saber absoluto. Este caminho passa através de todas as formas da relação da consciência com o ob-jeto, e seu resultado é o *conceito da Ciência*. Este conceito (sem contar que surge no interior da Lógica mesma) não necessita aqui de nenhuma [XI] justificação; nem comporta outra justificação senão esta: foi a consciência que o produziu e nele todas as suas figuras se resolvem como em sua verdade.

Uma maneira raciocinante de fundar e de explicar o conceito da Ciência, tudo o que pode fornecer é levar este conceito diante da representação e efetuar sobre isso um conhecimento de tipo histórico. Porém uma definição da Ciência, ou mais precisamente da Lógica, só tem sua prova nesta necessidade de seu surgimento. Uma definição que uma ciência qualquer erige em começo absoluto não pode conter outra coisa que não seja a expressão determinada e correta daquilo que se representa *comumente* e *correntemente* como ob-jeto e fim da ciência. *Mas é fazer uma afirmação histórica dizer que é assim que

vorstellt. Daß man sich gerade diß darunter vorstelle, ist eine historische Versicherung, in Ansehung deren man sich allein auf dieses und jenes Anerkannte berufen, oder eigentlich nur bittweise beybringen kann, daß man diß und jenes als anerkannt gelten lassen möge. Es hört gar nicht auf, daß der eine daher, der andere dorther einen Fall und Instanz beybringt, nach der auch noch etwas mehr und anderes bey diesem und jenem Ausdrucke zu verstehen, in dessen Definition also noch eine nähere oder allgemeinere Bestimmung aufzunehmen und darnach auch die Wissenschaft einzurichten sey. — Es kommt dabey ferner auf Räsonnement an, was alles und bis zu welcher Grenze und Umfang hereingezogen oder ausgeschlossen werden müsse; dem Räsonnement selbst aber steht das [XII] mannichfaltigste und verschiedenartigste Dafürhalten offen, worüber am Ende allein die Willkühr eine feste Bestimmung abschliessen kann. Davon aber kann bey diesem Verfahren, die Wissenschaft mit ihrer Definition anzufangen, nicht einmal die Rede seyn, daß die Nothwendigkeit ihres Gegenstandes und damit ihrer selbst aufgezeigt würde.

Der Begriff der reinen Wissenschaft und seine Deduction wird hier also insofern vorausgesetzt, als die Phänomenologie des Geistes nichts anderes als die Deduction desselben ist. Das absolute Wissen ist die Wahrheit aller Weisen des Bewußtseyns, weil, wie jener Gang desselben es hervorbrachte, nur in dem absoluten Wissen, die Trennung des Gegenstandes von der Gewißheit seiner selbst vollkommen sich aufgelöst hat, und die Wahrheit, dieser Gewißheit, so wie diese Gewißheit, der Wahrheit gleich geworden ist.

Die reine Wissenschaft setzt somit die Befreyung von dem Gegensatze des Bewußtseyns voraus. Sie enthält den Gedanken, insofern er eben so sehr die Sache an sich selbst ist, oder die Sache an sich selbst, insofern sie eben so sehr der reine Gedanke ist. Oder der Begriff der Wissenschaft ist, daß die Wahrheit das reine Selbstbewußtseyn sey, und die Gestalt des Selbsts habe, daß das an sich seyende der Begriff, und der Begriff das an sich seyende ist.

Dieses objective Denken ist denn der Inhalt der reinen Wissenschaft. Sie ist daher so wenig formell, sie [XIII] entbehrt so wenig der Materie zu einer wirklichen und wahren Erkenntniß, daß ihr Inhalt vielmehr allein das absolute Wahre, oder wenn man sich noch des Worts Mate-

se representa o ob-jeto da ciência; falar desse modo é apelar para que isso seja reconhecido, ou supor que já se admite e reconhece esse fato. O que não exclui que apareça alguma alegação em contrário, ou a proposta de que se introduza alguma determinação mais precisa e universal na definição.*

Aliás, nisso tudo se trata de raciocínio, do qual depende saber o que está incluído e o que não está; até que limite e profundidade: ora, ao raciocínio está [XII] aberto todo o campo da opinião, que é diverso e variado a tal ponto que só o arbítrio pode nele estabelecer uma determinação firme. Com este processo, que faz começar uma Ciência com sua definição não se pode sequer esperar que seja posta em evidência a *necessidade* de seu ob-jeto e, por conseguinte, a sua própria.

O conceito da ciência pura e sua dedução estão aqui pressupostos, na medida em que a *Fenomenologia do Espírito* não é outra coisa senão a dedução desse conceito. O saber absoluto é a verdade de todas as formas da consciência, porque, assim como veio à luz por meio da caminhada dessa consciência é somente no saber absoluto que se encontra perfeitamente resolvida a separação entre ob-jeto e a certeza de que dele se tem e que a verdade se torna igual a esta certeza, como também esta certeza à verdade. {9}

A ciência pura pressupõe, portanto, a libertação em relação à oposição da consciência. Ela contém *o pensamento na medida em que este pensamento é igualmente a Coisa em si mesma*, ou a Coisa em si mesma na medida em que ela é igualmente pensamento puro. O conceito da ciência é que a verdade seja a pura consciência de si, e que tenha a figura do Si; vale dizer: *o que é em si, é o conceito* e *o conceito é o que é em si.*

Este pensar objetivo é, com efeito, o *conteúdo* da ciência pura. Por conseguinte, ela [XIII] é tão pouco formal, tão pouco privada da matéria necessária a um conhecimento efetivo e verdadeiro, que seu conteúdo é antes, por si só, o verdadeiro absoluto ou se se quiser usar

rie bedienen wollte, die wahrhafte Materie ist, — eine Materie aber, der die Form nicht ein äusserliches ist, da diese Materie vielmehr der reine Gedanke, somit die absolute Form selbst ist. Die Logik ist sonach als das System der reinen Vernunft, als das Reich des reinen Gedankens zu fassen. Dieses Reich ist die Wahrheit selbst, wie sie ohne Hülle an für sich selbst ist; man kann sich deßwegen ausdrücken, daß dieser Inhalt die Darstellung Gottes ist, wie er in seinem ewigen Wesen, vor der Erschaffung der Natur und eines endlichen Geistes ist.

Anaxagoras wird als derjenige gepriesen, der zuerst den Gedanken ausgesprochen habe, daß der Nus, der Gedanke, das Princip der Welt, daß das Wesen der Welt als der Gedanke zu bestimmen ist. Er hat damit den Grund zu einer Intellectualansicht der Welt gelegt, deren reine Gestalt die Logik seyn muß. Es ist in ihr nicht um ein Denken über Etwas, das für sich ausser dem Denken zu Grunde läge, zu thun, um Formen, welche bloße Merkmahle der Wahrheit abgeben sollten; sondern die nothwendigen Formen und eigenen Bestimmungen des Denkens sind die höchste Wahrheit selbst.

Aber um diß in die Vorstellung wenigstens aufzunehmen, ist die Meynung auf die Seite zu legen, als ob die Wahrheit etwas Handgreifliches seyn müsse. Es ist zum Beyspiel auch die sonderbare Art aufzugeben, die [XIV] Platonischen Ideen, die in dem Denken Gottes sind, zu fassen, nemlich gleichsam als existirende Dinge, aber in einer andern Welt oder Region, ausserhalb welcher die Welt der Wirklichkeit sich befinde und eine von jenen Ideen verschiedene, erst durch diese Verschiedenheit reale Substantialität habe. Die Platonische Idee ist nichts anders, als das Allgemeine oder bestimmter der Begriff des Gegenstandes; nur in seinem Begriffe hat Etwas Wirklichkeit; insofern es von seinem Begriffe verschieden ist, hört es auf wirklich zu seyn, und ist ein Nichtiges; die Seite der Handgreiflichkeit und des sinnlichen Ausserfichseyns gehört dieser nichtigen Seite an. — Von der andern Seite aber kann man sich auf die eigenen Vorstellungen der gewöhnlichen Logik berufen; es wird nemlich angenommen, daß z.B. Definitionen nicht Bestimmungen enthalten, die nur ins erkennende Subject fallen, sondern die Bestimmungen des Gegenstandes, welche seine wesentlichste eigenste Natur ausmachen. Oder wenn von gegebenen Bestimmungen auf andere

a palavra 'matéria', a matéria verdadeira, mas uma matéria para a qual a forma não é um exterior, pois que esta matéria é na verdade o pensamento puro, portanto a própria forma absoluta. Assim a Lógica deve ser apreendida como o sistema da razão pura, como o reino do pensamento puro. Este reino é a própria verdade, tal como sem véu é em-si e para-si. Por esta razão se pode dizer: este conteúdo é a apresentação de Deus tal como é na sua essência eterna, antes da criação da natureza e dum espírito finito.

Anaxágoras tem a glória de ter sido o primeiro a expressar este pensamento de que o *Nous*, o *pensamento*, é o princípio do mundo, que a essência do mundo deve ser determinada como pensamento. Com isso, pôs o fundamento de uma visão intelectual do mundo, visão cuja figura pura deve ser *a lógica*. Na *lógica* não se trata de um pensamento sobre alguma-coisa que para si — fora do pensar — se encontraria no fundamento; não se trata de formas que devessem fornecer simples marcas distintivas da verdade, mas as formas necessárias e as determinações próprias do pensar são a própria verdade suprema.

Mas para apreender isso, ainda que seja apenas na representação, é preciso afastar a opinião segundo a qual a verdade devia ser algo de palpável. Por exemplo: precisa abandonar também a maneira estranha de representar as [XIV] Ideias platônicas, que estão no pensar de Deus, como se fossem coisas existentes, mas n'outro mundo ou n'outra região. O mundo da efetividade se encontraria fora dessa região e haveria uma substancialidade diversa em relação àquela das Ideias, substancialidade que não seria real a não ser através dessa diversidade.

A Ideia platônica não é outra coisa senão o universal, ou de modo mais determinado, o conceito do ob-jeto. É só no seu conceito que alguma-coisa tem efetividade; na medida em que há diversidade entre essa coisa e seu conceito, ela cessa de ser efetiva e é nada. O aspecto segundo o qual é palpável, o aspecto de seu ser-fora-de-si sensível, releva desse aspecto de nada.

Mas de outro lado, pode recorrer-se às representações próprias da lógica habitual porque se supõe, por exemplo, que as definições não contenham determinações que estejam somente do lado do sujeito do conhecimento, mas as determinações do ob-jeto, que constituem sua

gefchloffen wird, wird angenommen, daß das erfchloffene nicht ein dem Gegenftande Aeufferliches und Fremdes fey, fondern daß es ihm vielmehr wefentlich felbft zukomme, daß diefem Denken das Seyn entfpreche. — Es liegt überhaupt bey dem Gebrauche der Formen des Begriffs, Urtheils, Schlußes, Definition, Divifion u.f.f. zum Grunde, daß fie nicht bloß Formen des felbftbewußten Denkens find, fondern auch des gegenftändlichen Verftandes. — Denken ift ein Ausdruck, der die in ihm enthaltene Beftimmung vorzugsweife dem Bewußtfeyn beylegt. [XV] Aber infofern gefagt wird, daß Verftand, daß Vernunft in der gegenftändlichen Welt ift, daß der Geift und die Natur Gefetze habe, nach welchen ihr Leben und ihre Veränderungen fich machen, fo wird zugegeben, daß die Denkbeftimmungen eben fo fehr objective Werth und Exiftenz haben.

Die kritifche Philofophie machte zwar bereits die Metaphyfik zur Logik, aber fie wie der fpätere Idealismus gab, wie vorhin fchon erinnert worden, zugleich aus Angft vor dem Object den logifchen Beftimmungen eine wefentlich fubjective Bedeutung, wodurch fie gerade mit dem Objecte, das fie flohen, behaftet blieben, und ein Ding-an-fich, einen unendlichen Anftoß, als ein Jenfeits fich übrig ließen. Aber die Befreyung von dem Gegenfatze des Bewußtfeyns, welche die Wiffenfchaft muß vorausfetzen können, erhebt fie über diefen angftlichen, unvollendeten Standpunkt, und fordert die Betrachtung der Denkformen, wie fie an und für fich, ohne eine folche Befchränkung und Rükficht, das Logifche, das Rein-vernünftige find.

Kant preißt fonft die Logik, nemlich das Aggregat von Beftimmungen und Sätzen, das im gewöhnlichen Sinne Logik heißt, darüber glücklich, daß ihr vor andern Wiffenfchaften eine fo frühe Vollendung zu Theil geworden fey; feit Ariftoteles habe fie keinen Rükfchritt gethan, aber auch keinen Schritt vorwärts, das Letztere deßwegen, weil fie allem Anfehen nach gefchloffen und vollendet zu feyn fcheine. — Wenn die Logik feit Ariftoteles keine Veränderung erlitten hat, — wie denn in [XVI] der That die Veränderungen faft mehr nur in Weglaffungen beftehen — fo ift daraus eher zu folgern, daß

natureza mais essencial e mais própria. Igualmente, quando a partir de determinações dadas se chega a outras, supõe-se que o que está na conclusão não é algo de estranho e exterior ao ob-jeto, mas que isso lhe compete de maneira essencial e que o ser corresponde a esse pensar. {10}

§ 7. Reformulação da Lógica*

Em geral, o que está na base do uso que se faz das formas do conceito, julgamento, silogismo, divisão etc., é que não são simplesmente formas do pensar consciente de si, mas também do entendimento objetivo. *Pensar* é uma expressão que atribui de preferência à consciência a determinação nela contida. [XV] Mas na medida em que se diz que o *entendimento*, que *a razão está no mundo objetivo*, que o espírito e a natureza têm leis segundo as quais se ordenam sua vida e suas mudanças, então se convém que as determinações do pensar têm um valor e uma existência igualmente objetivos.

Certamente, a filosofia crítica já fez da *metafísica* a *lógica*. Porém, como já foi observado, por temor diante do objeto, deu ao mesmo tempo às determinações lógicas — como o idealismo posterior — uma significação essencialmente subjetiva. E com isso, essas determinações ficaram afetadas precisamente pelo objeto de que fugiam — e se reservaram, como um além, uma coisa-em-si, uma impulsão infinita. No entanto, a Ciência deve poder pressupor a libertação em relação à oposição da consciência, que a eleva acima desse ponto de vista timorato e inacabado, e requer a consideração das formas do pensar segundo o que elas são: o lógico, o puramente racional, em-si e para-si, sem uma tal limitação e circunspecção.

Kant, aliás, atribui à lógica a glória de ter conhecido antes das outras ciências um acabamento precoce. A essa lógica, que entende no sentido habitual dum agregado de determinações e proposições, exalta por não ter feito desde Aristóteles nenhum passo adiante, mas também nenhum passo atrás; por esta razão a lógica tinha um aspecto de fechada e acabada. Mas, se a lógica não fez nenhuma mudança desde Aristóteles — e como [XVI] as mudanças consistem no mais das vezes em abandonos — é preciso concluir antes que ela tem maior necessidade de um remanejamento total. Com efeito, um trabalho contínuo

sie um so mehr einer totalen Umarbeitung bedürfe; denn ein zweytausendjähriges Fortarbeiten des Geistes, muß ihm ein höheres Bewußtseyn über sein Denken und über seine reine Wesenheit in sich selbst, verschaft haben. Die Vergleichung der Gestalten, zu denen sich der Geist der Welt und der Geist der Wissenschaft in jeder Art reellen und ideellen Bewußtseyns, emporgehoben hat, mit der Gestalt, in der sich die Logik, sein Bewußtseyn über sein reines Wesen, befindet, zeigt einen zu großen Unterschied, als daß es nicht der oberflächlichsten Betrachtung sogleich auffallen sollte, daß diß letztere Bewußtseyn den erstern Erhebungen durchaus unangemessen und ihrer unwürdig ist.

In der That ist das Bedürfniß einer Umgestaltung der Logik längst gefühlt worden. In der Form und Inhalt, wie sie sich in den Lehrbüchern zeigt, ist sie, man darf sagen, in Verachtung gekommen. Sie wird noch mit geschleppt mehr im Gefühle, daß eine Logik überhaupt nicht zu entbehren sey, und aus einer noch fortdauernden Gewohnheit an die Tradition von ihrer Wichtigkeit, als aus Ueberzeugung, daß jener gewöhnliche Inhalt und die Beschäftigung mit jenen leeren Formen, Werth und Nutzen habe.

Die Erweiterungen, die ihr durch psychologisches, pädagogisches und selbst physiologisches Material eine Zeitlang gegeben wurden, sind nachher für Verunstaltungen ziemlich allgemein anerkannt worden. An und für [XVII] sich muß ein großer Theil dieser psychologischen, pädagogischen, physiologischen Beobachtungen, Gesetze und Regeln, sie mochten in der Logik oder wo es sey, stehen, als sehr schaal und trivial erscheinen. Vollends solche Regeln, als zum Beyspiel, daß man dasjenige durchdenken und prüfen solle, was man in Büchern lese oder mündlich höre; daß man, wenn man nicht genau sehe, seinen Augen durch Brillen zu Hülfe zu kommen habe — Regeln, die von den Lehrbüchern in der sogenannten angewandten Logik, und zwar ernsthaft in Paragraphen abgetheilt gegeben wurden, auf daß man zur

do espírito ao longo de dois milênios deve lhe ter proporcionado uma consciência superior a respeito de seu pensar e de sua essencialidade pura em si mesma.

Comparando as figuras a que se elevaram o espírito do mundo e o espírito da ciência, em cada tipo de consciência real e ideal, com a figura em que se encontra a lógica, ressalta uma diferença demasiado grande para que não se imponha de imediato à consideração mais superficial o fato que esta última consciência está radicalmente desconforme com as elevações da primeira, e que é indigna dela.

Há muito tempo, com efeito, se faz sentir a necessidade de uma reformulação da lógica. Pode-se dizer que a lógica, na forma e no conteúdo em que se mostra nos manuais, atraiu o desprezo. Continua-se a arrastá-la atrás de si, mais no sentimento de que não se pode dispensar uma lógica e pelo hábito ainda persistente que se agarra à tradição de sua importância, do que pela convicção do valor e da utilidade desse conteúdo habitual e do fato de se ocupar dessas formas vazias.

As amplificações que lhe foram dadas, por um tempo, através de um material psicológico, pedagógico, e mesmo fisiológico, foram reconhecidas depois, de maneira bastante universal, como contrafações. Em-si e para-si [XVII], uma grande parte dessas considerações, dessas leis ou regras psicológicas, pedagógicas e fisiológicas, quer se encontrem na lógica ou alhures, devem aparecer muito insípidas e banais. {11}

Chega-se até a dar nos manuais esses exemplos de lógica aplicada: *"deve-se examinar a fundo o que se lê nos livros e o que se ouve oralmente" ou "quem tem vista ruim deve usar óculos"*. Isso apresentado como algo sério, como meio de conhecer a verdade, parece bem supérfluo a toda a gente a não ser aos professores e autores de

Wahrheit gelange, — müſſen jedermann als überflüſſig vorkommen, nur höchſtens dem Schriftſteller oder Lehrer nicht, der in Verlegenheit iſt, den ſonſt zu kurzen und todten Inhalt der Logik durch irgend etwas auszudehnen[1].

Was dieſen Inhalt ſelbſt betrift, ſo iſt ſchon oben der Grund angegeben worden, warum er ſo geiſtlos iſt. Die Beſtimmungen deſſelben gelten in ihrer Feſtigkeit unverrükt, und werden nur in äuſſerliche Beziehung miteinander gebracht. Dadurch daß bey den Urtheilen und Schlüſſen die Operationen vornemlich auf das Quantitative [XVIII] der Beſtimmungen zurückgeführt und gegründet werden, beruht alles auf einem äuſſerlichen Unterſchiede, auf bloßer Vergleichung, wird ein völlig analytiſches Verfahren und begriffloſes Kalkuliren. Das Ableiten der ſogenannten Regeln und Geſetze, des Schlieſſens vornemlich, iſt nicht viel beſſer, als ein Befingern von Stäbchen von ungleicher Länge, um ſie nach ihrer Größe zu ſortiren und zu verbinden, — als die ſpielende Beſchäftigung der Kinder, von mannichfaltig zerſchnittenen Gemählden die paſſenden Stücke zuſammen zu ſuchen. — Man hat daher nicht mit Unrecht dieſes Denken dem Rechnen und das Rechnen wieder dieſem Denken gleichgeſetzt. In der Arithmetik werden die Zahlen als das Begriffloſe genommen, das auſſer ſeiner Gleichheit oder Ungleichheit, das heißt, auſſer ſeinem ganz äuſſerlichen Verhältniſſe keine Bedeutung hat; das weder an ihm ſelbſt, noch deſſen Beziehung ein Gedanke iſt. Wenn auf mechaniſche Weiſe ausgerechnet wird, daß dreyviertel mit zweydritteln multiplicirt, ein halbes ausmacht, ſo enthält dieſe Operation ungefähr ſo viel und ſo wenig Gedanken, als die Berechnung, ob in einer Figur dieſe oder jene Art des Schluſſes Statt haben könne.

Auſſerdem, daß die Logik den Geiſt in ihren todten Inhalt zu empfangen hat, muß ihre Methode diejenige ſeyn, wodurch ſie allein fähig iſt, reine Wiſſenſchaft zu ſeyn. In dem Zuſtande, in dem ſie ſich befindet, iſt kaum eine Ahnung von wiſſenſchaftlicher Methode zu

---

[1] Eine ſo eben erſchienene neueſte Bearbeitung dieſer Wiſſenſchaft, *Syſtem der Logik von Fries*, kehrt zu den anthropologiſchen Grundlagen zurück. Die Seichtigkeit der dabey zu Grunde liegenden Vorſtellung oder Meynung an und für ſich, und der Ausführungu überhebt mich der Mühe, irgend eine Rückſicht auf dieſe bedeutungsloſe Erſcheinung zu nehmen.

compêndios que procuram dar uma extensão maior ao conteúdo curto e morto da lógica[1]*.

E quanto a esse conteúdo mesmo, já se viu acima por que razão é carente de espírito: suas determinações valem em sua fixidez, sem serem afetadas em si mesmas, e só se põem em reportamento exterior umas com as outras. Assim, tratando-se de juízos e silogismos, as operações se encontram reduzidas, sobretudo ao quantitativo [XVIII] das determinações e fundadas nele: tudo repousa numa diferença exterior, sobre a simples comparação, tornando-se um procedimento puramente analítico e um calcular privado de conceito. O ato de deduzir o que se chama regras e leis — sobretudo o silogizar — não vale mais que uma manipulação de bastonetes de comprimento desigual para os ordenar conforme o tamanho, ou que esse jogo de crianças que consiste em compor um quadro com pedaços que foram recortados, ajustando as peças umas às outras.

Não foi sem razão que se assimilou esse pensar ao calcular, e em troca, o calcular a esse pensar. *Na aritmética, os números são tomados como o que é privado de conceito, como o que fora de sua igualdade ou desigualdade, isto é, fora de sua relação completamente exterior, não tem nenhuma significação; como o que não é um pensamento, nem em si mesmo, nem em seu reportamento.* Quando se calcula de maneira mecânica que três quartos multiplicados por dois terços são iguais a uma metade, esta operação comporta tão pouco pensamento quanto a de calcular se numa figura pode caber um tipo de silogismo ou então outro.

Além disso, do fato de que a lógica deva acolher o espírito em seu conteúdo morto, segue-se que seu *método* deve ser um método pelo qual a lógica é capaz de ser uma ciência pura. No estado em que se encontra, é apenas que nela se pode entrever uma suspeita de mé-

---

[1] Um novíssimo tratamento, recém-aparecido, desta ciência, o *Sistema da Lógica de Fries*, retorna às bases antropológicas. A superficialidade da representação ou opinião em si e para si, que subjaz no fundamento, e da elaboração me dispensa de tomar em consideração, sobre que forma seja, esta publicação desprovida de significação. (N. do A.)*

erkennen. Sie hat ungefähr die Form einer Erfahrungswiſſenſchaft. Erfahrungswiſſenſchaften haben [XIX] für das, was ſie ſeyn ſollen, ihre eigenthümliche Methode, des Definirens und des Klaſſificirens ihres Stoffes, ſo gut es geht, gefunden. Auch die reine Mathematik hat ihre Methode, die für ihre abſtracten Gegenſtände und für die quantitative Beſtimmung, in der ſie ſie allein betrachtet, paſſend iſt. Ich habe über dieſe Methode und überhaupt das untergeordnete der Wiſſenſchaftlichkeit, die in der Mathematik Statt finden kann, in der Vorrede zur Phänomenologie des Geiſtes, das Weſentliche geſagt; aber ſie wird auch innerhalb der Logik ſelbſt näher betrachtet werden. Spinoza, Wolf und andre haben ſich verführen laſſen, ſie auch auf die Philoſophie anzuwenden, und den äuſſerlichen Gang der begriffloſen Quantität zum Gange des Begriffes zu machen, was an und für ſich widerſprechend iſt. Bisher hat die Philoſophie ihre Methode noch nicht gefunden; ſie betrachtete mit Neid das ſyſtematiſche Gebäude der Mathematik und borgte ſie, wie geſagt, von ihr, oder behalf ſich mit der Methode von Wiſſenſchaften, die nur Vermiſchungen von gegebenem Stoffe, Erfahrungsſätzen und Gedanken ſind, — oder half ſich mit dem rohen Wegwerfen aller Methode. Das Nähere desjenigen, was allein die wahrhafte Methode der philoſophiſchen Wiſſenſchaft ſeyn kann, fällt in die Abhandlung der Logik ſelbſt; denn die Methode iſt das Bewußtſeyn über die Form ihrer innern Selbſtbewegung. Ich habe in der Phänomenologie des Geiſtes ein Beyſpiel von dieſer Methode, an einem concretern Gegenſtande, an dem Bewußtſeyn, aufgeſtellt. Es ſind hier Geſtalten des [XX] Bewußtſeyns, deren jede in ihrer Realiſirung ſich zugleich ſelbſt auflöſt, ihre eigene Negation zu ihrem Reſultate hat, — und damit in eine höhere Geſtalt übergegangen iſt. Das Einzige, um den wiſſenſchaftlichen Fortgang zu gewinnen, iſt die Erkenntniß des logiſchen Satzes, daß das Negative eben ſo ſehr poſitiv iſt, oder daß ſich Widerſprechende ſich nicht in Null, in das abſtracte Nichts auflöſt, ſondern weſentlich nur in die Negation ſeines beſondern Inhalts, oder daß eine ſolche Negation nicht alle Negation, ſondern die Negation der beſtimmten Sache, die ſich auflöſt, ſomit beſtimmte Negation iſt; daß alſo im Reſultate weſentlich das enthalten iſt, woraus es reſultir — was eigentlich eine Tavtologie iſt, denn ſonſt wäre es ein Unmittelbares, nicht ein Reſultat. Indem das Reſultirende,

todo científico. Com pequena diferença, tem a forma de uma ciência experimental. As ciências experimentais **[XIX]** pelo que elas devem ser, encontraram de qualquer modo seu método característico para definir e tratar seu material. Até a matemática pura tem seu método que convém a seus objetos abstratos, e à determinação quantitativa em que somente os considera. No Prefácio à *Fenomenologia do Espírito*, eu disse o essencial sobre este método, e de maneira geral sobre o caráter subordinado da cientificidade que pode ter curso na matemática; o que será considerado com mais detalhe no interior da Lógica mesma.

Espinosa, Wolff e outros se deixaram levar pela tentativa de aplicar o método da matemática à filosofia, fazendo do itinerário exterior próprio à quantidade privada de conceito, o itinerário do conceito: o que é em si e para si contraditório. *Até o presente, a filosofia ainda não encontrou o seu método.* Considerava com inveja o edifício sistemático da matemática, e como foi dito, tomava emprestado seu método, quando não recorria ao método de ciências que não passam de misturas de material dado, de proposição experimental e de pensamento; ou enfim, se resignava com a rejeição brutal de qualquer método. {12}

§ 8. O verdadeiro método da Filosofia é dado pela Lógica*

Compete à exposição da Lógica dar mais amplas precisões sobre o único método verdadeiro que deve ter a ciência filosófica; com efeito, método é a consciência a propósito da forma de seu automovimento interior. Na *Fenomenologia do Espírito*, eu estabeleci um exemplo deste método a respeito de um ob-jeto mais concreto: a respeito da consciência. Lá estão as figuras da **[XX]** consciência; cada uma delas em sua realização se dissolve a si mesma, tem sua própria negação como resultado do que ela é e no mesmo lance passa para uma figura superior.

A única coisa para ganhar o procedimento científico, é o conhecimento da proposição lógica de que o negativo é igualmente o positivo; ou seja, o que se contradiz não se dissolve no zero, no nada abstrato, e sim, essencialmente só na negação de seu conteúdo *particular*; que quer dizer: que tal negação não é toda a negação, mas a *negação da Coisa determinada* que se dissolve, e portanto é negação determina-

die Negation, beſtimmte Negation iſt, hat ſie einen Inhalt. Sie iſt ein neuer Begriff, aber der höhere, reichere Begriff als der vorhergehende; denn ſie iſt um deſſen Negation oder Entgegengeſetztes reicher geworden; enthält ihn alſo, aber auch mehr als ihn, und iſt die Einheit ſeiner und ſeines Entgegengeſetzten. — In dieſem Wege hat ſich nun auch das Syſtem der Begriffe zu bilden, — und in unaufhaltſamem, reinem, von Auſſen nichts hereinnehmendem Gange, ſich zu vollenden.

Ich erkenne, daß die Methode, die ich in dieſem Syſteme der Logik befolgt, — oder vielmehr die diß Syſtem an ihm ſelbſt befolgt, — noch vieler Vervollkommnung fähig iſt; aber ich weiß zugleich, daß ſie die einzige wahrhafte iſt. Und diß erhellt leicht daraus, daß ſie [XXI] von ihrem Gegenſtande und Inhalte nichts unterſchiedenes iſt; — denn es iſt der Inhalt in ſich ſelbſt, die Dialektik, die er an ſich ſelbſt hat, welche ihn fortbewegt. Es iſt klar, daß keine Darſtellungen für wiſſenſchaftlich gelten können, welche nicht den Gang dieſer Methode gehen und ihrem einfachen Rythmus gemäß ſind, denn es iſt der Gang der Sache ſelbſt.

In Gemäßheit dieſer Methode erinnere ich, daß die Eintheilungen und Ueberſchriften der Bücher, Abſchnitte und Kapitel, die in der folgenden Abhandlung der Logik ſelbſt vorkommen, ſo wie etwa die damit verbundenen Angaben, zum Behuf einer vorläufigen Ueberſicht gemacht und eigentlich nur von hiſtoriſchem Werthe ſind. Sie gehören nicht zum Inhalte und Körper der Wiſſenſchaft ſelbſt, ſondern ſind Zuſammenſtellungen der äuſſern Reflexion, welche das Ganze der Ausführung ſchon durchlaufen hat, daher die Folge ſeiner Momente voraus angibt, ehe ſie noch durch die Sache ſelbſt ſich herbeyführen.

In den andern Wiſſenſchaften ſind ſolche Vorausbeſtimmungen und Eintheilungen gleichfalls nichts anderes, es heißt darin bloß aſſertoriſch, ſelbſt in der Logik zum Beyſpiel, „die Logik hat zwey Hauptſtücke, die Elementarlehre und die Methodik," alsdann unter der Elementarlehre findet ſich ohne weiters die Ueberſchrift: Geſetze des Denkens; — alsdann erſtes Kapitel: von den Begriffen. Erſter Abſchnitt: von der Klarheit der Begriffe u. ſ. f. — Dieſe ohne ir-

da; por conseguinte, no resultado está contido essencialmente aquilo de que ele resulta, o que é propriamente falando, uma tautologia, porque se assim não fosse, ele seria um imediato e não um resultado.

Enquanto resultado, a negação é uma negação determinada, tem um conteúdo. É um conceito novo, mas que é conceito mais elevado que o precedente, mais rico que ele porque em virtude da negação deste conceito, em virtude do que é oposto a este conceito, tornou-se mais rica, ela o contém, mas também mais que ele, e é unidade dele e de seu oposto. Portanto, é por esse caminho que se deve formar o sistema dos conceitos, numa caminhada que não se pode parar, uma caminhada pura e que nada admite que venha do exterior deve se acabar.

*Reconheço que o método que segui neste Sistema da Lógica, ou antes, que este Sistema segue nele mesmo, é suscetível de muitos aperfeiçoamentos. Mas sei, ao mesmo tempo, que é o único método verdadeiro. Isto ressalta facilmente de que este método não é nada de diferente [XXI] de seu ob-jeto nem de seu conteúdo. porque é o conteúdo dentro de si mesmo, *a dialética que ele tem em si mesmo*, que o move.* É claro que nenhuma apresentação pode ter valor científico se não tomar o caminho deste método, lembro não se conformar com seu ritmo simples, porque é a caminhada da Coisa mesma.

Em conformidade com este método, lembro que as divisões e os títulos dos livros, seções e capítulos que se encontram no tratado, que segue da própria lógica, como também as indicações ligadas a eles, foram feitos em vista de oferecer uma visão preliminar e só têm, para falar com propriedades, valor histórico. Não pertencem ao conteúdo e ao corpo da própria Ciência; são frutos da reflexão exterior que já percorreu a totalidade da elaboração, e que por conseguinte indica antecipadamente os momentos desta totalidade, antes mesmo que sejam produzidos por intermédio da coisa mesma.

Nas outras ciências, tais determinações prévias e divisões são também o mesmo: afirmações assertóricas. Na Lógica se diz, por exemplo, que "A lógica tem duas partes principais: a doutrina dos elementos e a metodologia". Em seguida, sob a doutrina dos elementos, se encontra, sem mais, o *título*: Leis do pensar; depois o *Capítulo primeiro: Dos Conceitos; primeira seção.* {13} *Da clareza dos conceitos* etc. Tais determinações e [XXII] divisões, feitas sem a menor dedução

gend eine Deduction und Rechtfertigung gemachten Beſtimmungen und [XXII] Eintheilungen machen aber das Gerüſte und den ganzen Zuſammenhang ſolcher Wiſſenſchaften aus. Eine ſolche Logik ſpricht ſelbſt davon, daß die Begriffe und Wahrheiten aus Principien müſſen abgeleitet ſeyn; aber bey dem, was ſie Methode nennt, wird auch nicht von weitem an ein Ableiten gedacht. Die Ordnung beſteht etwa in der Zuſammenſtellung von Gleichartigem, in der Vorausſchickung des Einfachern vor dem Zuſammengeſetzten und andern äuſſerlichen Rückſichten. Aber in Rückſicht eines innern, nothwendigen Zuſammenhangs ſind die Abtheilungs-beſtimmungen nicht anders neben einander, als in einem Regiſter, und der ganze Uebergang beſteht darin, daß es itzt heißt: Zweytes Kapitel; — oder wir kommen nunmehr zu den Urtheilen, u. dgl.

So haben auch die Ueberſchriften und Eintheilungen, die in dieſem Syſteme vorkommen, keine andere Bedeutung, als einer Inhaltsanzeige. Auſſerdem aber muß die Nothwendigkeit des Zuſammenhangs und immanente Entſtehung der Unterſchiede vorhanden ſeyn, welche in die Abhandlung der Sache ſelbſt, und in die eigene Fortbeſtimmung des Begriffes fällt.

Das aber, wodurch ſich der Begriff ſelbſt weiter leitet, iſt das Negative, das er in ſich ſelbſt hat; diß macht das wahrhaft Dialektiſche aus. Die Dialektik, die bisher als ein abgeſonderter Theil der Logik betrachtet, und in Anſehung ihres Zwecks und Standpunkts, man kann ſagen, gänzlich verkannt worden, erhält dadurch eine ganz andere Stellung. — Auch die platoniſche Dialektik hat ſelbſt im Parmenides, und anderswo ohnehin [XXIII] noch directer, theils nur die Abſicht, beſchränkte Behauptungen durch ſich ſelbſt aufzulöſen und zu widerlegen, theils aber überhaupt das Nichts zum Reſultate. Die Dialektik erſchien gewöhnlich als ein äuſſerliches, und negatives Thun, das nicht der Sache ſelbſt angehöre, und das in bloßer Eitelkeit, als einer ſubjectiven Sucht, ſich das Feſte und Wahre in Schwanken zu ſetzen und aufzulöſen, ſeinen Grund habe, oder wenigſtens zu Nichts führe, als zur Eitelkeit des dialektiſch behandelten Gegenſtandes.

Kant hat die Dialektik höher geſtellt, — und dieſe Seite gehört unter die größten ſeiner Verdienſte, — indem er ihr den Schein von Willkühr nahm, den ſie nach der gewöhnlichen Vorſtellung hatte, und

ou justificação formam, contudo, a armação e toda a coerência desse tipo de ciência. Uma lógica dessas diz que conceitos e verdades devem ser deduzidos de princípios; mas a propósito do que ela chama de método, não se cogita, nem de longe, em deduzir. Desse modo, a ordem consiste no arranjo do que é semelhante, no fato de passar do mais simples ao composto e noutras considerações exteriores. Porém, no que diz respeito a uma coerência interior e necessária, as determinações que indicam uma divisão só estão umas ao lado das outras como num registro; toda a passagem consiste em que se diz agora: *capítulo dois*; ou então: *vamos tratar* dos juízos ou coisas parecidas.

Assim, os títulos e divisões que se encontram neste sistema não têm outra significação que a de uma Tábua de Matérias. Mas, além disso, é preciso que estejam presentes a necessidade da coerência e o surgimento imanente das diferenças que vêm a dar na exposição da Coisa mesma, e no movimento próprio de determinação do conceito.

Mas aquilo pelo que o próprio conceito se dirige para adiante é o negativo que ele tem dentro de si mesmo: isto constitui a dialética em sua verdade. A *dialética*, que foi até o presente considerada *uma parte separada (no interior) da lógica,* e totalmente desconhecida quanto ao seu fim e ao seu ponto de vista, obtém deste modo uma posição totalmente diversa. Até mesmo a dialética platônica, já no *Parmênides* e alhures de forma [XXIII] mais direta ainda, tem de uma parte só a intenção de dissolver e de refutar por elas mesmas as afirmações limitadas, e por outra parte, tem em geral, por resultado o nada. A dialética aparecia comumente como um fazer exterior e negativo, que não pertenceria à Coisa mesma e que teria seu fundamento na simples vaidade; como uma tentativa subjetiva para abalar e dissolver o que é firme e verdadeiro, ou a menos como um fazer que levaria ao nada, como vaidade do ob-jeto dialeticamente tratado.

Kant colocou a dialética mais alto — e este é um dos seus maiores méritos — e assim tirou a aparência de arbitrário que tinha na representação habitual; apresentou-a como um fazer necessário da ra-

sie als ein nothwendiges Thun der Vernunft darstellte. Indem sie nur für die Kunst, Blendwerke vorzumachen und Illusionen hervorzubringen, galt, so wurde schlechthin vorausgesetzt, daß sie ein falsches Spiel spiele, und ihre ganze Kraft allein darauf beruhe, daß sie den Betrug verstecke; daß ihre Resultate nur erschlichen, und ein subjectiver Schein seyen. Kants dialektische Darstellungen in den Antinomien der reinen Vernunft, verdienen zwar, wenn sie näher betrachtet werden, wie diß im Verfolge dieser Abhandlung an einigen weitläufiger geschehen wird, freylich kein großes Lob; aber die allgemeine Idee, die er zu Grunde gelegt und damit geltend gemacht hat, ist die Objectivität des Scheins und Nothwendigkeit des Widerspruchs, der zur Natur der Denkbestimmungen gehört: zunächst nemlich insofern diese Bestimmungen von der Vernunft auf die Dinge an sich angewendet werden; aber eben, was sie in der [XXIV] Vernunft und in Rücksicht auf das sind, was an sich ist, ist ihre Natur. Es ist diß Resultat in seiner positiven Seite aufgefaßt, nichts anders, als die innere Negativität derselben, oder ihre sich selbstbewegende Seele, das Princip aller natürlichen und geistigen Lebendigkeit überhaupt. Aber so wie nur bey der negativen Seite des Dialektischen stehen geblieben wird, so ist das Resultat nur das Bekannte, daß die Vernunft unfähig sey, das Unendliche zu erkennen; — ein sonderbares Resultat, indem das Unendliche das Vernünftige ist, zu sagen, die Vernunft sey nicht fähig das Vernünftige zu erkennen.

In diesem Dialektischen, wie es hier genommen wird, und damit in dem Fassen des Entgegengesetzten in seiner Einheit, oder des Positiven im Negativen besteht das Speculative. Es ist die wichtigste, aber für die noch ungeübte, unfreye Denkkraft schwerste Seite. Wenn sie noch darin begriffen ist, sich vom sinnlichconcreten Vorstellen und vom Räsonniren loszureißen, so hat sie sich zuerst im abstracten Denken zu üben, Begriffe in ihrer Bestimmtheit festzuhalten und aus ihnen erkennen zu lernen. Eine Darstellung der Logik zu diesem Behuf hätte sich in ihrer Methode an das obenbesagte Eintheilen und in Ansehung des nähern Inhalts selbst, an die Bestimmungen, die sich für die einzelnen Begriffe ergeben, zu halten, ohne sich auf das Dialektische einzulassen. Sie würde der äußern Gestalt nach dem gewöhnlichen Vortrag dieser Wissenschaft ähnlich [XXV] werden, sich übrigens dem

zão. Com efeito, enquanto a dialética valia somente pela arte de exibir embustes e de produzir ilusões, pressupunha-se pura e simplesmente que a dialética jogava um jogo falso e que toda a sua força estava só em dissimular a trapaça. Assim seus resultados eram obtidos por prestidigitação e não passavam de uma aparência subjetiva.

As apresentações dialéticas de Kant nas antinomias da Razão pura certamente não merecem grande louvor, quando são examinadas mais de perto, como vai acontecer com algumas no decorrer deste tratado. Porém, a ideia universal que Kant colocou no fundamento, e a qual assim valorizou, é a objetividade da aparência e a necessidade da contradição que pertence à natureza das determinações do pensar. Isto se dá, notoriamente, em primeiro lugar, na medida em que estas determinações [XXIV] são aplicadas pela razão às coisas em si; mas justamente sua natureza consiste em estarem na razão, e em relação ao que é em si. Este resultado, *apreendido pelo seu lado positivo*, não é outra coisa que a *negatividade* interior dessas determinações do pensar ou sua alma se movendo a si mesma, o princípio de toda a vitalidade {14} natural e espiritual em geral. Porém se ficamos somente com o lado negativo da dialética, o resultado é só este, como se sabe muito bem: de que a razão é incapaz de conhecer o infinito. Estranho resultado, pois como na verdade o infinito é o racional, isto equivale a dizer que a razão é incapaz de conhecer o racional.

§ 9. A Dialética hegeliana e sua Lógica*

No movimento dialético — tal como é tomado aqui — e, portanto, no ato de apreender o oposto em sua unidade, ou o positivo no negativo, consiste *o especulativo*. É o lado mais importante, mas também o mais difícil para a faculdade de pensar ainda inexercitada e não-livre. Se a concebemos como ainda presa ao representar concreto-sensível e ao raciocinar, então precisa antes de mais nada exercitá-la no pensar abstrato, para captar firmemente os conceitos em sua *determinidade* e aprender a conhecer a partir deles.

Uma apresentação da Lógica, feita com esta finalidade, devia ater-se em seu método ao ato de dividir já mencionado, e, no que diz respeito ao conteúdo mais preciso, às determinações que se despren-

Inhalte nach fehr davon unterfcheiden, und immer noch dazu dienen, das abftracte, ob zwar nicht das fpekulative Denken, zu üben, welchen Zweck die durch pfychologifche und anthropologifche Zuthaten populär gewordene Logik nicht einmal erfüllen kann. Sie würde dem Geifte das Bild eines methodifch geordneten Ganzen geben, obgleich die Seele des Gebäudes, die Methode, die im Dialektifchen lebt, nicht felbft darin erfchiene.

In Rückficht auf die Bildung und das Verhältniß des Individuums zur Logik, merke ich fchließlich noch an, daß fie, wie die Grammatik, in zwey verfchiedenen Anfichten oder Werthen erfcheint. Sie ift etwas anderes für den, der zu ihr und den Wiffenfchaften überhaupt erft hinzutritt, und etwas anderes für den, der von ihnen zu ihr zurückkommt. Wer die Grammatik anfängt kennen zu lernen, findet in ihren Beftimmungen und Gefetzen, trokne Abftractionen, zufällige Regeln, überhaupt eine ifolirte Menge von Beftimmungen, die nur den Werth und die Bedeutung deffen zeigen, was in ihrem unmittelbaren Sinne liegt; das Erkennen erkennt in ihnen zunächft nichts als fie. Wer dagegen einer Sprache mächtig ift und zugleich andere Sprachen in Vergleichung mit ihr kennt, dem erft kann fich der Geift und die Bildung eines Volks in der Grammatik feiner Sprache ausgedrückt zeigen. Diefelben Regeln und Formen haben nunmehr einen erfüllten, reichen, lebendigen Werth. Und endlich kann er durch die Grammatik hindurch den Ausdruck des Geiftes überhaupt, die Logik, [**XXVI**] erkennen. So wer zur Wiffenfchaft hinzutritt, findet in der Logik zunächft ein ifolirtes Syftem von Abftractionen, das auf fich felbft befchränkt, nicht über die andern Kenntniffe und Wiffenfchaften übergreift. Vielmehr, gehalten gegen den Reichthum der Weltvorftellung, gegen den realer-fcheinenden Inhalt der andern Wiffenfchaften, und verglichen mit dem Verfprechen der abfoluten Wiffenfchaft, das Wefen diefes Reichthums, die innere Natur des Geiftes und der Welt zu enthüllen, hat diefe Wiffenfchaft in ihrer abftracten Geftalt, in der Einfachheit ihrer reinen Beftimmungen vielmehr das Anfehen, alles eher zu leiften als diß Verfprechen, und gehaltlos jenem Reichthum gegenüber zu ftehen. Die erfte Bekanntfchaft mit der Logik fchränkt ihre Bedeutung nur auf fie felbft ein; ihr Inhalt gilt nur für eine ifolirte Befchäftigung mit den Denkbeftimmungen, neben der die andern wiffenfchaftlichen

dem para cada um dos conceitos, sem entrar pela dialética. Em sua figura exterior, tal apresentação se assemelharia à exposição habitual dessa ciência, [XXV] embora diferindo muito segundo seu conteúdo poderia ser útil para exercitar, se não o pensar especulativo, pelo menos o pensar abstrato; objetivo que a lógica popularizada pelos materiais psicológicos e antropológicos não pode sequer desempenhar. Daria ao espírito a imagem de um Todo metodicamente ordenado, embora a alma do edifício — o método que tem sua vida no dialético — não aparecesse por si mesma.

A propósito da formação do indivíduo à lógica e de sua relação com ela, faço notar, para concluir, que, tal como na gramática, ela se apresenta sob dois aspectos ou valores diferentes: ela é uma coisa para quem a aborda e aborda as ciências em geral, pela primeira vez, e é outra coisa para quem faz retorno a ela a partir dessas ciências. Quem começa a estudar a gramática vê em suas determinações e leis abstrações secas, regras contingentes e, de modo geral, uma multidão de determinações isoladas que só exprimem o valor, a significação do que se encontra em seu sentido imediato. Nelas, o conhecer só conhece elas mesmas e nada mais. Ao contrário, quem domina uma língua e ao mesmo tempo conhece outras em comparação com ela, este sim pode unicamente contemplar o espírito e a cultura de um povo expressos na gramática de sua língua. De agora em diante as mesmas regras e formas ganham um valor pleno, rico, cheio de vida. Pode, enfim, através da gramática, conhecer a expressão do espírito em geral: a lógica. [XXVI]

Assim também, quem acede à Ciência encontra inicialmente na lógica um sistema isolado de abstrações; sistema que limitado a si mesmo não interfere nos outros conhecimentos ou ciências. Ao contrário: mantém-se em oposição à riqueza da representação do mundo e ao conteúdo que se apresenta como real das outras ciências. Comparada com a promessa feita pela Ciência absoluta de revelar a essência desta riqueza, a natureza interior do espírito e do mundo, essa ciência (da *lógica*)* em sua figura abstrata e na simplicidade de suas determinações puras, parece vazia de conteúdo frente a essa riqueza; parece tudo, menos o cumprimento dessa promessa. {15}

O primeiro contato com a lógica limita sua significação à própria lógica; seu conteúdo equivale ao das determinações do pensar. É um

Beſchäftigungen ein eigner Stoff und Inhalt für ſich ſind, auf welche das Logiſche nur einen formellen Einfluß hat, und zwar einen ſolchen, der ſich mehr von ſelbſt macht, und für den die wiſſenſchaftliche Geſtalt und deren Studium auch zur Noth entbehrt werden kann. Die andern Wiſſenſchaften haben die regelrechte Methode, eine Folge von Definitionen, Axiomen, Theoremen und deren Beweiſen u. ſ. f. zu ſeyn, im Ganzen abgeworfen, die angebohrne Form des Denkens, die ſogenannte natürliche Logik macht ſich für ſich in ihnen geltend, und hilft ſich ohne beſondere auf ſie gerichtete Erkenntniß fort. Vollends aber hält ſich der Stoff und Inhalt dieſer Wiſſenſchaften vom Logiſchen [XXVII] verſchieden und völlig unabhängig, und iſt für Sinn, Vorſtellung, und praktiſches Intereſſe jeder Art anſprechender.

So muß denn allerdings die Logik zuerſt gelernt werden, als etwas, das man wohl verſteht und einſieht, aber woran Umfang, Tiefe und weitere Bedeutung anfangs vermißt wird. Erſt aus der tiefern Kenntniß der andern Wiſſenſchaften erhebt ſich für den ſubjectiven Geiſt, das Logiſche, als ein nicht nur abſtract Allgemeines, ſondern als das den Reichthum des Beſondern in ſich faſſende Allgemeine; — wie derſelbe Sittenſpruch in dem Sinne des Jünglings, der ihn ganz richtig verſteht, nicht die Bedeutung und den Umfang beſitzt, welchen er im Geiſte eines lebenserfahrnen Mannes hat, dem ſich damit die ganze Kraft des darin enthaltenen ausdrückt. So erhält das Logiſche erſt dadurch die Schätzung ſeines Werths, wenn es zum Reſultate der Erfahrung der Wiſſenſchaften geworden iſt; es ſtellt ſich daraus als die allgemeine Wahrheit, nicht als eine beſondere Kenntniß neben anderem Stoffe und Realitäten, ſondern als das Weſen alles dieſes ſonſtigen Inhalts dem Geiſte dar.

Ob nun das Logiſche zwar im Anfange des Studiums nicht in dieſer bewußten Kraft für den Geiſt vorhanden iſt, ſo empfängt er durch daſſelbe darum nicht weniger die Kraft in ſich, die ihn in alle Wahrheit leitet. Das Syſtem der Logik iſt das Reich der Schatten, die Welt der einfachen Weſenheiten, von aller ſinnlichen Concretion befreyt. Das Studium dieſer Wiſſenſchaft, [XXVIII] der Aufenthalt und die Arbeit in dieſem Schattenreich iſt die abſolute Bildung und Zucht

estudo, ao lado do qual os outros estudos científicos são, para si, um material e um conteúdo próprio, sobre os quais a lógica não exerce nenhuma influência que não seja formal. Influência, aliás, que é feita de si e que permite a rigor que se dispense sua figura científica e seu estudo. As outras ciências rejeitaram globalmente o método que consiste em ser, conforme as regras, uma série de definições, axiomas, teoremas, com suas provas etc. Nelas vigora a forma inata do pensar, a lógica natural e exerce sua função sem conhecimento particular que a determine. E ainda o material e o conteúdo dessas ciências são mantidos completamente diferentes do lógico [XXVII] e de todo independentes em relação a ele; além de serem mais agradáveis para os sentidos, para a representação e todo o tipo de interesse prático.

Portanto, acima de tudo, a lógica tem que primeiro ser aprendida como uma coisa que se entende bem e que se penetra; mas que, desde o começo de sua abordagem, carece de amplidão, profundidade e significação de maior alcance. É somente a partir do conhecimento mais profundo das outras ciências que o lógico se eleva para o espírito subjetivo como algo que não é apenas o universal abstrato, mas sim o universal que em si capta a riqueza do particular. Podemos comparar com a máxima ética. O adolescente pode compreendê-la de uma maneira totalmente correta; mas não possui a significação nem a amplidão que tem no espírito de um homem tendo a experiência da vida e para o qual, por conseguinte, se expressa toda a força do que está contido nessa máxima ética. É deste modo que o lógico obtém a apreciação de seu valor somente quando se tornou o resultado da experiência das ciências. A partir dali, apresenta-se ao espírito como a verdade universal; não como um conhecimento *particular ao lado de* outro material e de outras realidades, mas sim como a essência de todo este outro conteúdo.

Não obstante o fato de que o lógico, no começo de seu estudo, não esteja presente para o espírito nessa força consciente, não impede que este espírito receba em si, por intermédio do lógico, a força que conduz à totalidade da verdade. O Sistema da Lógica é o reino das sombras, o mundo das essências simples, liberadas de toda a concreção sensível. O estudo desta ciência, [XXVIII] a permanência e o trabalho nesse reino das sombras, realiza uma tarefa afastada dos fins

des Bewußtſeyns. Es treibt darin ein von ſinnlichen Zwecken, von Gefühlen, von der bloß gemeynten Vorſtellungswelt fernes Geſchäfte. Von ſeiner negativen Seite betrachtet, beſteht diß Geſchäfte in dem Fernehalten der Zufälligkeit des räſonnirenden Denkens und der Willkühr, dieſe oder die entgegengeſetzten Gründe ſich einfallen und gelten zu laſſen.

Vornemlich aber gewinnt der Gedanke dadurch Selbſtſtändigkeit und Unabhängigkeit vom Concreten. Er wird in dem Abſtracten und in dem Fortgehen durch Begriffe ohne ſinnliche Subſtrate, einheimiſch, und dadurch die unbewußte Kraft, die ſonſtige Mannichfaltigkeit der Kenntniſſe und Wiſſenſchaften in die vernünftige Form aufzunehmen, ſie in ihrem Weſentlichen zu erfaſſen und feſtzuhalten, das Aeuſſerliche abzuſtreifen und auf dieſe Weiſe aus ihnen das Logiſche auszuziehen, — oder was daſſelbe iſt, die vorher durch das Studium erworbene abſtracte Grundlage des Logiſchen mit dem Gehalte aller Wahrheit zu erfüllen, und ihm den Werth eines Allgemeinen zu geben, das nicht mehr als ein Beſonderes neben anderem Beſondern ſteht, ſondern über daſſelbe übergreift und das Weſen deſſelben, das Abſolut-wahre iſt.

sensíveis, dos sentimentos do mundo da representação ao nível apenas da opinião. Considerada pelo seu lado negativo, esta tarefa consiste em manter-se afastado da contingência do pensar raciocinante e do arbitrário, que aceita e deixa valer suas razões ou as razões opostas.

Mas, por meio da *lógica*,* o pensamento ganha, sobretudo, autonomia e independência em relação ao concreto, passa a mover-se à vontade no abstrato e na progressão, através de conceitos sem substratos sensíveis e para receber na forma racional a força inconsciente, toda a verdade dos conhecimentos e das ciências para captá-las e mantê-las firmemente no que têm de essencial e dessa maneira extrair delas o lógico; ou por outra para encher com o teor de toda a verdade abstrata do lógico, adquirida antes pelo estudo e lhe dar o valor de um universal, que não se mantém como um particular ao lado de outro particular, mas que o penetra e é sua essência: o absolutamente verdadeiro.

Logik
Ueber die allgemeine Eintheilung derſelben

Ueber den Begriff dieſer Wiſſenſchaft, und wohin ſeine Rechtfertigung falle, iſt in der Einleitung das Nöthige geſagt worden. Aus demſelben ergibt ſich auch ihre vorläufige allgemeine Eintheilung.

Die Logik, als die Wiſſenſchaft des reinen Denkens, oder überhaupt als die reine Wiſſenſchaft, hat zu ihrem Elemente dieſe Einheit des Subjectiven und Objectiven, welche abſolutes Wiſſen iſt, und zu der der Geiſt als zu ſeiner abſoluten Wahrheit ſich erhoben hat. Die Beſtimmungen dieſes abſoluten Elementes, haben die Bedeutung, weder nur Gedanken noch nur gegenſtändliche Beſtimmungen zu ſeyn, weder leere Abſtractionen und jenſeits der Wirklichkeit ſich bewegende Begriffe, noch aber dem Ich fremde Weſenheiten, und objectives An-ſich zu ſeyn, noch auch bloß äußere Verbindungen und Vermiſchungen von beydem. Sondern das Element dieſer Wiſſenſchaft iſt die Einheit, daß das Seyn reiner Begriff an ſich ſelbſt, und nur der reine Begriff das wahrhafte Seyn iſt. [2]

Indem nun die Einheit ſich beſtimmt und entwickelt, ſo müſſen ihre Beſtimmungen die Form jener Trennung haben, denn die Einheit iſt eben Einheit jenes Unterſchiedes, und ihre Entwicklung iſt die Darſtellung deſſen, was ſie in ſich enthält, alſo jenes Unterſchiedes von Seyn und von Denken. Allein indem das Wiſſen darin beſteht, daß die Wahrheit dieſes Unterſchiedes in ſeiner Einigung beſteht, ſo hat er, indem das Wiſſen an und aus ſich ſelbſt denſelben durch ſein Beſtimmen entwickelt, nicht mehr die Bedeutung, die er auf ſeinem Wege hatte, oder indem er außer ſeiner Wahrheit war; ſondern er kann nur als eine Beſtimmung dieſer Einheit, als ein Moment innerhalb ihrer ſelbſt, auftreten und dieſe Einheit kann nicht wieder in ihn ſich auflöſen.

{16} Lógica
Suas Divisões Gerais

Na Introdução já foi dito o necessário sobre o conceito desta Ciência, e sobre o lugar onde intervém sua justificação (que é a *Fenomenologia do Espírito*)*. É deste mesmo conceito que se desprende também, sob forma preliminar, sua divisão geral.

A Lógica, enquanto a ciência do puro pensar, ou de forma geral, a ciência pura, tem por elemento esta unidade do subjetivo e do objetivo, que é o saber absoluto, e à qual o espírito se elevou como à sua verdade absoluta. As determinações deste elemento absoluto não têm por significação serem pensamento apenas, nem somente determinações objetivas, nem abstrações vazias e conceitos que se movam para além da efetividade. Nem muito menos essencialidades estranhas ao Eu e um em-si objetivo; ou então combinações e misturas simplesmente exteriores a ambos. Porém, o elemento desta ciência é a unidade segundo a qual o ser é conceito puro em si mesmo, e o conceito puro é o único ser verdadeiro. [2]

Agora, na medida em que a unidade se determina e se desenvolve, suas determinações devem ter a forma desta separação porque a unidade é justamente a unidade dessa diferença e seu desenvolvimento é a apresentação do que nela está contido: portanto, desta diferença entre ser e pensar. Note-se, porém que o saber consiste em que a verdade desta diferença esteja em sua unificação. Portanto esta diferença tal como o saber a desenvolve dentro e fora de si mesmo por meio de seu determinar, não tem mais a significação que possuía durante o percurso, ou quando estava *fora de sua verdade*, mas só pode entrar em cena como uma determinação desta unidade, como um momento no *interior desta mesma unidade* a qual não pode de novo nela dissolver-se[1].

---

1 Nota de Labarrière/Jarczyk. Este texto é essencial: a Lógica, no encadeamento das categorias, desdobra necessariamente o jogo das diferenças inscritas no resultado que ela toma em conta. Mas estas diferenças, então não vão ser postas

Die Logik kann daher überhaupt in die Logik des Seyns und des Denkens, in die objective und subjective Logik eingetheilt werden. Die objective Logik würde dem Inhalte nach zum Theil dem entsprechen, was bey Kant[1] [3] transcendentale Logik ist. Er unterscheidet diese so von dem, was er allgemeine Logik nennt, oder was gewöhnlich Logik überhaupt genannt wird, daß jene die Begriffe betrachte, die sich a priori auf Gegenstände beziehen, somit nicht von allem Inhalte der objectiven Erkenntniß abstrahire, oder daß sie die Regeln des reinen Denkens eines Gegenstandes enthalte, und zugleich auf den Ursprung unserer Erkenntniß gehe, insofern sie nicht den Gegenständen zugeschrieben werden könne. — Der Hauptgedanke Kants ist, die Kategorien dem Selbstbewußtseyn, als dem subjectiven Ich, zu vindiciren. Daher spricht er noch ausser dem Empirischen, der Seite des Gefühls und der Anschauung, besonders von Gegenständen, oder von Etwas, das nicht durch das Selbstbewußtseyn gesetzt und bestimmt ist. Wäre die Kategorie Form des absoluten Denkens, so könnte nicht ein Ding-an-sich, ein dem Denken fremdes und äußerliches, übrig bleiben. Wenn andere Kantianer sich über das Bestimmen des Gegenstands durch Ich so ausgedrückt haben, daß das Objectiviren des Ich, als ein ursprüngliches und nothwendiges Thun des Bewußtseyns anzusehen sey, so daß in diesem ursprünglichen Thun noch nicht die Vorstellung des Ich selbst ist, — als welche erst

---

[1] Ich erinnere, daß ich auf die Kantische Philosophie in diesem Werke darum häufig Rücksicht nehme, (was manchen überflüssig scheinen könnte) weil sie, — ihre nähere Bestimmtheit so wie die besondern Theile der Ausführung mögen sonst und auch in diesem Werke betrachtet werden, wie sie wollen, — die Grundlage und den Ausgangspunkt der neuern Philosophie ausmacht, und diß ihr Verdienst durch das, was an ihr ausgesetzt werden möge, ihr ungeschmälert bleibt. Auch darum ist auf sie in der objective Logik wenigstens häufig Rücksicht zu nehmen, weil sie sich auf wichtige bestimmtere Seiten des Logischen näher einläßt, spätere Darstellungen der Philosophie hingegen daßelbe wenig beachtet, zum Theil oft nur eine rohe, — aber nicht ungerächte —, Verachtung dagegen bewiesen haben.

A Lógica, por conseguinte, pode dividir-se, em geral, em Lógica do *ser* e Lógica do *pensar*; Lógica *objetiva* e Lógica *subjetiva*.

A Lógica objetiva, segundo seu conteúdo, poderia corresponder em parte ao que é em Kant[2]* [3] a *lógica transcendental*. Kant distingue esta da lógica geral chamada habitualmente 'lógica' sem mais, desta maneira a lógica transcendental considera os conceitos que se referem *a priori* aos ob-jetos, não fazendo assim abstração de todo conteúdo do conhecimento objetivo. Ou seja: esta lógica contém as regras do pensar puro de um ob-jeto e ao mesmo tempo remonta à origem de nosso conhecimento, na medida em que ele não pode ser atribuído aos ob-jetos.

A ideia mestra de Kant é estabelecer um vínculo de direito entre as categorias e a consciência-de-si, como o *Eu subjetivo*. Por conseguinte, fora do empírico — o aspecto do sentimento e da intuição — Kant fala em particular de ob-jetos ou de algo que não é posto nem determinado por meio da consciência-de-si. {17} Se a categoria fosse forma de pensar absoluto, então não poderia ser também uma *coisa em si*, algo de estranho e de exterior ao pensar. Outros kantianos se expressaram sobre o determinar do ob-jeto por intermédio do Eu, achando que o fato de o Eu se objetivar deve ser considerado um fazer original e necessário da consciência de tal modo que neste fazer original ainda não está a representação do próprio Eu. Esta representação

---

    mais em termos unilaterais, falsamente autossuficientes. Serão momentos de emergências complementares duma única totalidade, que neles explicita sua riqueza diversificada e sua determinação efetiva. (*Science de la logique*, 1972, p. 34, nota 7). (N. do T.)

2 Eu lembro que se, nesta obra, eu tomo frequentemente em consideração a filosofia kantiana (o que para muitos poderia parecer supérfluo) é porque — qualquer que seja a forma da qual consideramos algures, e até nesta obra, sua determinidade mais precisa, assim como as divisões particulares de sua elaboração — ela constitui o fundamento e o ponto de partida da filosofia moderna, e porque esse mérito que é o seu não é nada diminuído pelo que podemos encontrar por repetir nela. Uma outra razão pela qual é preciso tomá-la frequentemente em consideração, ao menos na Lógica objetiva, é que ela envolve de perto importantes aspectos mais determinados do Lógico enquanto as apresentações ulteriores da filosofia não têm ainda levado em conta e, por uma parte dentre elas, não tem ainda manifestado frequentemente contra um desprezo grosseiro, — mas que não permaneceu sem vingança. (N. do A.)*

ein Bewußtſeyn jenes Bewußtſeyns, oder ſelbſt ein Objectiviren jenes Bewußtſeyns ſey, — ſo iſt dieſes von dem Gegenſatze des Bewußtſeyns befreyte objectivirende Thun näher dasjenige, was als abſolutes Denken überhaupt genommen werden kann. Aber dieſes Thun ſollte dann nicht mehr Bewußtſeyn genannt werden, denn Bewußtſeyn ſchließt den Gegenſatz des Ich und ſeines Gegenſtandes in ſich, der in jenem urſprünglichen Thun nicht vorhanden iſt; und die Benennung Bewußtſeyn wirft noch mehr den Schein von Subjectivität darauf, als der Ausdruck Denken, der hier überhaupt im abſoluten Sinne, oder wenn es [4] vermeintlich verſtändlicher ſeyn ſollte, als unendliches Denken genommen werden muß.

Die objective Logik begreift übrigens nicht bloß die Denkbeſtimmungen des unmittelbaren Seyns in ſich, ſondern auch die des vermittelten Seyns, die eigentlichen Reflexionsbeſtimmungen, oder die Lehre vom Weſen; inſofern nemlich das Weſen noch nicht der Begriff ſelbſt iſt, ſondern erſt das Gebiet der Reflexion als der Bewegung zum Begriffe ausmacht, indem es, aus dem Seyn herkommend, noch ein differentes Inſichſeyn iſt.

Die objective Logik tritt ſomit überhaupt an die Stelle der vormaligen Metaphyſik. Erſtens unmittelbar an die Stelle der Ontologie, des erſten Theils derſelben, der die Natur des Ens überhaupt darſtellen ſollte; — das Ens begreift ſowohl Seyn als Weſen in ſich, für welchen Unterſchied unſere Sprache glückli- cherweiſe den verſchiedenen Ausdruck gerettet hat. — Alsdann aber begreift die objective Logik auch die übrige Metaphyſik in ſich, inſofern als dieſe die reinen Denkformen auf beſondere, zunächſt aus der Vorſtellung genommene Subſtrate, die Seele, die Welt, Gott, angewendet enthielt, und dieſe

seria somente a consciência dessa consciência, um objetivar dessa consciência enquanto esse fazer objetivante, liberado da oposição da consciência, é precisamente o que poderia ser tomado como *pensar absoluto* em geral. Mas então, esse fazer não devia mais ser chamado consciência, porquanto consciência inclui em si a oposição do Eu e de seu ob-jeto, oposição que não está presente neste fazer original. Aliás, a denominação de consciência projeta sobre ele uma aparência de subjetividade bem mais que a expressão 'pensar',* a qual deve ser aqui tomada simplesmente no sentido absoluto ou, se [4] acham a expressão mais inteligível, como pensar infinito.

A *Lógica objetiva*, além disto, abarca não simplesmente determinações-do-pensar do *ser imediato*, mas também as determinações do ser mediatizado, isto é, determinações-de-reflexão propriamente ditas ou a *Doutrina da Essência*; a saber: na medida em que a essência não é ainda o próprio conceito, mas apenas constitui o domínio da reflexão, que é movimento para o puro conceito, sendo dado que a essência, proveniente do ser, é ainda um dentro-de-si diferente[3].

A Lógica objetiva toma então pura e simplesmente o lugar da *metafísica* de outrora. Primeiro, sob forma imediata, o lugar da *ontologia*, primeira parte da metafísica, que devia apresentar a natureza do *ente* em geral. O ente compreende nele tanto o *ser* quanto a *essência*, diferença para a qual nosso idioma felizmente preservou uma diversidade no nível da expressão. A seguir, a Lógica objetiva abrange também o resto da metafísica, na medida em que essa continha as formas-de-pensar puras aplicadas aos substratos particulares, tomados antes de tudo da representação: alma, mundo, Deus; e na medida

---

[3] Nota de Labarrière/Jarczyk. O conceito é a unidade da imediatez do ser e da mediação da essência. Não é uma unidade que os reunisse do exterior, mas em sua identificação constitutiva. A imediatez do ser só é o que é quando posta como tal pelo movimento de sua própria mediação essencial. Assim, a essência não é um segundo termo em reportamento ao ser: ela só aparece do ponto de vista integrativo do conceito. Quando a essência se expõe por ela mesma, parece ser ainda um ser-em-si, diferente em reportamento ao ser e oposto a ele: é assim que a essência parece ser um momento autônomo da reflexão. (*Science de la logique*, 1972, p. 36, nota 23). (N. do T.)

Beſtimmungen des Denkens das Weſentliche der metaphyſiſchen Betrachtungsweiſe ausmachten. Die Logik betrachtet dieſe Formen frey von jenen Subſtraten, und ihre Natur und Werth an und für ſich ſelbſt. Jene Metaphyſik unterließ diß und zog ſich daher den gerechten Vorwurf zu, ſie ohne Kritik gebraucht zu haben, ohne die vorgångige Unterſuchung, ob und wie ſie fåhig ſeyen, Beſtimmungen des Dings-an-ſich, nach Kantiſchem Ausdruck, — oder vielmehr des Vernünftigen zu ſeyn. — Die objective Logik iſt daher die wahrhafte Kritik derſelben, — eine Kritik, [5] die ſie nicht bloß nach der allgemeinen Form der Apriorität, gegen das Apoſterioriſche, ſondern ſie ſelbſt in ihrem beſondern Inhalte betrachtet.

Die ſubjective Logik iſt die Logik des Begriffs, — des Weſens, das die Beziehung auf ein Seyn, oder ſeinen Schein aufgehoben hat, und in ſeiner Beſtimmung nicht åuſſerlich mehr, ſondern das freye ſelbſtſtåndige Subjective, oder vielmehr das Subject ſelbſt iſt.

Indem aber das Subjective das Misverſtåndniß von Zufälligem und Willkührlichem, ſo wie überhaupt von Beſtimmungen, die in die Form des Bewußtſeyns gehören, mit ſich führt, ſo iſt auf den Unterſchied von Subjectivem und Objectivem, der ſich ſpåterhin innerhalb der Logik ſelbſt nåher entwickeln wird, hier kein beſonderes Gewicht zu legen. — Die Logik zerfällt zwar überhaupt in objective und ſubjective Logik. Beſtimmter aber hat ſie die drey Theile: I. die Logik des Seyns; II. die Logik des Weſens und III. die Logik des Begriffs.

em que tais determinações do pensar constituíam o essencial do tipo de consideração metafísica.

A Lógica considera essas formas como livres em relação a esses substratos; considera seu valor e sua natureza em-si e para si mesmos. Quanto a essa metafísica, que descuidava disso e, por conseguinte, foi justamente acusada de ter usado estas formas sem crítica, sem investigação prévia que indagasse se eram capazes de ser determinação da coisa em si, segundo a expressão kantiana, ou melhor, determinações do racional. Em consequência, a Lógica objetiva é a verdadeira crítica dessas formas, uma crítica [5] que não as considera simplesmente segundo sua forma universal a priori, em sua oposição ao que é a posteriori, mas as considera em si mesmas, em seu conteúdo particular. {18}

A lógica subjetiva é a lógica do conceito, da essência que suprassumiu o reportamento a um ser, ou sua aparência[4] e que na sua determinação não é mais exterior, mas o subjetivo autônomo livre, ou antes, o próprio sujeito.

Porém, uma vez que o subjetivo carrega consigo o mal-entendido do contingente e do arbitrário — como também em geral as determinações que relevam a forma da consciência — é preciso não acentuar aqui particularmente a diferença entre subjetivo e objetivo. Essa diferença vai desenvolver-se mais tarde, de modo mais preciso, no interior da própria lógica. É certo que a divisão geral da lógica se faz em lógica objetiva e lógica subjetiva. Mas, de maneira mais precisa, ela comporta as três partes seguintes: I. *A Lógica do Ser*, II. *A Lógica da Essência*, III. *A Lógica do Conceito*.

---

[4] Nota de Labarrière/Jarczyk. O primeiro capítulo da Doutrina da Essência se intitula precisamente 'aparência'. O movimento de interiorização que levou à passagem do ser à essência parece pôr de início a essência como um termo segundo em reportamento ao ser. Quando essa aparência de dualidade for suprassumida (ou, for claro que o movimento da essência é realmente o que põe o ser como ser) então sua unidade devinda* não será outra coisa que o conceito. (*Science de la logique*, 1972, p. 38, nota 33). (N. do T.)

Erftes Buch

Das Seyn
Womit muß der Anfang der Wiffenfchaft gemacht werden?

Aus der Phänomenologie des Geiftes, oder der Wiffenfchaft des Bewußtfeyns, als des erfcheinenden Geiftes wird vorausgefetzt, daß fich als deffen letzte, abfolute Wahrheit das reine Wiffen ergibt. Die Logik ift die reine Wiffenfchaft, das reine Wiffen in feinem Umfange und feiner Ausbreitung. Das reine Wiffen ift die zur Wahrheit gewordene Gewißheit, oder die Gewißheit, die dem Gegenftande nicht mehr gegenüber ift, fondern ihn innerlich gemacht hat, ihn als fich felbft weiß, und die auf der andern Seite eben fo, das Wiffen von fich, als einem, das dem Gegenftändlichen gegenüber und nur deffen Vernichtung fey, aufgegeben, fich entäuffert hat, und Einheit mit feiner Entäufferung ift.

Das reine Wiffen in diefe Einheit zufammengegangen, hat alle Beziehung auf ein Anderes und die Vermittlung aufgehoben, und ift einfache Unmittelbarkeit. [7]

Die einfache Unmittelbarkeit ift felbft ein Reflexionsausdruck, und bezieht fich auf den Unterfchied von dem Vermittelten. In ihrem wahren Ausdrucke ift diefe einfache Unmittelbarkeit das reine Seyn, oder das Seyn überhaupt; Seyn, fonft nichts, ohne alle weitere Beftimmung und Erfüllung.

Diefer Rückblick auf den Begriff des reinen Wiffens ift der Grund, aus welchem das Seyn herkommt, um den Anfang der abfoluten Wiffenfchaft auszumachen.

Oder zweytens umgekehrt der Anfang der abfoluten Wiffenfchaft muß felbft abfoluter Anfang feyn, er darf nichts vorausfetzen. Er muß alfo durch nichts vermittelt feyn, noch einen Grund haben; er foll vielmehr felbft der Grund der ganzen Wiffenfchaft feyn. Er muß daher fchlechthin ein Unmittelbares feyn, oder vielmehr das Unmittelbare felbft. Wie er nicht gegen anderes eine Beftimmung haben kann, fo kann er auch keine in fich, keinen Inhalt enthalten, denn dergleichen wäre ebenfalls eine Unterfcheidung, und Beziehung von

Livro Primeiro
O Ser
Qual deve ser o começo da Ciência?

Na Fenomenologia do Espírito, ou da ciência da consciência como do espírito em seu aparecer, se pressupõe que o *saber puro* se desprende como a verdade última e absoluta desta consciência. A *Lógica* é a *Ciência pura*, o saber puro em sua amplidão e extensão. O saber puro é a certeza que chegou à verdade, ou a certeza que já não está em face de um ob-jeto, mas que o interiorizou. Sabe-o como a si mesma. E, por outro lado, abandonou o saber de si como de algo que estivesse em frente do que é objetivo, e que seria apenas seu aniquilamento: exteriorizou-se e é unidade com sua exteriorização.

O saber puro, reunido nesta unidade, suprassumiu todo reportamento a um Outro e a mediação, e *é imediatez simples*. [7]

A imediatez simples é, por sua vez, uma expressão da ordem da reflexão, e se refere à diferença com respeito ao mediatizado. Em sua expressão verdadeira, esta imediatez simples é o *ser puro*, ou o *ser* em geral: *ser,* nada mais, sem nenhuma outra determinação nem outro enchimento.

Este golpe de vista retrospectivo sobre o conceito do saber puro é o *fundamento* de onde provém o *ser*, para constituir o *começo* da própria Ciência absoluta.

Ou então, inversamente, o *começo da Ciência absoluta deve ser* ele mesmo *começo absoluto, nada pode pressupor*. Portanto, não deve ser mediatizado por nada, e não deve ter fundamento; deve antes ser ele mesmo o fundamento de toda a ciência. Por conseguinte, deve ser pura e simplesmente um imediato, ou antes, o próprio imediato. Assim como não pode ter determinação a respeito de outra coisa, igualmente não pode também ter em si nenhum conteúdo, porque tal coisa seria diferenciação e reportamento entre dois termos diversos: portanto uma mediação. {19} O começo, portanto, é o *ser puro*.

Foi, sobretudo nos tempos modernos que se chegou a olhar como uma dificuldade encontrar um começo para a filosofia; o fundamento

Verſchiedenem aufeinander, ſomit eine Vermittlung. Der Anfang iſt alſo das reine Seyn.

In neuern Zeiten vornemlich wurde es als eine Schwierigkeit angeſehen, einen Anfang in der Philoſophie zu finden, und der Grund dieſer Schwierigkeit, ſo wie die Möglichkeit, ſie zu löſen, vielfältig beſprochen. Der Anfang der Philoſophie muß entweder ein Vermitteltes oder Unmittelbares ſeyn, und es iſt leicht zu zeigen, daß er weder das Eine noch das Andere ſeyn könne; ſomit findet die eine oder die andere Weiſe des Anfangens ihre Widerlegung. [8]

In der erſten ſo eben gegebenen Darſtellung des Seyns als des Anfangs iſt der Begriff des Wiſſens vorausgeſetzt. Somit iſt dieſer Anfang nicht abſolut, ſondern kommt aus der vorhergehenden Bewegung des Bewußtſeyns her. Die Wiſſenſchaft dieſer Bewegung, aus der das Wiſſen reſultirt, müßte nun den abſoluten Anfang haben. Sie macht ihn mit dem unmittelbaren Bewußtſeyn, dem Wiſſen, daß etwas iſt. — Das Seyn macht ſo hier gleichfalls den Anfang, aber als Beſtimmung einer concreten Geſtalt, des Bewußtſeyns; erſt das reine Wiſſen, der Geiſt, der ſich von ſeiner Erſcheinung als Bewußtſeyn befreyt hat, hat auch das freye, reine Seyn zu ſeinem Anfang. — Aber jener Anfang, das unmittelbare Bewußtſeyn, enthält das Ich als bezogen auf ein ſchlechthin Anderes, und umgekehrt, den Gegenſtand bezogen auf Ich; ſomit eine Vermittlung. — Zwar enthält das Bewußtſeyn die beyden Vermittelnden, — die auch wiederum die Vermittelten ſind, — ſelbſt, weißt ſomit nicht über ſich hinaus, und iſt in ſich beſchloſſen. Aber indem die Vermittlung gegenſeitig iſt, ſo iſt jedes Vermittelnde auch vermittelt, ſomit keine wahrhafte Unmittelbarkeit vorhanden. — Aber umgekehrt wäre eine ſolche vorhanden, ſo iſt ſie, da ſie nicht begründet iſt, etwas willkührliches und zufälliges.

Die Einſicht, daß das Abſolut-Wahre ein Reſultat ſeyn müſſe, und umgekehrt, daß ein Reſultat ein Erſtes Wahres vorausſetzt, das aber, weil es Erſtes iſt, objectiv betrachtet, nicht nothwendig, und nach der ſubjectiven Seite, nicht erkannt iſt, — hat in neuern Zeiten den Gedanken hervorgebracht, daß die Philoſophie nur mit einem hypothetiſchen und problematiſchen Wahren anfangen, und das Philoſophiren daher zuerſt nur ein Suchen ſeyn könne. [9]

de tal dificuldade, assim como a possibilidade de resolvê-la, foram objeto de numerosos debates. O começo da filosofia deve ser um mediatizado ou então um imediato. Ora, é fácil mostrar que não pode ser nem um nem o outro; assim cada maneira de começar encontra sua refutação. [8]

Na primeira apresentação que se acaba de dar, do ser como começo, é pressuposto o conceito do saber. Este começo, portanto, não é absoluto, mas provém do movimento anterior da consciência. A Ciência desse movimento — ciência da qual resulta o saber — deveria, pois, ter (nela) um começo absoluto. Ora, ele começa com a *consciência imediata*, o saber de alguma-coisa que *é*. Assim, é igualmente o ser que aqui faz o começo, mas como determinação de uma figura concreta, a consciência. É somente o saber puro, o espírito que se libertou de sua manifestação como consciência que tem também por começo o ser livre e puro.

Quanto a este começo que é a consciência imediata, contém o Eu enquanto referido a algo de pura e simplesmente Outro, e inversamente, o ob-jeto referido ao Eu; portanto, uma mediação. Na certa, a consciência contém ambas as mediações — que são igualmente, aliás, mediatizadas — de modo que não remete para além dela, e está fechada em si mesma. Porém, quando a mediação é recíproca cada mediatizante é também mediatizado e, portanto, não está presente nenhuma mediação verdadeira. Mas, inversamente, se estivesse presente uma tal imediatez, então, por não ser fundada, seria algo de arbitrário e contingente.

A ideia então é que o absolutamente verdadeiro deveria ser um resultado e inversamente o que um resultado pressupõe; um verdadeiro que seja primeiro: o qual, entretanto, por ser primeiro, considerado objetivamente não é necessário e, segundo o aspecto subjetivo, não é conhecido. Isso levou a se pensar que a filosofia só pode começar com um verdadeiro hipotético e problemático e que filosofar, por conseguinte, só pode ser, antes de tudo, procurar. [9]

Nach dieſer Anſicht iſt das Vorwärtsſchreiten in der Philoſophie vielmehr ein Rückwärtsgehen und Begründen, durch welches erſt ſich ergebe, daß das, womit angefangen wurde, nicht bloß ein willkührlich angenommenes, ſondern in der That theils das Wahre, theils das erſte Wahre ſey.

Man muß zugeben, daß es eine weſentliche Betrachtung iſt, — die ſich innerhalb der Logik ſelbſt näher ergeben wird, — daß das Vorwärtsgehen ein Rückgang in den Grund und zu dem Urſprünglichen iſt, von dem das, womit der Anfang gemacht wurde, abhängt. — So wird das Bewußtſeyn auf ſeinem Wege von der Unmittelbarkeit aus, mit der es anfängt, zum abſoluten Wiſſen, als ſeiner Wahrheit, zurückgeführt. Diß letzte, der Grund, iſt denn auch dasjenige, aus welchem das Erſte hervorgeht, das zuerſt als Unmittelbares auftrat. — So wird auch der Geiſt am Ende der Entwicklung des reinen Wiſſens, ſich mit Freyheit entäuſſern und ſich in die Geſtalt eines unmittelbaren Bewußtſeyns, als Bewußtſeyn eines Seyns, das ihm als ein Anderes gegenüber ſteht, entlaſſen. Das Weſentliche iſt eigentlich, nicht daß ein rein Unmittelbares der Anfang ſey, ſondern daß das Ganze ein Kreislauf in ſich ſelbſt iſt, worin das Erſte auch das Letzte, und das Letzte auch das Erſte wird.

Daher iſt auf der andern Seite eben ſo nothwendig, dasjenige, in welches die Bewegung als in ſeinen Grund zurückgeht, als Reſultat zu betrachten. Nach dieſer Rückſicht iſt das Erſte eben ſo ſehr der Grund, und das Letzte iſt ein Abgeleitetes. Denn indem von dem Erſten ausgegangen und durch richtige Folgerungen auf das Letzte, als auf den Grund, gekommen wird, ſo iſt dieſer in der That Reſultat. Der [10] Fortgang von dem, was den Anfang macht, iſt ferner nur eine weitere Beſtimmung deſſelben, ſo daß diß allem Folgenden zu Grunde liegen bleibt, und nicht daraus verſchwindet. Das Fortgehen beſteht nicht darin, daß ein Anderes abgeleitet, oder daß in ein wahrhaft Anderes übergegangen würde; — und inſofern diß Uebergehen vorkommt, ſo hebt es ſich eben ſo ſehr wieder auf. So iſt der Anfang der Philoſophie, die in allen folgenden Entwicklungen gegenwärtige und ſich erhaltende Grundlage, der ſeinen weitern Beſtimmungen durchaus immanente Begriff.

Durch dieſen Fortgang, worin der Anfang ſich weiter beſtimmt, verliert er, was er in dieſer Beſtimmtheit, ein Unmittelbares zu ſeyn,

Segundo esta perspectiva, o progredir da filosofia é antes um regredir e um fundar. Somente assim se verificaria que aquilo por onde se começou não é algo arbitrário, mas que é de fato por uma parte, o verdadeiro, e por outra, o primeiro verdadeiro.

Deve-se convir e aí está uma consideração essencial que se verá mais em detalhe no interior da própria Lógica, que o progredir é um retorno ao *fundamento* e uma volta ao *originário*, do qual depende o que serve de começo. É assim que a consciência, caminhando a partir da imediatez pela qual começa, é reconduzida até ao saber absoluto, que é sua verdade. Este último, o fundamento, é, pois, também donde saiu o que é primeiro, o que de início entrava em cena como imediato.

É assim também que o espírito, no fim do desenvolvimento do saber puro, se 'exterioriza' livremente e se desprende de si mesmo passando à figura de uma consciência imediata, consciência de um ser que se posta diante nele como um Outro. O essencial, para falar com propriedade, não é que um puramente imediato seja o começo, mas sim, que *o Todo é um ciclo dentro de si mesmo no qual o primeiro também devém o último e o último devém o primeiro.* {20}

Por conseguinte, é igualmente necessário, de outra parte, considerar como *resultado* aquilo a que o movimento faz retorno como a seu *fundamento*. Nesta perspectiva, o primeiro é que é o fundamento; e o segundo, um deduzido. Porque, quando se parte do primeiro, e por meio de deduções corretas se chega ao último como ao fundamento, então este é, de fato, resultado. O [10] progresso a partir do que faz o começo é, além disso, apenas uma *determinação ulterior* deste começo, de modo que se constata que ele permanece no fundamento de tudo que segue e não desaparece.

O progredir não consiste em que um *Outro* seria deduzido, ou em que se passaria a alguma-coisa verdadeiramente outra; pois na medida em que se encontra este 'passar', ele igualmente se suprassume de novo. Assim, o começo da filosofia é a base que está presente e se mantém em todos os desenvolvimentos seguintes; o conceito radicalmente imanente a suas determinações ulteriores.

Através desse progresso, onde o começo se determina ulteriormente, e perde o que tinha de unilateral na determinidade de ser um

einſeitiges hat, wird ein Vermitteltes, und macht eben dadurch die Linie der wiſſenſchaftlichen Fortbewegung zu einem Kreiſe. — Zugleich wird das, was den Anfang macht, indem es darin das noch Unentwickelte, Inhaltsloſe iſt, noch nicht wahrhaft erkannt, denn ſo iſt es im Anfange, das heißt noch vor der Wiſſenſchaft; erſt dieſe und zwar in ihrer ganzen Entwicklung iſt ſeine vollendete, inhaltsvolle und erſt wahrhaft begründete Erkenntniß.

Darum aber, weil das Reſultat auch den abſoluten Grund ausmacht, iſt das Fortſchreiten dieſes Erkennens nicht etwas proviſoriſches, noch ein problematiſches und hypothetiſches, ſondern es iſt durch die Natur der Sache und des Inhaltes ſelbſt beſtimmt. Noch iſt jener Anfang etwas willkührliches und nur einſtweilen angenommenes, noch ein als willkührlich erſcheinendes und bittweiſe vorausgeſetztes, von dem ſich aber doch in der Folge zeigte, daß man Recht daran gethan habe, es zum Anfange zu machen; — wie von den geometriſchen Conſtructionen ſich freylich erſt hinterher in den Beweiſen [11] ergibt, daß man wohlgethan habe, gerade dieſe Linien zu ziehen, oder ſogar in den Beweiſen ſelbſt, daß es gut geweſen ſey, mit der Vergleichung dieſer Linien oder Winkel anzufangen; für ſich, an dieſem Linienziehen oder Vergleichen ſelbſt, begreift es ſich nicht.

So iſt oben der Grund, warum in der reinen Wiſſenſchaft vom reinen Seyn angefangen wird, unmittelbar an ihr ſelbſt angegeben worden. Diß reine Seyn iſt die Einheit, in die das reine Wiſſen zurückgeht, oder es iſt auch der Inhalt deſſelben. Diß iſt die Seite, nach welcher diß reine Seyn, diß Abſolut-Unmittelbare, eben ſo abſolut Vermitteltes iſt. Aber eben ſo weſentlich iſt es das Rein-Unmittelbare; als ſolches nur iſt es darum zu nehmen, eben weil es der Anfang iſt; inſofern es nicht dieſe reine Unbeſtimmtheit, inſofern es weiter beſtimmt wäre, würde es als Vermitteltes genommen. Es liegt in der Natur des Anfangs ſelbſt, daß er das Seyn ſey, und ſonſt nichts. Es bedarf daher keiner ſonſtiger Vorbereitungen, um in die Philoſophie hineinzukommen; noch anderweitiger Reflexionen und Anknüpfungspunkte.

Daß der Anfang, Anfang der Philoſophie iſt, daraus kann nun keine nähere Beſtimmung oder ein poſitiver Inhalt für denſelben genommen werden. Denn die Philoſophie iſt hier im Anfange, wo die Sache

imediato; torna-se no começo um mediatizado, e justamente assim faz um círculo com a linha que exprime o avanço da ciência. Ao mesmo tempo, aquilo que faz o começo, enquanto está ali como ainda não desenvolvido, e sem conteúdo, não é ainda conhecido verdadeiramente porque assim é que está no começo, ou seja, antes da ciência. Só a ciência, em seu desenvolvimento total, que é o conhecimento acabado do começo, cheia de conteúdo e somente então verdadeiramente fundada.

Porém, pelo fato de que o resultado constitui também o fundamento absoluto, o progredir deste conhecer não é algo de provisório, problemático ou hipotético, pois é determinado pela natureza da Coisa e do próprio conteúdo. Este começo também não é algo arbitrário que se pede para ser aceito como pressuposto por algum tempo, mas que se promete mostrar na continuação que se tinha razão em fazer dele o começo: como a propósito das construções geométricas, é com evidência só depois, nas provas, [11] que se mostra que se fez bem ao traçar estas linhas ou ângulos. Por si, este ato de traçar as linhas ou se comparar não leva em si mesmo sua própria significação.

Assim, no que vem a seguir, a *razão* pela qual a ciência pura começa com o ser puro foi indicada imediatamente no que é a própria ciência. Este ser puro é a unidade à qual retorna o saber puro, ou, ainda, é o seu conteúdo. É o lado segundo o qual este *ser puro*, este absolutamente imediato, é da mesma forma o absolutamente mediatizado. Mas também essencialmente é o puramente mediato: é somente como tal que deve ser tomado; *justamente por essa razão é que* ele é o começo. Na medida em que não fosse essa indeterminidade pura, na medida em que fosse determinado mais adiante, ele seria tomado como mediatizado.

É da *natureza do próprio começo* que ele seja o ser e nada mais. Por conseguinte, não precisa outras preparações para entrar na filosofia, nem outras reflexões nem outros pontos de engatamento.

Pelo fato de ser este começo o começo da filosofia, não se pode agora dar-lhe nenhuma *determinação mais precisa, nem um conteúdo positivo*. Porque a filosofia, aqui neste começo, onde a Coisa mesma ainda não está presente, é uma palavra vazia, ou uma representação qualquer admitida sem justificação. {21}

ſelbſt noch nicht vorhanden iſt, ein leeres Wort, oder irgend eine angenommene ungerechtfertigte Vorſtellung. Das reine Wiſſen gibt nur dieſe negative Beſtimmung, daß er der abſtracte, oder abſolute Anfang ſeyn ſoll. Inſofern das reine Seyn als der Inhalt des reinen Wiſſens genommen wird, ſo hat dieſes von ſeinem Inhalte zurückzutreten, ihn für ſich ſelbſt gewähren zu laſſen und nicht weiter zu beſtimmen. — Oder indem [12] das reine Seyn als die Einheit betrachtet werden muß, in die das Wiſſen auf ſeiner höchſten Spitze der Einigung mit dem Objecte, zuſammengefallen iſt, ſo iſt das Wiſſen in dieſe Einheit verſchwunden, und hat keinen Unterſchied von ihr und ſomit keine Beſtimmung für ſie übrig gelaſſen.

Sonſt iſt auch nicht Etwas, oder irgend ein Inhalt vorhanden, der gebraucht werden könnte, um damit den beſtimmtern Anfang zu machen. Es iſt nichts vorhanden, als das reine Seyn als Anfang. In dieſer Beſtimmung: als Anfang, iſt die reine Unmittelbarkeit etwas concreteres, und es kann analytiſch entwickelt werden, was in ihm unmittelbar enthalten iſt, um zu ſehen, wohin diß weiter führe.

Ueberhaupt kann auch die bisher als Anfang angenommene Beſtimmung des Seyns ganz weggelaſſen werden; es wird nur gefordert, daß ein reiner Anfang gemacht werde; es iſt ſomit nichts vorhanden, als der Anfang ſelbſt, und es iſt zu ſehen, was er iſt.

Es iſt noch Nichts, und es ſoll etwas werden. Der Anfang iſt nicht das reine Nichts, ſondern ein Nichts, von dem etwas ausgehen ſoll; es iſt zugleich das Seyn ſchon in ihm enthalten. Der Anfang enthält alſo beydes, Seyn und Nichts; iſt die Einheit von Seyn und Nichts; — oder iſt Nichtſeyn, das zugleich Seyn, und Seyn, das zugleich Nichtſeyn iſt.

Seyn und Nichts ſind im Anfange als unterſchieden vorhanden; denn er weißt auf etwas anderes hin; — er iſt ein Nichtſeyn, das auf das Seyn als auf ein anderes, bezogen iſt; das anfangende iſt noch nicht; es geht erſt dem Seyn zu. Zugleich enthält der [13] Anfang das Seyn, aber als ein ſolches, das ſich von dem Nichtſeyn entfernt oder es aufhebt, als ein ihm entgegengeſetztes.

O saber puro dá somente esta determinação negativa: que o começo deve ser o começo *abstrato* ou *absoluto*. Na medida em que o ser puro é tomado como o *conteúdo* do saber puro, este deve retirar-se de seu conteúdo, deixá-lo valer por si mesmo, e não o determinar mais adiante. Ou então, [12] quando o ser puro deve ser considerado como unidade em que o saber mergulhou até o ponto extremo de sua união com o objeto, então o saber desapareceu nesta unidade: não deixou diferença em relação a ela, nem, portanto, determinação que a definisse.

Aliás, também não há algo que esteja presente, nem existe conteúdo algum utilizável para tornar o começo mais determinado. Nada está presente, a não ser *o ser puro como começo*. Nesta determinação, *como começo*, a imediatez pura é algo *mais concreto*, e se pode desenvolver analiticamente o que nele está contido imediatamente, para ver onde isso levaria.

Pode-se também simplesmente deixar cair de todo a determinação do *ser* admitida até então como começo. Só se exige um começo puro. Assim, só está presente o próprio *começo* e é preciso ver o que é.

Nada é ainda, e é preciso que alguma-coisa seja. O começo não é o nada puro, mas um nada do qual algo deve sair: o ser já é, ao mesmo tempo, contido nele. O começo contém, pois, um e outro, o ser e o nada; é a unidade do ser e do nada ou: é não-ser que é ao mesmo tempo ser, e ser que é ao mesmo tempo não-ser.

No começo, ser e nada estão presentes como *diferentes*: porque o começo remete a algo outro: é um não-ser que é referido ao ser como a um outro. O começante não *é* ainda; vai somente em direção ao ser. Ao mesmo tempo, o começo contém [13] o ser, mas um ser tal que se afasta do não ser, ou o suprassume, como algo que lhe é oposto.

Mas, além disso, o que começa *é* já e, entretanto, igualmente, *não é* ainda. Ser e não-ser estão, pois, nele, em união imediata ou o começo é sua *unidade indiferenciada*.

*A análise do começo daria assim o *conceito* da unidade do ser e do não-ser — numa forma mais refletida da unidade do ser diferente e do ser não-diferente — ou da identidade da identidade e da não-iden-

Ferner aber ist das, was anfängt, schon, eben so sehr aber ist es auch noch nicht. Seyn und Nichtseyn sind also in ihm in unmittelbarer Vereinigung; oder er ist ihre ununterschiedene Einheit.

Die Analyse des Anfangs gäbe somit den Begriff der Einheit des Seyns und des Nichtseyns, — oder in reflectirterer Form, der Einheit des Unterschieden- und des Nichtunterschiedenseyns, — oder der Identität der Identität und Nichtidentität. Dieser Begriff könnte als die erste, reinste Definition des Absoluten angesehen werden; — wie er diß in der That seyn würde, wenn es überhaupt um die Form von Definitionen und um den Namen des Absoluten zu thun wäre. In diesem Sinne würden, wie jener abstracte Begriff die erste, so alle weitern Bestimmungen und Entwicklungen nur bestimmtere und reichere Definitionen des Absoluten seyn.

Allein diese Analyse des Anfangs setzt denselben als bekannt voraus; sie hat unsre Vorstellung desselben zur Grundlage. Es ist diß ein Beyspiel wie andere Wissenschaften verfahren. Sie setzen ihren Gegenstand als bekannt voraus, und nehmen dabey bittweise an, daß jedermann in seiner Vorstellung ungefähr dieselben Bestimmungen in ihm finden möge, die sie durch Analyse, Vergleichung und sonstiges Räsonnement von ihm da und dorther beybringen und angeben. Das was den absoluten Anfang macht, muß zwar ein Bekanntes seyn; aber wenn es ein Concretes, somit in sich mannichfaltig Bestimmtes ist, so gebe ich, indem ich diese seine Beziehungen als etwas Bekanntes voraussetze, sie als etwas **[14]** unmittelbares an, was sie nicht sind. An ihnen tritt daher die Zufälligkeit und Willkühr der Analyse und des verschiedenen Bestimmens ein. Weil einmal die Beziehung als etwas unmittelbar Gegebenes zugestanden ist, hat jeder das Recht, die

tidade. Este conceito poderia ser considerado como a primeira, a mais pura definição do absoluto e o seria, de fato, caso se tratasse em geral da forma de definições e do nome do absoluto[1].

Nesse sentido, tal como este conceito abstrato seria a primeira definição do absoluto, assim também todas as determinações e desenvolvimentos ulteriores só podem ser definições mais determinadas e mais ricas.

Mas esta análise do começo, a qual o pressupõe *conhecido*, tem por base nossa representação do que ele é. Eis aí um exemplo de como procedem as outras ciências: {22}* Pressupõem seu ob-jeto como conhecido e, assim fazendo, querem que se admita que todo o mundo, em sua representação, pode encontrar nesse objeto as mesmas determinações que elas, a partir disso e daquilo, ensinam e afirmam a respeito: basta que se analise, compare e faça raciocínios.*

O que faz o começo absoluto deve, certamente, ser conhecido, mas se é algo concreto e, portanto, algo determinado em si de maneira variada, então, quando pressuponho os reportamentos que são os seus como algo conhecido, estou indicando-os como algo [14] imediato; o que não são. Por conseguinte, nele intervém a contingência e o arbitrário da análise e do determinar diverso. Uma vez que houve acordo de que o reportamento é algo imediatamente dado, cada qual tem o

---

[1] Nota de Labarrière/Jarczyk. Para Hegel, o simples nome dá apenas um saber formal e vazio. "Fora do Si sensivelmente intuído ou representado, só resta para indicar o puro sujeito, o um vazio e privado de conceito, que é o nome enquanto nome" (Ph. G., 53/38; Phén., I, 57). Entre os dois escolhos do realismo alienante e do nominalismo vazio, Hegel mantém a tarefa fundamental do filósofo, que é para ele, dar o conceito, ou seja, manifestar o conteúdo segundo sua estrutura autêntica, arrancando-o fora do 'bem-conhecido' (Ph. G., 66/5; I, 67). (*Science de la logique*, 1972, p. 46, nota 53). (N. do T.)

Beſtimmungen herbeyzubringen oder wegzulaſſen, wie er in ſeiner unmittelbaren zufälligen Vorſtellung vorfindet.

Inſofern der Gegenſtand aber, wie ihn die Analyſe vorausſetzt, ein Concretes, eine ſynthetiſche Einheit iſt, ſo iſt die darin enthaltene Beziehung eine nothwendige, nur inſofern ſie nicht vorgefunden, ſondern durch die eigene Bewegung der Momente, in dieſe Einheit zurück zu gehen, hervorgebracht iſt; — eine Bewegung, die das Gegentheil der erwähnten iſt, welche ein analytiſches Verfahren, und ein der Sache ſelbſt äuſſerliches, in das Subject fallendes Thun iſt.

Es ergibt ſich hieraus das vorhin Bemerkte näher, daß das, womit der Anfang zu machen iſt, nicht ein Concretes, nicht ein ſolches ſeyn kann, das eine Beziehung innerhalb ſeiner ſelbſt enthält, denn ein ſolches ſetzt eine Bewegung, ein Vermitteln und Herübergehen von einem zu einem andern innerhalb ſeiner ſelbſt, voraus, von der das einfachgewordene Concrete das Reſultat wäre. Aber der Anfang ſoll nicht ein Reſultat ſeyn. Was den Anfang macht, der Anfang ſelbſt, iſt daher als ein Nichtanalyſirbares, in ſeiner einfachen unerfüllten Unmittelbarkeit, alſo als Seyn, als das ganz Leere zu nehmen.

Wenn man etwa gegen die Betrachtung des abſtracten Anfangs ungeduldig, ſagen wollte, es ſolle nicht mit dem Anfange angefangen werden, ſondern mit der Sache, ſo iſt dieſe Sache nichts als jenes leere Seyn; **[15]** denn was die Sache ſey, diß iſt es, was ſich eben erſt im Verlaufe der Wiſſenſchaft ergeben ſoll, was nicht vor ihr als bekannt vorausgeſetzt werden kann.

Welche Form ſonſt genommen werde, um einen andern Anfang zu haben, als das leere Seyn, ſo leidet er an den angeführten Mängeln. Inſofern darauf reflectirt wird, daß aus dem erſten Wahren, alles Folgende abgeleitet werden, daß das erſte Wahre der Grund des Ganzen ſeyn müſſe, ſo ſcheint die Forderung nothwendig, den Anfang mit Gott, mit dem Abſoluten zu machen, und alles aus ihm zu begreiffen. Wenn, ſtatt auf die gewöhnliche Weiſe die Vorſtellung zu Grunde zu legen, und eine Definition des Abſoluten derſelben gemäß vorauszuſchicken, — wovon vorhin die Rede war, — im Gegentheil die nähere Beſtimmung dieſes Abſoluten aus dem unmittelbaren Selbſtbewußtſeyn genommen, wenn es als Ich beſtimmt wird, ſo iſt diß zwar theils ein Unmittelbares, theils in einem viel höhern Sinne

direito de introduzir ou omitir as determinações tal como as *encontra-já-aí* em sua representação contingente imediata.

*Porém, na medida em que o ob-jeto, tal como o pressupõe a análise, é um concreto — uma unidade sintética — então o reportamento ali contido não é uma reportamento *necessário* a não ser enquanto não está dado ali mesmo, mas sim é produzido pelo movimento próprio dos momentos, (que consiste em) retornar a essa unidade. Movimento que é o contrário do evocado acima, que é um procedimento analítico, um fazer exterior à Coisa mesma e que cai no sujeito.

Daí ressalta com mais precisão a observação acima feita: de que aquilo por onde precisa começar não pode ser um concreto, não pode ser algo que contenha um reportamento no interior de si mesmo, porque o que é assim pressupõe um movimento, um mediatizar e um passar a um outro e ao interior de si mesmo e é deste movimento que o concreto, tornado simples, seria o resultado. O que fez o começo — o começo mesmo — deve, por conseguinte, ser tomado como um não-analisável, em sua imediatez simples não implementada; portanto, como ser, como o completamente vazio.

Se, por impaciência em relação à consideração do começo abstrato, quisesse aventurar-se alguém a começar não pelo começo, mas pela Coisa, então esta Coisa será apenas esse ser vazio. [15] Porque o que seja a Coisa, isso é o que deve mostrar-se somente no percurso da Ciência: antes disto, a Coisa não pode ser pressuposta como conhecida.*

Qualquer forma que se tome para ter outro começo que não seja o ser vazio incorre nas faltas que acabamos de citar. Na medida em que se reflete no fato de que a partir do primeiro verdadeiro deve deduzir-se tudo o que segue, que este verdadeiro deve ser o fundamento de tudo, então parece necessário exigir que se comece por Deus, pelo absoluto e que tudo se compreenda a partir dele. Supondo que em vez de pôr a representação no fundamento, como é habitual, avançando uma definição preliminar do absoluto segundo tal representação (como foi visto antes), agora se tome a representação mais precisa desse absoluto da consciência-de-si imediata e o absoluto seja determinado como um Eu, então este é na verdade um imediato; mas de outra parte, é um conhecido, num sentido bem superior a qualquer outra representação.

ein Bekanntes, als eine sonstige Vorstellung; denn etwas sonst Bekanntes gehört zwar dem Ich an, aber indem es nur eine Vorstellung ist, ist es noch ein von ihm unterschiedener Inhalt; Ich hingegen ist die einfache Gewißheit seiner selbst. Aber sie ist zugleich ein Concretes, oder Ich ist vielmehr das Concreteste; es ist das Bewußtseyn seiner, als unendlich mannichfaltiger Welt. Daß aber Ich Anfang und Grund der Philosophie sey, dazu wird vielmehr die Absonderung des Concreten erfordert, — der absolute Akt, wodurch Ich von sich selbst gereinigt wird, und als absolutes Ich in sein Bewußtseyn tritt. Aber diß reine Ich ist dann nicht das bekannte, das gewöhnliche Ich unseres Bewußtseyns, woran unmittelbar und für jeden die Wissenschaft angeknüpft werden sollte. Jener Akt sollte eigentlich nichts anderes seyn, als die Erhebung auf den Standpunkt des reinen Wissens, auf [16] welchem eben der Unterschied des Subjectiven und Objectiven verschwunden ist. Aber wie diese Erhebung so unmittelbar gefordert ist, ist es ein subjectives Postulat; um als wahrhafte Forderung sich zu erweisen, müßte die Fortbewegung des concreten Ichs oder des unmittelbaren Bewußtseyns zum reinen Wissen an ihm selbst, durch seine eigene Nothwendigkeit, aufgezeigt und dargestellt worden seyn. Ohne diese objective Bewegung erscheint das reine Wissen, die intellectuelle Anschauung, als ein willkührlicher Standpunkt, oder selbst als einer der empirischen Zustände des Bewußtseyns, in Rücksicht dessen es darauf ankommt, ob ihn der eine in sich vorfinde oder hervorbringen könne, ein anderer aber nicht. Insofern aber diß reine Ich das wesentliche reine Wissen seyn muß, das reine Wissen aber nur durch den absoluten Akt der Selbsterhebung, im individuellen Bewußtseyn gesetzt wird, und nicht unmittelbar in ihm vorhanden ist, so geht gerade der Vortheil verlohren, der aus diesem Anfange der Philosophie entspringen soll; daß er nemlich etwas schlechthin Beckanntes sey, was jeder unmittelbar in sich finde, und daran die weitere Reflexion anknüpfen könne; jenes reine Ich ist vielmehr in seiner absoluten Wesenheit, etwas dem gewöhnlichen Bewußtseyn Unbekanntes, etwas, das es nicht darin vorfindet. Es tritt daher vielmehr die Täuschung ein, daß von etwas Bekanntem, von dem Ich des empirischen Selbstbewußtseyns die Rede seyn soll, in der That aber von etwas diesem Bewußtseyn Fernem die Rede ist. Die Bestimmung des reinen Wissens als Ich, führt

Com efeito, neste caso, algo que é conhecido pertence ao Eu, mas, enquanto não passa de uma representação, é ainda um conteúdo diferente dele; o Eu, ao contrário, é a certeza simples de si mesmo. Porém, essa certeza é ao mesmo tempo um concreto, ou antes, o Eu é o concreto por excelência: o Eu é consciência-de-si como de um mundo infinitamente variado. {23}

Mas para que o Eu seja começo e fundamento da filosofia, o que é exigido é, antes, o isolamento do concreto, o ato absoluto pelo qual o Eu é purificado de si mesmo e acede à sua consciência como Eu absoluto. Porém, esse Eu puro não é então o Eu conhecido, o Eu habitual de nossa consciência, ao qual a ciência deveria estar ligada de forma imediata para qualquer pessoa. Falando com propriedade, esse ato só deveria ser a elevação ao ponto de vista do saber puro, onde [16] justamente desapareceu a diferença entre subjetivo e objetivo.

Entretanto, essa elevação, na forma em que é exigida imediatamente, é um postulado subjetivo. Para se provar como verdadeira exigência, precisaria que o movimento contínuo do Eu concreto ou da consciência imediata em direção ao saber, tenha sido posta em evidência e apresentada neste mesmo Eu, por intermédio de sua própria necessidade. Sem este movimento objetivo, o saber puro, a *intuição intelectual*, aparece como um ponto de vista arbitrário, ou mesmo como um dos estados empíricos da consciência a respeito do qual o importante é saber se alguém já o *encontra em si*, ou o pode produzir, enquanto outra pessoa não pode. Mas na medida em que este Eu puro deve ser o saber puro essencial, enquanto o saber puro só é posto na consciência individual pelo ato absoluto da autoelevação e não está nela imediatamente presente, então se perde justamente a vantagem que deve brotar deste começo da filosofia, a saber: que haja alguma-coisa que é conhecida pura e simplesmente, que qualquer pessoa encontra em si imediatamente, e a qual pode ligar a reflexão ulterior.

De fato, esse Eu puro seria antes, em sua essencialidade absoluta, qualquer coisa de desconhecido para a consciência habitual, algo que não se encontra ainda ali. Por conseguinte, o que intervém no caso é antes a ilusão de que deve haver algo conhecido — o Eu da consciência-de-si empírica quando de fato se trata de alguma-coisa que é longínqua para esta consciência. A determinação do saber puro como

die fortdauernde Zurückerinnerung an das subjective Ich mit sich, dessen Schranken vergessen werden sollen, und erhält die Vorstellung gegenwärtig, als ob die Sätze und Verhältnisse, die sich in der weitern Entwicklung vom Ich ergeben, in gewöhnlichen Bewußtseyn als etwas darin vorhandenes, da es ja das sey, [17] von dem sie behauptet werden, vorkommen und darin vorgefunden werden können. Diese Verwechslung bringt statt unmittelbarer Klarheit vielmehr nur eine um so grellere Verwirrung und gänzliche Desorientirung hervor.

Das reine Wissen benimmt dem Ich seine beschränkte Bedeutung, an einem Objecte seinen unüberwindlichen Gegensatz zu haben; aus diesem Grunde wäre es wenigstens überflüssig, noch diese subjective Haltung und die Bestimmung des reinen Wesens als Ich, beyzubehalten. Aber diese Bestimmung führt nicht nur jene störende Zweydeutigkeit mit sich, sondern bleibt auch näher betrachtet, ein subjectives Ich. Die wirkliche Entwicklung der Wissenschaft, die vom Ich ausgeht, zeigt es, daß das Object darin die perennirende Bestimmung eines Andern für das Ich hat und behält, daß also das Ich, von dem ausgegangen wird, nicht das reine Wissen, das den Gegensatz des Bewußtseyns in Wahrheit überwunden hat, somit noch in der Erscheinung, und nicht das Element des Anundfürsich-Seyns ist.

Wenn aber auch Ich in der That das reine Wissen, oder wenn die intellektuelle Anschauung in der That der Anfang wäre, so ist es in der Wissenschaft nicht um das zu thun, was innerlich vorhanden sey, sondern um das Daseyn des Innerlichen im Wissen. Was aber von der intellektuellen Anschauung — oder wenn ihr Gegenstand das Ewige, das Göttliche, das Absolute genannt wird, — was vom Ewigen oder Absoluten im Anfange der Wissenschaft da ist, diß ist nichts anderes, als eine erste, unmittelbare, einfache Bestimmung. Welcher reicherer Name ihm gegenüber werde, als das bloße Seyn ausdrückt, so kann es nur in Betracht kommen, wie es in das Wissen und in das Aussprechen des Wissens eintritt. Die intellektuelle Anschauung ist

Eu implica a reminiscência contínua do Eu subjetivo, cujos limites devem ser obliterados e mantém presente a representação de que as proposições e relações que se desprendem no curso do desenvolvimento ulterior do Eu já podiam se encontrar e ser encontradas ali na consciência habitual como algo já presente nela, já que é a partir disso [17] que elas são afirmadas. Tal ilusão, em lugar de uma clareza imediata, produz antes uma confusão tanto mais berrante e uma desorientação tanto mais total.

O saber puro retira do Eu sua significação restrita, a de ter uma oposição insuperável com o objeto, por esse motivo seria no mínimo *supérfluo* manter ainda essa atitude subjetiva e determinar a essência como Eu. Contudo, essa determinação não comporta apenas uma ambiguidade prejudicial, mas, considerada mais de perto, fica também um Eu subjetivo. O desenvolvimento efetivo da ciência que parte do Eu mostra que o objeto tem e conserva para o Eu a determinação permanente de um outro; assim, o Eu de que se parte não é o saber puro que superou verdadeiramente a oposição da consciência, portanto, está ainda no fenômeno e não é o elemento do ser-em-si-e-para-si.

Entretanto, mesmo que o Eu fosse de fato o saber puro, ou se a intuição intelectual fosse de fato o começo, ainda assim na verdade, a Ciência não lida com o que está presente *interiormente*, mas com *o ser-aí que o interior tem no saber*[2]. {24}

Porém, na verdade, a intuição intelectual — ou o que se nomeia seu ob-jeto, o Eterno, o Absoluto —, o que, de fato, de eterno ou de absoluto, é aí no começo da ciência, isso não passa de uma determinação primeira, imediata, simples. Pode receber um nome mais rico que o expresso pelo ser puro e simples; mas o que interessa mesmo é isto: Como é que entra no saber e no que o saber enuncia? A própria intuição intelectual é a rejeição brutal do [18] mediatizar e da reflexão

---

2 Nota de Labarrière/Jarczyk. "um das Dasein des Innerlichen im Wissens". Nesta afirmação está presente toda a Ciência da Lógica porque se ela concerne a um saber, não é saber que se oporia ao ser, mas o leva nele como seu próprio ser-aí — exterioridade de sua própria interioridade. (*Science de la logique*, 1972, p. 51, nota 84). (N. do T.)

ſelbſt die gewaltſame Zurückweiſung des **[18]** Vermittelns und der beweiſenden, äuſſerlichen Reflexion; was ſie aber mehr ausſpricht, als einfache Unmittelbarkeit, iſt ein Concretes, ein in ſich verſchiedene Beſtimmungen Enthaltendes. Das Ausſprechen und die Darſtellung eines ſolchen aber iſt eine vermittelnde Bewegung, die von einer der Beſtimmungen anfängt, und zu der andern fortgeht, wenn dieſes auch zur erſten zurückgeht; — es iſt eine Bewegung, die zugleich nicht willkührlich oder aſſertoriſch ſeyn darf. Von was daher in dieſer Darſtellung angefangen wird, iſt nicht das Concrete ſelbſt, ſondern nur ein einfaches Unmittelbares, von dem die Bewegung ausgeht.

Wenn alſo im Ausdrucke des Abſoluten oder Ewigen oder Gottes, wenn in deren Anſchauung oder Gedanken mehr liegt, als im reinen Seyn, ſo ſoll das, was darin liegt, ins Wiſſen hervortreten; das was darin liegt, ſey ſo reich als es wolle, ſo iſt die Beſtimmung, die ins Wiſſen zuerſt hervortritt, ein Einfaches; denn nur im Einfachen iſt nicht mehr als der reine Anfang; oder ſie iſt nur das Unmittelbare, denn nur im Unmittelbaren iſt noch nicht ein Fortgegangenſeyn von einem zu einem andern, ſomit gleichfalls nicht mehr als der Anfang. Was ſomit über das Seyn ausgeſprochen oder enthalten ſeyn ſoll, in den reichern Formen von Abſolutem oder Gott, diß iſt im Anfange nur leeres Wort, und nur Seyn; diß Einfache, das ſonſt keine weitere Bedeutung hat, diß Leere iſt alſo der abſolute Anfang der Philoſophie.

Dieſe Einſicht iſt ſelbſt ſo einfach, daß dieſer Anfang, wie erinnert, keiner Vorbereitung noch weitern Einleitung bedarf; und dieſe Vorläufigkeit von Räſonnement über ihn konnte nicht die Abſicht haben, ihn herbeyzuführen, als vielmehr alle Vorläufigkeit zu entfernen. **[19]**

exterior, demonstrativa; mas o que enuncia além da imediatez simples é um concreto, algo que contém determinações diversas. Mas o ato de enunciar e a apresentação deste concreto são um movimento mediatizante, que começa a partir de uma das determinações e progride para outra, mesmo se dali faz retorno à primeira: um movimento que ao mesmo tempo não pode ser arbitrário ou assertórico. Por conseguinte, nesta primeira apresentação não se parte do concreto mesmo e sim de um imediato simples, do qual sai o movimento.

Portanto, *se na expressão do absoluto ou do eterno, ou de Deus, se em sua intuição ou em seus pensamentos *há mais* que no ser puro,* então o que aí se encontra deve emergir em direção ao saber. Por mais rico que seja o que aí se encontra, a determinação que emerge *primeiro* ao nível do saber é algo de simples; porque é somente no simples que há apenas o saber puro e nada mais. Esta determinação é só o imediato, uma vez que apenas no imediato não houve ainda progresso de um termo em direção a outro; portanto, não há nada mais que o começo.

Deste modo, o que nas formas mais ricas (de Absoluto, de Deus) deve ser enunciado ou contido a respeito do ser é, no começo, uma palavra vazia: o ser e nada mais; este simples que não possui nenhuma determinação ulterior, este vazio é, pois, o começo absoluto da filosofia.

Esse discernimento é por sua vez tão simples quanto este começo; como foi lembrado, não necessita de nenhuma preparação ou introdução ulterior. Assim, um raciocínio preliminar a seu respeito não podia destinar-se a trazê-lo à luz, mas apenas visava afastar todos os preliminares. [19]

Allgemeine Eintheilung des Seyns

Das Seyn ist zuerst gegen anderes bestimmt;

Zweytens ist es innerhalb seiner selbst bestimmt;

Drittens kehrt es aus dem Bestimmen in sich zurück, wirft diese Vorläufigkeit des Eintheilens weg, und stellt sich zu der Unbestimmtheit und Unmittelbarkeit her, in der es der Anfang seyn kann.

Nach der ersten Bestimmung theilt das Seyn sich gegen das Wesen ab, wie bereits angegeben worden.

Nach der zweyten Eintheilung ist es die Sphäre, innerhalb welcher die Bestimmungen und die ganze Bewegung der Reflexion fällt. Das Seyn wird sich darin in den drey Bestimmungen setzen

1) als Bestimmtheit, als solche; Qualität;

2) als aufgehobene Bestimmtheit; Größe, Quantität;

3) als qualitative bestimmte Quantität; Maaß.

Diese Eintheilung ist hier, wie in der Einleitung von diesen Eintheilungen überhaupt erinnert worden, eine vorläufige Anführung; ihre Bestimmungen haben erst aus der Bewegung des Seyns selbst zu entstehen, und sich darin zu rechtfertigen. Ueber die Abweichung derselben von der gewöhnlichen Aufführung der Kategorien, — nemlich Quantität, Qualität, Relation und Modalität, ist übrigens hier nichts zu erinnern, da die ganze Ausführung das überhaupt von der gewöhnlichen [20] Ordnung und Bedeutung der Kategorien Abweichende zeigen wird.

Nur diß kann näher bemerkt werden, daß sonst die Bestimmung der Quantität vor der Qualität aufgeführt wird, — und diß — wie das Meiste — ohne weitern Grund. Es ist bereits gezeigt worden, daß der Anfang sich mit dem Seyn als solchem macht, und daher mit dem qualitativen Seyn. Aus der Vergleichung der Qualität mit der Quantität erhellt leicht, daß jene die der Natur nach erste ist; denn die Quantität ist erst die negativ-gewordene Qualität. Die Größe ist die Bestimmtheit, die nicht mehr mit dem Seyn eins, sondern schon von

Divisão geral do Ser

O ser é *primeiramente* determinado em face de outra coisa. *Em segundo lugar* é determinado no interior de si mesmo. *Em terceiro lugar* retorna a si a partir deste determinar: rejeita esse preliminar de dividir e se estabelece nesta indeterminidade e imediatez na qual pode ser o começo.

Conforme a *primeira* determinação, o Ser se separa da *Essência*, como já se indicou.

Pela *segunda divisão*, o Ser é a esfera em cujo interior vêm a dar as determinações e o movimento total da reflexão. Ali o Ser vai pôr-se nas três determinações:
1. Como *determinidade* enquanto tal: *Qualidade*;
2. Como determinidade *suprassumida*: *Grandeza, Quantidade*;
3. Como *quantidade* determinada *qualitativamente*: *Medida*. {25}

Esta divisão, como foi lembrado a propósito dessas divisões em geral na introdução, é aqui uma alegação preliminar. Suas determinações só devem surgir do movimento do ser mesmo e só ali se devem justificar. Quanto ao fato de que se afastam da enumeração habitual das categorias (quantidade, qualidade, relação e modalidade) nada há no momento a declarar aqui, a elaboração total é que vai mostrar o que em geral se afasta da [20] ordem e da significação habitual das categorias.

Pode-se apenas fazer notar com mais precisão: que, de ordinário, a determinação da *quantidade* é introduzida antes da *qualidade*, e isto, como quase sempre, sem mais razões. Já se mostrou que o começo se faz com o ser enquanto tal, portanto, com o ser qualitativo. Ressalta com clareza da comparação entre a qualidade e a quantidade que a qualidade é a primeira por natureza, a quantidade é apenas a qualidade tornada negativa. A *Grandeza* é a determinidade que não faz um só com o ser, mas já é diferente dele — a qualidade suprassumida,

ihm unterfchieden, die aufgehobene, gleichgültig gewordene Qualität ift. Sie fchließt die Veränderlichkeit des Seyns ein, ohne daß die Sache felbft, das Seyn, deffen Beftimmung fie ift, verändert werde; da hingegen die qualitative Beftimmtheit mit ihrem Seyn eins ift, nicht über daffelbe hinausgeht, noch innerhalb deffen fteht, fondern feine unmittelbare Befchränktheit ift.

Die Qualität ift daher, als die unmittelbare Beftimmtheit die erfte, und mit ihr der Anfang zu machen.

Das Maaß ift eine Relation, aber nicht die Relation überhaupt, fondern beftimmt der Qualität und Quantität zu einander. Es kann auch für eine Modalität, wenn man will, angefehen werden; indem diefe nicht mehr eine Beftimmung des Inhalts ausmachen, fondern nur die Beziehung deffelben auf das Denken, auf das Subjective, angehen foll. Das Maaß enthält die Auflöfung des Inhalts, feine Beziehung auf ein Anderes; es macht den Uebergang ins Wefen aus.

Die dritte Eintheilung fällt innerhalb des Abfchnittes, der Qualität.

tornada indiferente. Inclui, para o ser, a possibilidade de mudar, sem que mude a Coisa mesma, o ser de que ela é determinação. Ao contrário, a determinidade qualitativa faz um só com o ser que é seu, não o ultrapassa, nem se mantém no interior dele, senão que é sua limitação imediata. Em consequência, a qualidade, enquanto é a determinação *imediata* é a primeira; e por ela é que se deve começar.

A *medida* é uma *relação*, mas não é a relação em geral; somente, de maneira determinada, a relação da quantidade e da qualidade uma com a outra, pode também se se prefere, ser considerada como uma modalidade; enquanto esta não deve mais constituir uma determinação do conteúdo, mas apenas o reportamento do mesmo com o pensar, com o subjetivo. A medida encerra a dissolução do conteúdo, seu reportamento a um outro: constitui assim a passagem à *essência*.

A *terceira divisão* cai no interior da seção, da Qualidade[1]. {26}

---

[1] Nota de Labarrière/Jarczyk. Estas três divisões não representam tempos cronologicamente distintos, mas momentos diferenciados, em níveis sucessivos de totalização do processo lógico em sua universalidade. A primeira evoca a estrutura de conjunto da obra através da oposição Ser/Essência (que deixa adivinhar sua unificação conceitual). A segunda designa este mesmo movimento de reflexão, enquanto estrutura o conteúdo próprio do ser. A terceira, que será subdividida nos §§ seguintes, no começo da Qualidade, mostra enfim como este mesmo processo total é o que põe o ser em sua identidade inicial com o nada. Assim, em Hegel, é sempre a totalidade do desenvolvimento sistemático que põe o indeterminado e o imediato (a indeterminidade e a imediatez) no ponto de partida. (*Science de la logique*, 1972, p. 55, nota 15). (N. do T.)

Erſter Abſchnitt
Beſtimmtheit
(Qualitӑt)

Das Seyn iſt das unbeſtimmte Unmittelbare; es iſt frey von der erſten Beſtimmtheit gegen das Weſen, und von der zweyten innerhalb ſeiner. Diß Reflexionsloſe Seyn iſt das Seyn, wie es unmittelbar an und fůr ſich iſt.

Weil es unbeſtimmt iſt, iſt es Qualitӑtsloſes Seyn; aber es kommt ihm der Charakter der Unbeſtimmtheit nur im Gegenſatze gegen das Beſtimmte oder Qualitative zu. Dem Seyn überhaupt tritt daher das beſtimmte Seyn als ſolches gegenůber; oder damit macht ſeine Unbeſtimmtheit ſelbſt ſeine Qualitӑt aus. Es wird ſich daher zeigen, daß das erſte Seyn, an ſich beſtimmtes, alſo

Zweytens Daſeyn iſt oder daß es in das Daſeyn übergeht; daß aber dieſes als endliches Seyn ſich aufhebt, und in die unendliche Beziehung des Seyns auf ſich ſelbſt,

Drittens in das Fůrſichſeyn übergeht. [22]

Primeira Seção
Determinidade
(Qualidade)

O ser é o imediato indeterminado: é livre da primeira determinidade em face da essência, e da segunda no interior de si. Este ser desprovido-de-reflexão é o ser tal como é imediatamente em-si e para-si.

Porque é indeterminado, é ser desprovido de qualidade, mas o caráter da indeterminidade só lhe cabe em oposição ao determinado e ao qualitativo. Ao ser em geral se defronta, por conseguinte, o ser determinado enquanto tal.

Ou: pelo mesmo fato, sua indeterminidade constitui sua qualidade. Por isso, o que se vai mostrar é que: o *primeiro* ser, determinado em si, é deste modo,

Em segundo lugar, ser-aí, ou que ele passa no *ser-aí*. Mas este, enquanto ser finito se suprassume e passa no reportamento infinito do ser a si mesmo,

Em terceiro lugar, no *ser-para-si*. [22]

Erſtes Kapitel

Seyn

A.

Seyn, reines Seyn, — ohne alle weitere Beſtimmung. In ſeiner unbeſtimmten Unmittelbarkeit iſt es nur ſich ſelbſt gleich, und auch nicht ungleich gegen anderes, hat keine Verſchiedenheit innerhalb ſeiner, noch nach Auſſen. Durch irgend eine Beſtimmung oder Inhalt, der in ihm unterſchieden, oder wodurch es als unterſchieden von einem andern geſetzt würde, würde es nicht in ſeiner Reinheit feſtgehalten. Es iſt die reine Unbeſtimmtheit und Leere. — Es iſt nichts in ihm anzuſchauen, wenn von Anſchauen hier geſprochen warden kann; oder es iſt nur diß reine, leere Anſchauen ſelbſt. Es iſt eben ſo wenig etwas in ihm zu denken, oder es iſt ebenſo nur diß leere Denken. Das Seyn, das unbeſtimmte Unmittelbare iſt in der That Nichts, und nicht mehr noch weniger als Nichts.

B.

Nichts

Nichts, das reine Nichts; es iſt einfache Gleichheit mit ſich ſelbſt, vollkommene Leerheit, Beſtimmungs- und Inhaltsloſigkeit; Ununterſchiedenheit in ihm ſelbſt. — Inſofern Anſchauen oder Denken hier erwähnt werden kann, ſo gilt es als ein Unterſchied, ob etwas oder nichts angeſchaut oder gedacht wird. Nichts Anſchauen oder Denken hat alſo eine Bedeutung; Nichts iſt in unſerem Anſchauen oder Denken; oder vielmehr es **[23]** das leere Anſchauen und Denken ſelbſt; und daſſelbe leere Anſchauen oder Denken, als das reine Seyn. — Nichts iſt ſomit dieſelbe Beſtimmung oder vielmehr Beſtimmungsloſigkeit, und damit überhaupt daſſelbe, was das reine Seyn iſt.

Capítulo Primeiro
O Ser

A.

Ser, ser puro, sem nenhuma outra determinação. Em sua imediatez indeterminada só é igual a si mesmo, e, também, não é desigual em face de outra coisa, não tem diversidade alguma no interior de si mesmo, nem para fora. Seja qual for a determinação ou conteúdo que se pusesse como diferentes nele, ou pelos quais o ser fosse posto como diferente de um outro, não seria mantido em sua pureza. É indeterminidade e vacuidade pura.

Nada há para intuir nele, se é que se pode falar aqui em intuir: ou, por outra, ele é apenas esse intuir puro e vazio. Por isso, há pouco que pensar algo nele: ele é igualmente este pensar vazio. O ser, o imediato indeterminado, é de fato *o nada*, e nem mais nem menos que o nada.

B.

O Nada

Nada, o puro nada — é igualdade simples consigo mesmo, vacuidade perfeita, ausência de determinação e de conteúdo; estado de não diferenciação-consigo-mesmo. Na medida em que se pode falar aqui de intuir e de pensar, então há uma diferença entre o fato de que algo ou de que *nada* seja intuído ou pensado. Nada intuir ou nada pensar, tem, pois, uma significação: o nada está em nossa intuição ou em nosso pensamento. Ou melhor: **[23]** o nada é justamente o intuir ou o pensar vazios do ser puro. {27}

O nada é, pois, a mesma determinação, ou antes, a mesma ausência da determinação. É, portanto, a mesma coisa que o *ser* puro.

C.
Werden
Einheit des Seyns und Nichts

Das reine Seyn und das reine Nichts ist daſſelbe. Was die Wahrheit ist, ist weder das Seyn, noch das Nichts, ſondern daß das Seyn in Nichts, und das Nichts in Seyn, — nicht übergeht, — ſondern übergegangen ist. Aber eben ſo ſehr ist die Wahrheit nicht ihre Ununterſchiedenheit, ſondern daß ſie abſolut unterſchieden ſind, aber eben ſo unmittelbar jedes in ſeinem Gegentheil verſchwindet. Ihre Wahrheit ist alſo dieſe Bewegung des unmittelbaren Verſchwindens des einen in dem andern; das Werden; eine Bewegung, worin beyde unterſchieden ſind, aber durch einen Unterſchied, der ſich eben ſo unmittelbar aufgelöst hat.

Anmerkung 1

Nichts pflegt dem Etwas entgegengeſetzt zu werden; Etwas aber ist ein beſtimmtes Seyendes, das ſich von anderem Etwas unterſcheidet; ſo ist alſo auch das dem Etwas entgegengeſetzte Nichts, das Nichts von irgend Etwas, ein beſtimmtes Nichts. Hier aber ist das Nichts in ſeiner unbeſtimmten Einfachheit zu nehmen; das Nichts rein an und für ſich. — Das Nichtſeyn, enthält die Beziehung auf das Seyn; es ist alſo nicht das reine Nichts, ſondern das Nichts, wie es bereits im Werden ist. [24]

Den einfachen Gedanken des reinen Seyns hatte Parmenides zuerst als das Abſolute und als einzige Wahrheit, und in den übergebliebenen Fragmenten von ihm, mit der reinen Begeiſterung des Denkens, das zum erstenmale ſich in ſeiner abſoluten Abſtraction erfaßt, ausgeſprochen: nur das Seyn ist, und dasNichts ist gar nicht. — Der tiefſinnige Heraklit hob gegen jene einfache und einſeitige Abſtraction den höhern totalen Begriff des Werdens hervor, und ſagte: das Seyn ist ſo wenig, als das Nichts, oder auch daß Alles fließt, das heißt, daß Alles Werden ist. — Die populären, beſonders orientaliſchen Sprüche, daß alles, was ist, den Keim ſeines Vergehens in ſeiner Geburt ſelbſt habe, der Tod umgekehrt der Eingang in neues Leben ſey, drücken im Grunde dieſelbe Einigung des Seyns und Richts aus. Aber

C.
O Devir
1. Unidade do ser e do nada

O ser puro e o nada puro são a mesma coisa. A verdade não é nem o ser nem o nada, mas o fato que o ser não passa, mas já passou no nada e o nada no ser. Contudo a verdade também não é seu estado-de-não-diferenciação, mas o fato de que são absolutamente diferentes, e, no entanto, também imediatamente cada um desaparece em seu contrário. Sua verdade é, pois, este movimento do desaparecer imediato de um no outro: *o devir,* movimento em que os dois são diferentes, mas através de uma diferença que se dissolve também imediatamente.

Nota I
A oposição do ser e do nada na representação*

Costuma-se opor o nada ao *algo*, mas o algo é um essente* determinado que se diferencia de alguma outra coisa. Assim, o nada de algo, o nada de alguma-coisa qualquer, é também um nada determinado. Mas aqui o nada deve ser tomado em sua simplicidade indeterminada: o nada puramente em si e para si. O *não-ser* contém o reportamento ao ser; então, não é o nada puro, mas o nada que já está no devir. [24]

Parmênides tinha inicialmente enunciado o pensamento simples *do ser puro* como o absoluto e como única verdade, e nos fragmentos que dele restaram, com o entusiasmo puro do pensar que se apreende pela primeira vez em sua abstração absoluta, diz: *Só o ser é e o nada não é de modo algum.*

O profundo *Heráclito*, contra esta abstração simples e unilateral, fez ressaltar o conceito total e mais elevado do devir, disse: *o ser é tão pouco quanto o nada,* ou *tudo flui,* o que quer dizer que tudo é devir.

As máximas populares, sobretudo as orientais, segundo as quais tudo o que existe tem em seu próprio nascimento o gérmen de seu desaparecer, enquanto inversamente a morte é uma entrada numa vida

diese Ausdrücke haben ein Subſtrat, an dem der Uebergang geſchieht; Seyn und Nichts werden in der Zeit auseinander gehalte als in ihr abwechſelnd vorgeſtellt, nicht aber in ihrer Abſtraction gedacht, und daher auch nicht ſo, daß ſie an und für ſich daſſelbe ſind.

Ex nihilo nihil fit — iſt einer der Sätze, denen in der ſonſtigen Metaphyſik große Bedeutung zugeſchrieben wurde. Es iſt aber darin entweder nur die gehaltloſe Tavtologie zu ſehen: Nichts iſt Nichts; oder wenn das Werden wirkliche Bedeutung darin haben ſollte, ſo iſt vielmehr, indem nur Nichts aus Nichts wird, in der That kein Werden darin vorhanden, denn Nichts bleibt Nichts. Das Werden enthält, daß Nichts nicht Nichts bleibe, ſondern in ſein Anderes, in das Seyn übergehe. — Wenn die ſpätere vornemlich chriſtliche Metaphyſik den Satz, aus Nichts werde Nichts, verwarf, ſo behauptete ſie ſomit einen Uebergang von Nichts in Seyn; ſo ſynthetiſch oder bloß vorſtellend ſie auch [25] dieſen Satz nahm, ſo iſt doch auch in der unvollkommenſten Vereinigung ein Punkt enthalten, worin Seyn und Nichts zuſammentreffen, und ihre Unterſchiedenheit verſchwindet.

Wenn das Reſultat, daß Seyn und Nichts daſſelbe iſt, auffällt oder paradox ſcheint, ſo iſt hierauf nicht weiter zu achten; es wäre ſich vielmehr über jene Verwunderung zu verwundern, die ſich ſo neu in der Philoſophie zeigt, und vergißt, daß in dieſer Wiſſenſchaft ganz andere Anſichten vorkommen, als im gewöhnlichen Bewußtſeyn und im ſogenannten gemeinen Menſchenverſtande. Es wäre nicht ſchwer, dieſe Einheit von Seyn und Nichts, in jedem Beyſpiele, in jedem Wirklichen oder Gedanken aufzuzeigen. Aber dieſe empiriſche Erläuterung wäre zugleich ganz und gar überflüſſig. Da nunmehr dieſe Einheit ein für allemal zu Grunde liegt, und das Element von allem folgendem ausmacht, ſo ſind auſſer dem Werden ſelbſt, alle fernern logiſchen Beſtimmungen: Daſeyn, Qualität, überhaupt alle Begriffe der Philoſophie, Beyſpiele dieſer Einheit.

Die Verwirrung, in welche ſich das gewöhnliche Bewußtſeyn bey einem ſolchen logiſchen Satze verſetzt, hat darin ihren Grund, daß es dazu Vorſtellungen von einem concreten Etwas mitbringt, und ver-

nova, exprimem no fundo a mesma união do ser e do nada. Mas essas expressões têm um substrato, que é um lugar em que se produz a passagem: O ser e o nada são mantidos no exterior um do outro no tempo, representados como se produzindo nele cada um por sua vez. Não são pensados em sua abstração; nem tão pouco como se fossem, em-si e para-si a mesma coisa.

Ex nihilo nihil fit (Do nada, nada se faz) é uma das proposições a que a metafísica de outrora atribuiu grande significação, mas o que nela se pode ver é somente a tautologia vazia: o nada é nada, ou então, se o *devir* devesse ter ali uma significação efetiva, então, enquanto é apenas o *nada* que devém a partir do *nada*, não ocorre ali nenhum devir porque o nada permanece nada. O devir implica que o nada não permaneça nada, mas que passe em seu outro, no ser.

Quando a metafísica posterior, em particular a metafísica cristã, rejeitou a proposição segundo a qual a partir do nada é o nada que devém, pelo mesmo {28} fato estava afirmando uma passagem do nada ao ser; fosse qual fosse o caráter sintético, ou simplesmente representativo que [25] desse a tal proposição, aí se encontra mesmo na unificação mais imperfeita, um ponto onde o ser e o nada se encontram, onde desaparece seu estado-de-diferenciação.

Se o resultado segundo o qual o ser e o nada são o mesmo espanta e parece paradoxal, não precisa se preocupar. Devia-se antes espantar-se desse espanto, que é tão novo em filosofia e que esquece que nesta ciência se encontram vistas totalmente diversas das que tem a consciência habitual e o que se chama sentido comum.

Não seria difícil pôr em evidência esta unidade do ser e do nada em cada exemplo, em cada realidade efetiva, em cada pensamento. Porém essa ilustração empírica seria ao mesmo tempo totalmente supérflua. Já que de agora em diante esta unidade se encontra uma vez por todas no fundamento e constitui o elemento de tudo o que segue, do próprio devir e de todas as determinações lógicas ulteriores, 'ser-aí', qualidade e de modo geral todos os conceitos da filosofia que são assim exemplos desta unidade.

A confusão em que se perde a consciência habitual a propósito de uma tal proposição lógica, tem por motivo que ela acrescenta a isto representações de algo concreto e esquece que não se trata de coisas

gißt, daß von einem folchem nicht die Rede ift, fondern nur von den reinen Abftractionen des Seyns und Nichts, und daß diefe allein an und für fich feftzuhalten find.

Seyn und Nichtfeyn ift daffelbe; alfo ift es daffelbe, ob ich bin oder nicht bin, ob diefes Haus ift oder nicht ift, ob diefe hundert Thaler in meinem Vermögenszuftand find oder nicht.

Diefer Schluß, oder die Anwendung jenes Satzes, verändert feinen Sinn vollkommen. [26] Der Satz enthält die reinen Abftractionen des Seyns und Nichts; die Anwendung aber macht ein beftimmtes Seyn und beftimmtes Nichts daraus. Allein vom beftimmten Seyn ift, wie gefagt, hier nicht die Rede. Ein beftimmtes, ein endliches Seyn ift ein folches, das fich auf anderes bezieht; es ift ein Inhalt, der im Verhältniffe der Nothwendigkeit mit anderem Inhalte, mit der ganzen Welt fteht. In Rückficht des wechfelbeftimmenden Zufammenhangs des Ganzen konnte die Metaphyfik die — im Grunde tavtologifche — Behauptung machen, daß wenn ein Stäubchen abfolut zerftört würde, das ganze Univerfum zufammenftürzte. Aber dem beftimmten Inhalte feinen Zufammenhang mit anderem genommen, und ihn ifolirt vorgeftellt, fo ift feine Nothwendigkeit aufgehoben, und es ift gleichgültig, ob diefes ifolirte Ding, diefer ifolirte Menfch exiftirt oder nicht. Oder indem diefer ganze Zufammenhang zufammengefaßt wird, fo verfchwindet gleichfalls das beftimmte, fich auf anderes beziehende Dafeyn, denn für das Univerfum gibt es kein Anderes mehr, und es ift kein Unterfchied, ob es ift oder nicht.

Es erfcheint alfo etwas als nicht gleichgültig, ob es fey oder nicht fey, nicht um des Seyns oder Richtfeyns willen, fondern um feiner Beftimmtheit, um feines Inhalts willen, der es mit anderm zufammenhängt. Wenn die Sphäre des Seyns vorausgefetzt ift, und in diefer ein beftimmter Inhalt, irgend ein beftimmtes Dafeyn angenom-

assim, mas somente das puras abstrações do ser e do nada e que são apenas elas que devem ser retidas firmemente em si e para si.

Ser e não-ser são a mesma coisa, é, *portanto*, a mesma coisa que eu seja ou não seja, que esta casa seja ou não seja, que estes táleres estejam ou não em minha situação financeira.

Este silogismo, ou a aplicação desta proposição, mudam completamente seu sentido. [26] A proposição contém as abstrações puras do ser e do nada, mas a aplicação faz delas, de fato, um ser determinado e um nada determinado. Somente, como já foi dito, não se trata aqui do ser determinado.

Um ser determinado, um ser finito é um ser que se refere à outra coisa; é um conteúdo que se mantém na relação da necessidade com outro conteúdo, com o mundo inteiro. Levando em conta a conexão do Todo em sua determinação recíproca, a metafísica podia afirmar — afirmação no fundo tautológica — que se um grão de poeira fosse destruído de maneira absoluta, todo o universo desabaria.

Porém, uma vez que foi retirada do conteúdo determinado sua conexão com um outro, uma vez que foi representado em estado isolado, então sua necessidade é suprassumida e é indiferente que esta coisa isolada, este homem isolado, existam ou não existam. Por outra via: recapitulando esta conexão total, então desaparece igualmente o ser-aí determinado se referindo à outra-coisa porque para o universo não há mais nenhum outro, não há diferença alguma em que este outro seja ou não seja[1]. {29}

Então, para que algo apareça como não indiferente ao fato do ser ou do não-ser, não é em razão do ser ou do não-ser, mas em razão de sua determinidade, de seu conteúdo: este conteúdo é que o põe em conexão com um outro. Pressupondo-se a esfera do *ser* e admitindo nela

---

[1] Nota de Labarrière/Jarczyk. Deste raciocínio ressalta que um juízo autenticamente universal (que recapitula sob modo acabado a totalidade das determinações concretas) não pode ser refutado apelando para um caso preciso somente dado de modo imediato à intuição sensível. Com efeito, esse caso só é apreendido sob a razão de uma contingência ainda não clarificada, não ainda decifrada segundo a necessidade conceitual que dele faria o objeto de um saber verdadeiro. (*Science de la logique*, 1972, p. 62, nota 26). (N. do T.)

men wird, ſo iſt diß Daſeyn, weil es beſtimmtes iſt, in mannichfaltiger Beziehung auf andern Inhalt; es iſt für daſſelbe nicht gleichgültig, ob ein gewiſſer anderer Inhalt, mit dem er in Beziehung ſteht, iſt, oder nicht iſt; denn nur durch ſolche Beziehung iſt er weſentlich das, was er iſt. Daſſelbe iſt in dem Vorſtellen (indem wir das Nichtſeyn in dem beſtimmtern [27] Sinne des Vorſtellens gegen die Wirklichkeit nehmen) der Fall, in deſſen Zuſammenhange das Seyn oder die Abweſenheit eines Inhalts, der als beſtimmt mit anderem in Beziehung ſteht, nicht gleichgültig iſt. — Denn überhaupt fängt nur erſt in der Beſtimmtheit der reale Unterſchied an: das unbeſtimmte Seyn und Nichts hat ihn noch nicht an ihm, ſondern nur den gemeynten Unterſchied.

Dieſe Betrachtung enthält daſſelbe, was ein Hauptmoment in der Kantiſchen Kritik des ontologiſchen Beweiſes vom Daſeyn Gottes ausmacht; näher iſt übrigens dieſe Kritik erſt beym Gegenſatze des Begriffes und der Exiſtenz zu betrachten. — Bekanntlich wurde in dieſem ſogenannten Beweiſe der Begriff eines Weſens vorausgeſetzt, dem alle Realitäten zukommen, ſomit auch die Exiſtenz, die gleichfalls als eine der Realitäten angenommen wurde. Die Kantiſche Kritik hielt ſich vornemlich daran, daß die Exiſtenz keine Eigenſchaft oder kein reales Prädikat ſey, das heiſſe, nicht ein Begriff von etwas, was zu dem Begriffe eines Dinges hinzukommen könne. — Kant will damit ſagen, daß Seyn keine Inhaltsbeſtimmung ſey. — Alſo enthalte, fährt er fort, das Mögliche nicht mehr als das Wirkliche; hundert wirkliche Thaler enthalten nicht das Mindeſte mehr, als hundert mögliche; — nemlich jene haben keine andere Inhaltsbeſtimmung als dieſe. Es iſt für dieſen als iſolirt betrachteten Inhalt gleichgültig, zu ſeyn oder nicht zu ſeyn; es liegt in ihm kein Unterſchied des Seyns oder Nichtſeyns, dieſer Unterſchied berührt ihn überhaupt gar nicht; die hundert Thaler werden nicht weniger, wenn ſie nicht ſind, und nicht [m]ehr, wenn ſie ſind. Der Unterſchied muß erſt anderswoher* kommen. — *„Hingegen, erinnert Kant, in meinem Vermögenszuſtande iſt mehr bey hundert wirklichen [28] Thalern, als bey dem bloßen Begriff derſelben, oder bey ihrer Möglichkeit. Denn der Gegenſtand iſt bey der Wirklichkeit nicht bloß in meinem Begriff analytiſch enthalten, ſondern kommt zu meinem Begriffe, (der eine Beſtimmung meines Zuſtandes iſt,) ſynthetiſch hinzu, ohne daß durch dieſes Seyn auſſer meinem Be-

um conteúdo determinado, um ser–aí determinado qualquer, então este ser-aí por ser *determinado* está em reportamento variado a outro conteúdo. Para ele, não é indiferente que um certo outro conteúdo com o qual se mantém em reportamento seja ou não seja, pois é essencialmente por um tal reportamento que ele é essencialmente o que ele é.

O mesmo ocorre com o *representar* (tomado o não-ser no sentido mais determinado [27] do representar em face da efetividade) na conexão que é a sua, o ser ou a ausência de um conteúdo que como determinado se tem em reportamento a um outro, não são indiferentes porque, de modo geral, é somente na determinidade que começa a diferença real: o ser e o nada indeterminados ainda não a têm neles; ainda têm apenas a diferença visada.

Esta consideração contém o mesmo que constitui o momento capital na crítica kantiana da prova ontológica da existência de Deus. Aliás, esta crítica será considerada mais precisamente a propósito da oposição entre o conceito e a existência. Sabe-se que nesta pretensa prova se pressupõe o conceito de um ser ao qual competem todas as realidades, portanto também a existência, que foi tomada igualmente como uma dessas realidades.

A crítica kantiana prende-se antes de tudo ao fato de que a *existência* não é uma *propriedade* ou um *predicado real*, quer dizer, não é o conceito de alguma-coisa que pudesse se acrescentar ao conceito de uma coisa. Com isto Kant quer dizer que o ser não é uma determinação-de-conteúdo. E, portanto, prossegue, o possível não contém mais que o real; cem táleres reais não contém a mínima coisa a mais que cem táleres possíveis; estes, com efeito, não têm outra determinação-de-conteúdo que aqueles. Para este conteúdo, enquanto é considerado isoladamente, é indiferente ser ou não ser: nele o0não se tornam menos quando não existem, nem mais quando não são. A diferença tem que primeiro vir de outra parte*. *"Ao contrário — como lembra Kant — quando se trata de minha situação financeira, há mais em cem táleres reais [28] que em seu simples conceito ou possibilidade. Porque o ob-jeto, quando se trata da realidade, não está simplesmente contido

griffe, diefe gedachten hundert Thaler felbſt im mindeſten vermehrt würden."*

Es werden hier zweyerley Zuſtände, um bey den Kantiſchen Ausdrücken zn bleiben, vorausgefetzt, der reine, welchen Kant den Begriff nennt, darunter die Vorſtellung zu verſtehen iſt, und einen andern, den Vermögenszuſtand. Für den einen wie für den andern find hundert Thaler eine weitere Inhaltsbeſtimmung, oder ſie kommen, wie Kant ſich ausdrückt, fynthetiſch hinzu; und ich als Beſitzer von hundert Thalern, oder als Nichtbeſitzer derſelben, oder auch, ich als hundert Thaler vorſtellend oder ſie nicht vorſtellend, iſt ein verſchiedener Inhalt. Einerfeits iſt es ein Unterſchied, ob ich mir diefe hundert Thaler nur vorſtelle oder ſie befitze, ob ſie ſich alſo in dem einen oder dem andern Zuſtande befinden, weil ich einmal diefe beyden Zuſtände als verſchiedene Beſtimmungen vorausgefetzt habe. Andrerfeits, jeden diefer Zuſtände befonders genommen, find ſie innerhalb deſſelben eine befondere Inhaltsbeſtimmung, die in Beziehung zu anderem tritt, und deren Verſchwinden nicht ein bloßes Nichtſeyn iſt, fondern ein Andersfeyn ausmacht. Es iſt eine Täufchung, daß wir den Unterſchied bloß aufs Seyn und Nichtſeyn hinausſchieben, ob ich die hundert Thaler habe oder nicht habe. Diefe Täufchung beruht auf der einfeitigen Abſtraction, die das beſtimmte Dafeyn, das in folchen Beyſpielen immer vorhanden iſt, wegläßt und bloß das Seyn und Nichtſeyn fefthält. Wie vorhin erinnert, [29] iſt erſt das Dafeyn der reale Unterſchied von Seyn und Nichts, ein Etwas und ein Anderes. — Diefer reale Unterſchied, von Etwas und einem Andern ſchwebt der Vorſtellung vor, ſtatt des reinen Seyns und reinen Nichts.

Wie Kant ſich ausdrückt, ſo kommt durch die Exiſtenz etwas in den Context der gefammten Erfahrung; wir bekommen dadurch einen Gegenſtand der Wahrnehmung mehr, aber unſer Begriff von dem Gegenſtande wird dadurch nicht vermehrt. — Diß heißt, wie aus dem Erläuterten hervorgeht, in der That ſo viel, durch die Exiſtenz, wefentlich darum weil Etwas beſtimmte Exiſtenz iſt, tritt es in den Zufammenhang mit anderem, oder ſteht es darin, und unter anderem auch mit einem wahrnehmenden. — Der Begriff der hundert Thaler,

analiticamente em meu conceito, mas se acrescenta a meu conceito (que é uma *determinação* de meu *estado*) *sinteticamente*, sem que por intermédio desse ser fora de meu conceito estes cem táleres pensados tenham recebido o mínimo acréscimo."*

Dois estados, para ater-se às expressões kantianas, são aqui pressupostos: o puro, que Kant chama de conceito (mas que deve se entender como representação), e um outro, o estado da fortuna. Para um como para outro, cem táleres são uma determinação-de-conteúdo ulterior, ou, segundo Kant se expressa, se acrescentam sinteticamente: e eu, como *possuidor* ou não possuidor de cem táleres, ou eu, enquanto *representando* cem táleres ou não representando, é um conteúdo diferente. De um lado, *há uma diferença entre o fato de que eu me represento somente os cem talheres ou que eu os possua, e, portanto, entre o fato que eles se encontram em um ou outro estado, porque uma vez eu pressupus estes dois estados como determinações diversas. De outro lado,* a tomar cada um destes dois estados em particular, eles são cada um no interior dele mesmo, uma determinação-de-conteúdo particular que entra em reportamento a um outro e cujo desaparecer não é um simples não-ser, mas constitui um *ser-outro*. É uma ilusão transferir {30} simplesmente ao ser e ao não-ser a diferença [que há entre o fato de] que eu *tenha* ou *não tenha* cem táleres. Este engano repousa na abstração unilateral que deixa de lado o *ser-aí determinado* sempre presente, em tais exemplos, e mantém simplesmente o ser e o não-ser. Como foi lembrado acima, [29] é somente o *ser-aí* que é a diferença real entre o ser e o nada, entre *uma certa coisa* e *outra*. A representação tem em vista esta diferença real entre uma certa coisa e outra, em lugar do ser puro e do nada puro.

Como Kant se expressa, alguma-coisa, por meio da existência vem assim ao contexto da experiência em seu conjunto. Por ela adquirimos um ob-jeto a mais para a representação, mas nosso conceito do ob-jeto não é acrescido por isso. Como ressalta do que foi explicado, isto vale dizer, de fato, que pela existência — essencialmente por essa razão que alguma-coisa é uma existência determinada — entra em conexão *com um outro*, (ou se acha) e entre outros também comigo, enquanto o percebo.

fagt Kant, werde nicht durch das Wahrnehmen vermehrt. — Der Begriff heißt hier die ifolirten auffer dem Contexte der Erfahrung und des Wahrnehmens vorgeftellten hundert Thaler. In diefer ifolirten Weife find fie wohl eine und zwar fehr empirifche Inhaltsbeftimmung, aber abgefchnitten, ohne Zufammenhang und Beftimmtheit gegen anderes; die Form der Identität mit fich, der einfachen fich nur auf fich beziehenden Beftimmtheit, erhebt fie über die Beziehung auf anderes und läßt fie gleichgültig, ob fie wahrgenommen feyen oder nicht. Aber wenn fie wahrhaft als beftimmte und auf anderes bezogene betrachtet, und ihnen die Form der einfachen Beziehung auf fich, die einem folchen beftimmten Inhalt nicht gehört, genommen wird, fo find fie nicht mehr gleichgültig gegen das Dafeyn und Nichtdafeyn, fondern in die Sphäre eingetreten, worin der Unterfchied von Seyn und Nichtfeyn zwar nicht als folcher, aber als von Etwas und Anderem gültig ift. [30]

Das Denken oder vielmehr Vorftellen, dem nur ein beftimmtes Seyn, oder das Dafeyn vorfchwebet, worin die reale Verfchiedenheit des Seyns und Nichts fällt, ift zu dem Anfang der reinen Wiffenfchaft zurück zu weifen, welchen Parmenides gemacht hat, der unter den Menfchen der erfte gewefen zu feyn fcheint, welcher fein Vorftellen und damit auch das Vorftellen der Folgezeit zu dem reinen Gedanken des Seyns geläutert und erhoben, und damit das Element der Wiffenfchaft erfchaffen hat.

Es ift aber, um zur Hauptfache zurückzukehren, zu erinnern, daß der Ausdruck des Refultats, das fich aus der Betrachtung des Seyns und des Nichts ergibt, durch den Satz: Seyn und Nichts ift eins und daffelbe, unvollkommen ift. Der Accent wird nemlich vorzugsweife auf das Eins- und Daffelbe-feyn gelegt, und der Sinn fcheint daher zu feyn, daß der Unterfchied geleugnet werde, der doch zugleich im Satze felbft unmittelbar vorkommt; denn der Satz fpricht die beyden Beftimmungen, Seyn und Nichts, aus, und enthält fie als unterfchiedne. — Es kann zugleich nicht gemeynt feyn, daß von ihnen abftrahirt und nur die Einheit feftgehalten werden foll. Diefer Sinn gäbe fich felbft für einfeitig, da das, wovon abftrahirt werden foll, gleichwohl im Satze vorhanden ift. — Infofern der Satz: Seyn und Nichts ift daffelbe, die Identität diefer Beftimmungen ausfpricht, aber in der That fie eben

O conceito de cem táleres, diz Kant, não aumentou por meio do perceber. Conceito quer dizer aqui os cem táleres isolados, representados fora da experiência e do perceber. Neste modo isolado, são certamente uma determinação do conteúdo e mesmo muito empírica, mas cortada, sem conexão nem determinidade em relação à outra coisa. A forma da identidade consigo, da determinidade simples reportando-se apenas a si, os eleva acima do reportamento a outra coisa e os deixa indiferentes ao fato de serem percebidos ou não, mas se são considerados verdadeiramente como determinados ou como referidos a outra coisa, se lhes é retirado o reportamento simples a si que não pertence a um tal conteúdo determinado, então eles já não são indiferentes a respeito do ser-aí e do não-ser-aí, não certamente enquanto tal, mas enquanto diferença entre *alguma-coisa* e *outra-coisa*. [30]

O pensar — melhor, o representar — que não tem em vista senão um ser determinado ou o ser-aí em que vem a dar-se a diversidade *real* do ser e do nada, deve ser recambiado ao começo da ciência pura, este começo que foi o de Parmênides, que parece ter sido o primeiro entre os homens que tenha clarificado e elevado, ao pensamento puro do ser, o seu representar — e pelo mesmo fato também o representar da posteridade — criando simultaneamente o elemento da ciência.

Mas, para voltar ao ponto capital, é preciso recordar que exprimir o resultado, tal como se desprende da consideração do ser e do nada, por meio da proposição: *ser e nada são uma só e a mesma coisa*, é imperfeito. O acento é posto de maneira privilegiada sobre serem *uma-só-e-a-mesma-coisa*. O sentido parece, assim, que está negando a diferença que, no entanto, ao mesmo tempo se encontra imediatamente na própria proposição porque a proposição exprime as duas determinações — ser e nada — e as contém como diferentes. Ora, não se pode ao mesmo tempo ser de opinião que precisa fazer abstração da diferença e só manter a unidade, este sentido se daria a si mesmo por unilateral, porque aquilo de que se deve abstrair está, contudo, presente na proposição.

Na medida em que a proposição *Ser e Nada são a mesma coisa* enuncia a identidade dessas determinações, mas de fato as contém

so als unterschieden enthält, widerspricht er sich in sich selbst, und löst sich auf. Es ist also hier ein Satz gesetzt, der näher betrachtet, die Bewegung hat, durch sich selbst zu verschwinden. Damit geschieht an ihm das, was seinen eigentlichen Inhalt ausmachen soll, nemlich das Werden. [31]

Der Satz enthält somit das Resultat, er ist an sich das Resultat selbst; aber es ist nicht in ihm selbst in seiner Wahrheit ausgedrückt; es ist eine äussere Reflexion, welche es in ihm erkennt. — Der Satz, in Form eines Urtheils, ist überhaupt nicht unmittelbar geschikt, speculative Wahrheiten auszudrücken. Das Urtheil ist eine identische Beziehung zwischen Subject und Prädicat; wenn auch das Subject noch mehrere Bestimmtheiten hat als die des Prädicats, und insofern etwas anderes ist, als dieses, so kommen sie nur addirt hinzu, und heben die identische Beziehung dieses Prädicats mit seinem Subjecte nicht auf, das sein Grund und Träger bleibt. Ist aber der Inhalt speculativ, so ist auch das Nichtidentische des Subjects und Prädicats wesentliches Moment, und der Uebergang oder das Verschwinden des ersten in das andere ihre Beziehung. Das paradoxe und bizarre Licht, in dem vieles der neuern Philosophie den mit dem speculativen Denken nicht Vertrauten erscheint, fällt vielfältig in die Form des einfachen Urtheils, wenn sie für den Ausdruck speculativer Resultate gebraucht wird.

Das wahre Resultat, das sich hier ergeben hat, ist das Werden, welches nicht bloß die einseitige oder abstracte Einheit des Seyns und Nichts ist. Sondern es besteht in dieser Bewegung, daß das reine Seyn unmittelbar und einfach ist, daß es darum eben so sehr das reine Nichts

igualmente como diferentes, contradiz-se a si mesma e se dissolve. Aqui está, portanto, posta uma proposição que, vista mais de perto, tem o movimento do desaparecer por meio do {31} movimento que faz ocorrer nesta proposição o que deve constituir seu conteúdo propriamente dito: o devir.

[31] A proposição contém assim o resultado, é *em si* o resultado mesmo. Mas não é nesta proposição em si mesma que se encontra *expresso* em sua verdade: é uma reflexão exterior que o conhece nela[2].

A proposição, quando tem a forma de um juízo, não é absolutamente própria, de modo imediato, a exprimir verdades especulativas. Juízo é reportamento *idêntico* entre sujeito e predicado.

Mesmo quando o sujeito tem ainda outras determinidades que a do predicado e nesta medida é algo outro que ele, o certo é que só se acrescentam por adição e não suprassumem o reportamento idêntico deste predicado com seu sujeito, o qual continua como seu fundamento e seu suporte.

Mas, se o conteúdo é especulativo, então o caráter não-idêntico do sujeito e do predicado é também o momento essencial, e a passagem e o desaparecer do primeiro no outro é seu relacionamento. Para os que não estão familiarizados com o pensamento especulativo, uma boa parte da filosofia moderna aparece sob uma luz paradoxal e bizarra; em grande medida por causa da forma do juízo simples, quando é usada para exprimir resultados especulativos.

O resultado verdadeiro que se desprendeu aqui é o *devir*, que não é simplesmente a unidade unilateral ou abstrata do ser e do nada. Mas consiste neste movimento: que o ser puro é imediato e simples,

---

2 Nota de Labarrière/Jarczyk. Reflexão que permanece "exterior" relaciona um ao outro os momentos que permanecem em si mesmos diferentes (diferença entendida como estranheza). Para dar nascimento a uma proposição autenticamente especulativa, a "reflexão exterior" deve se *pôr como momento*, um momento que cumpre em "reflexão determinante" o movimento inicial da "reflexão ponente". Cf., Logik, II,13-23 (Lasson) [ed. bras., *Ciência da Lógica. 2. A Doutrina da Essência*, p. 42-52]. (*Science de la logique*, 1972, p. 66, nota 52). (N. do T.; N. do E.)

ift, daß der Unterfchied derfelben ift, aber eben fo fehr fich aufhebt und nicht ift. Das Refultat behauptet alfo den Unterfchied des Seyns und des Nichts eben fo fehr, aber als einen nur gemeynten. — Man meynt, das Seyn fey vielmehr das fchlechthin Andre, als das Nichts ift, und es ift nichts klarer, als ihr abfoluter Unterfchied, und es fcheint nichts leichter, als ihn angeben zu geben. Es ift aber eben fo leicht, [32] fich zu überzeugen, daß diß unmöglich ift. Denn hätte Seyn und Nichts irgend eine Beftimmtheit, wodurch fie fich unterfchieden, fo wären fie, wie vorhin erinnert worden, beftimmtes Seyn und beftimmtes Nichts, nicht das reine Seyn und das reine Nichts, wie fie es hier noch find. Ihr Unterfchied ift daher völlig leer, jedes der beyden ift auf gleiche Weife das Unbeftimmte; er befteht daher nicht an ihnen felbft, fondern nur in einem Dritten, im Meynen. Aber das Meynen ift eine Form des Subjectiven, das nicht in diefe Reihe der Darftellung gehört. Das dritte aber, worin Seyn und Nichts ihr Beftehen haben, muß auch hier vorkommen; und es ift vorgekommen, es ift das Werden. In ihm find fie als unterfchiedene; Werden ift nur, infofern fie verfchieden find. Diß Dritte ift ein andres als fie; — fie beftehen nur in einem Andern, diß heißt gleichfalls, fie beftehen nicht für fich. Das Werden ift das Beftehen des Seyns fo fehr als des Nichtfeyns; oder ihr Beftehen ift nur ihr Seyn in Einem; gerade diß ihr Beftehen ift es, was ihren Unterfchied eben fo fehr aufhebt.

  Man ftellt fich auch wohl das Seyn etwa unter dem Bilde des reinen Lichts, als die Klarheit ungetrübten Sehens, das Nichts aber als die reine Nacht vor, und knüpft ihren Unterfchied an diefe wohlbekannte finnliche Verfchiedenheit. In der That aber, wenn man fich diß Sehen genauer vorftellt, fo begreift fich leicht, daß man in der abfoluten Klarheit fo viel und fo wenig fieht, als in der abfoluten

que por esta razão é também o nada puro, que sua diferença é, mas que igualmente se suprassume e *não é*. O resultado afirma, pois, do mesmo modo a diferença do ser e do nada, mas como uma diferença apenas *visada*. Opina-se/Visa-se que o ser é antes totalmente outro do que é o nada, e nada parece mais claro que sua diferença absoluta e nada mais fácil que indicá-lo. Mas é igualmente fácil [32] convencer-se de que isto é impossível.

Com efeito, se o ser e o nada tivessem uma determinação qualquer pela qual se diferenciassem, então seriam, como se viu acima, ser determinado e nada determinado — não o puro ser e o puro nada — como ainda são aqui. Sua diferença, portanto, é totalmente vazia, ambos são do mesmo modo, o indeterminado. Por conseguinte, esta diferença não consiste neles mesmos, mas somente num terceiro: no visar[3]. Porém o visar é uma forma do subjetivo, que não pertence a este nível de apresentação. Contudo o terceiro, em que o ser e o nada têm seu subsistir leve aqui encontrar-se igualmente. Aliás, já se encontrou: é o devir.

No devir, o ser e o nada estão como diferentes: só há devir na medida em que são diversos. Este terceiro é um outro que eles; só subsistem um no outro, o que significa igualmente que não subsistem para-si. O devir é o subsistir do ser como também do não-ser: ou, seu subsistir é somente seu ser em *Um*[4], este subsistir que é o seu, é precisamente o que suprassume igualmente sua diferença. {32}

Às vezes se representa o ser sob a imagem da luz pura, como a clareza de uma visão sem sombras, enquanto o nada é representado como a noite pura e sua diferença é ligada a essa diversidade sensível bem conhecida. Mas, de fato, representando esta maneira de ver mais exatamente, é fácil de compreender que na claridade absoluta se

---

[3] Nota de Labarrière/Jarczyk: *Im Meinem*. — A "opinião" é aqui evocada como o lugar de um julgamento imediato exterior aos dois termos que ele opõe de forma abstrata e unilateral. Recordamos o título geral desta Anotação de Hegel: "A oposição de ser e do nada na *representação*". (*Science de la logique*, 1972, p. 68, nota 64). (N. do T.; N. do E.)

[4] Nota de Labarrière/Jarczyk: *Im Einem*. — O devir é, pois, o *terceiro* termo (em reportamento ao qual os dois primeiros são captados como diferentes) e o termo primeiro, *único*, em que esta diferença é abolida. (*Science de la logique*, 1972, p. 68, nota 67). (N. do T.; N. do E.)

Finſterniß, daß das eine Sehen ſo gut das andere, reines Sehen, Sehen von Nichts iſt. Reines Licht und reine Finſterniß ſind zwey Leeren, welche daſſelbe ſind. Erſt in dem beſtimmten Lichte — und das Licht wird durch die Finſterniß beſtimmt, — alſo im getrübten Lichte, eben ſo erſt in der beſtimmten Finſterniß, — und die Finſterniß wird [33] durch das Licht beſtimmt, — in der erhellten Finſterniß kann etwas unterſchieden werden; weil erſt das getrübte Licht und die erhellte Finſterniß den Unterſchied an ihnen ſelbſt haben, und damit beſtimmtes Seyn, Daſeyn ſind.

Anmerkung 2

Parmenides hielt das Seyn feſt, und ſagte vom Nichts, daß es gar nicht iſt; nur das Seyn iſt. Das, wodurch diß reine Seyn zum Werden fortgeleitet wurde, war die Reflexion, daß es gleich Nichts iſt. Das Seyn ſelbſt iſt das Unbeſtimmte; es hat alſo keine Beziehung auf anderes; es ſcheint daher, daß von dieſem Anfang nicht weiter fortgegangen werden könne, nemlich aus ihm ſelbſt, ohne daß von auſſen etwas Fremdes daran geknüpft würde. Die Reflexion, daß das Seyn gleich Nichts iſt, erſcheint alſo als ein zweyter, abſoluter Anfang. Auf der andern Seite wäre Seyn nicht der abſolute Anfang, wenn es eine Beſtimmtheit hätte, denn alsdann hinge es von einem andern ab und wäre in Wahrheit nicht Anfang. Iſt es aber unbeſtimmt und damit wahrer Anfang, ſo hat es auch nichts, wodurch es ſich zu einem Andern überleitet, es iſt damit zugleich das Ende.

Jene Reflexion, daß das Seyn nicht ſich ſelbſt gleich, ſondern vielmehr ſich ſchlechthin ungleich iſt, iſt, von der letztern Seite betrachtet, allerdings inſofern ein zweyter, neuer Anfang, aber zugleich ein anderer Anfang, wodurch der erſte aufgehoben wird. Diß iſt, wie ſchon oben erinnert worden, die wahre Bedeutung des Fortgehens überhaupt. Der Fortgang von dem, was Anfang iſt, iſt in der Philoſophie zugleich der Rückgang zu ſeiner Quelle, zu ſeinem wahrhaften Anfang. Somit beginnt im Hinausgehen über den Anfang zugleich [34] ein neuer Anfang, und das Erſte zeigt ſich damit als nicht der wahrhafte. Dieſe Seite alſo, daß die Reflexion, welche das Seyn dem Nichts gleich

vê tanto (ou tão pouco) que na escuridão absoluta. Cada 'ver' desses equivale ao outro: ver puro, ver de nada. Luz pura e pura escuridão são duas vacuidades, que são o mesmo.

Somente na luz determinada — e a luz é determinada por meio da obscuridade — portanto na luz turvada, ou então na escuridão determinada — e a obscuridade é determinada **[33]** por meio da luz — na escuridão esclarecida, que se pode distinguir alguma-coisa. Porque a luz turvada e a obscuridade aclarada é que têm nelas a diferença, e, portanto, são ser determinado, ser-aí.

Nota II
Ser e nada, tomados cada um por si*

Parmênides reteve firmemente o *ser*. Dizia que o nada não era de modo algum; somente o ser é. O que fez levar esse ser puro até ao devir foi a reflexão segundo a qual ele é igual ao nada. O ser mesmo é indeterminado: não diz respeito a outra coisa. Por conseguinte, parece que *a partir deste começo* não se possa *progredir* para mais adiante: quero dizer, a partir deste mesmo começo, sem que lhe seja acrescentado de fora algo de estranho.

A reflexão, segundo a qual o ser é igual ao nada, aparece, pois, como um segundo começo, um começo absoluto. Do outro lado, o ser não seria o começo absoluto se tivesse alguma determinidade: porque então dependeria de um outro e não seria um começo de verdade. Mas, se é indeterminado, e portanto, começo verdadeiro, então já não tem nada através de que possa operar a transição de si a um outro; é assim, ao mesmo tempo, *fim*.

Esta reflexão, segundo a qual o ser não é igual a si mesmo, mas antes, pura e simplesmente desigual a si, considerada a partir do último aspecto, é, nessa medida, indubitavelmente um segundo começo, um começo novo, mas ao mesmo tempo um começo *outro*, por meio do qual o primeiro começo é *suprassumido*. Aí está como se viu acima, a verdadeira significação do progredir em geral. O progresso a partir do que é começo, é ao mesmo tempo — em filosofia — o *retorno* à fonte desse progresso, a seu começo verdadeiro. Assim, no ato de ultrapassar o começo, se inicia ao mesmo tempo **[34]** um começo

fetzt, ein neuer Anfang ift, wird zugegeben, und fie ift, wie erhellt, felbft nothwendig. Aber umgekehrt ift diefer neue Anfang, fo fehr als der erfte, nicht ein abfoluter; den er bezieht fich auf den erften. Aus diefem Grunde aber muß es in dem erften felbft liegen, daß ein anderes fich auf ihn bezieht; er muß alfo ein Beftimmtes feyn. — Er ift aber das Unmittelbare, das noch fchlechthin Unbeftimmte. Aber eben diefe Unbeftimmtheit ift das, was feine Beftimmtheit ausmacht, denn die Unbeftimmtheit ift der Beftimmtheit entgegengefetzt, fie ift fomit als Entgegengefetztes felbft das Beftimmte, oder Negative, und zwar die reine Negativität. Diefe Unbeftimmtheit oder Negativität, welche das Seyn an ihm felbft hat, ift es, was die Reflexion ausfpricht, indem fie es dem Nichts gleichfetzt. — Oder kann man fich ausdrükken, weil das Seyn das Beftimmungslofe ift, ift es nicht die Beftimmung, welche es ift, alfo nicht Seyn, fondern Nichts.

Anfich alfo, das heißt, in der wefentlichen Reflexion ift der Uebergang nicht unmittelbar; aber er ift noch verborgen. Hier ift nur feine Unmittelbarkeit vorhanden; weil das Seyn nur als unmittelbar gefetzt ift, bricht das Nichts unmittelbar an ihm hervor. — Eine beftimmtere Vermittlung ift diejenige, von der die Wiffenfchaft felbft, und ihr Anfang, das reine Seyn, ihr Dafeyn hat. Das Wiffen hat das Element des reinen Denkens dadurch erreicht, daß es alle Mannichfaltigkeit des vielfach beftimmten Bewußtfeyns in fich aufgehoben hat. Die ganze Sphäre des Wiffens enthält alfo als ihr wefentliches Moment, die abfolute Abftraction und Negativität; das Seyn, ihr Anfang ift diefe reine [35] Abftraction felbft, oder ift wefentlich nur als abfolutes Nichts.

Diefe Erinnerung liegt aber hinter der Wiffenfchaft, welche innerhalb ihrer felbft, nemlich vom Wefen aus, jene einfeitige Unmittelbarkeit des Seyns als eine Vermittelte darftellen wird.

Infofern aber jenes Hervorbrechen des Nichts und die Betrachtung des Seyns, was es an fich ift, verfchmäht wird, fo ift nichts als das reine Seyn vorhanden. Es wird an ihm feftgehalten, wie es Anfang und zugleich Ende ift, und in feiner unmittelbaren Unmittelbarkeit fich der Reflexion weigert, welche es über es felbft hinausführt, daß

novo e o que é primeiro se mostra assim como não sendo o verdadeiro começo. Portanto, este lado, segundo o qual a reflexão que põe o ser igual ao nada é um começo novo, se encontra concedido e — como é claro — é mesmo necessário.

Mas, inversamente, este novo começo, tanto como o primeiro, não é um começo absoluto porque se refere ao primeiro. Mas, por esta razão, deve caber ao primeiro que algo de outro se refira a ele: portanto, deve ser um determinado. No entanto, é o imediato, o que é ainda pura e simplesmente indeterminado. Mas é justamente nessa *indeterminidade* que consiste sua determinidade porque a indeterminidade é oposta a determinidade então ela mesma é como oposto, o determinado ou o negativo e em verdade, a negatividade pura. Esta indeterminidade ou negatividade, que o ser tem em si mesmo, é o que enuncia a reflexão que põe o ser igual ao nada. Ou então, pode-se exprimir assim: porque o ser é o que é desprovido de determinação, ele não é a determinação que é; portanto, não é ser, mas nada. {33}

Portanto, *em-si*, isto é, na reflexão essencial, a passagem não é imediata: mas ainda está escondida. Aqui só está presente em sua imediatez porque o ser só é posto como imediato, o nada faz irrupção imediatamente nele.

Uma mediação mais determinada é aquela a partir da qual a própria Ciência e seu começo, o ser puro, têm seu ser-aí. O saber alcançou o elemento do pensar puro e por meio dele suprassumiu em si toda a variedade da consciência multiplamente determinada. A esfera total do saber contém pois, como seu momento essencial, a *abstração* e a *negatividade* absolutas: o ser, seu começo, é esta mesma abstração pura, [35] ou seja, só é essencialmente como nada absoluto.

Porém, esta interiorização* se encontra para trás da Ciência que, no seu próprio interior, isto é, a partir da essência, vai apresentar esta imediatez unilateral do ser como uma imediatez mediatizada.

Mas enquanto se desconhece essa irrupção do nada e a consideração do ser segundo o que é *em-si*, então o único que se faz presente é o *ser puro*. Nele se retém firmemente como é começo e ao mesmo tempo fim e como, em sua imediatez imediata, se recusa à reflexão

es nemlich das Unbeftimmte, das Leere ift. In diefe reine Unmittelbarkeit fcheint nichts einbrechen zu können.

Da diefe Behauptung des Reflexionslofen Seyns an dem bloß unmittelbaren fefthält, an dem, als was das Seyn gefetzt oder wie es vorhanden ift, fo ift fich auch daran zu halten, und zu fehen, wie diß Seyn denn vorhanden ift. Weil nun das Seyn das Nichts ift, fo muß fich diß an feiner Unmittelbarkeit darftellen. Nehmen wir die Behauptung des reinen Seyns

α) in der Form auf, wie fie am weiteften aus dem Meynen herausgetreten ift, als den Satz: Das Seyn ift das Abfolute; fo wird vom Seyn etwas ausgefagt, das von ihm unterfchieden ift. Das von ihm Unterfchiedene ift ein Anderes als es; das Andre aber enthält das Nichts deffen, deffen Andres es ift. Was fomit in diefem Satze vorhanden ift, ift nicht das reine Seyn, fondern das Seyn eben fo fehr in Beziehung auf fein Nichts. — Das Abfolute wird von ihm unterfchieden; [36] indem aber gefagt wird, es fey das Abfolute, fo wird auch gefagt, fie feyen nicht unterfchieden. Es ift alfo nicht das reine Seyn, fondern die Bewegung vorhanden, welche das Werden ift.

β) Bedeutet nun das reine Seyn gerade fo viel als das Abfolute, oder auch bedeutet es nur eine Seite oder Theil deffelben, und wird nur diefe feftgehalten, fo wird ihr Unterfchied weggelaffen, der vorhin die Reinheit des Seyns trübte, und die Verfchiedenheit als bloß des Wortes oder als Verbindung mit einem unnützen Theile verfchwindet.

Der Satz heißt nunmehr: Das Seyn ift das Seyn. — Von diefer Identität, wovon unten die Rede feyn wird, erhellt fo viel unmittelbar, daß fie, wie jede Tavtologie, Nichts fagt. Was alfo vorhanden ift, ift ein Sagen, das ein Nichts-Sagen ift; es ift hier fomit diefelbe Bewegung, das Werden, vorhanden, nur daß ftatt des Seyns ein Sagen fie durchläuft.

γ) Das tavtologifche Prädikat weggelaffen, fo bleibt der Satz: Das Seyn ift. Hier ift wieder das Seyn felbft, und das Seyn deffelben unterfchieden; es foll durch das ift etwas weiteres und fomit anderes gefagt werden, als das Seyn. Wird aber durch das ift nicht ein Andersfeyn, und fomit nicht ein Nichts des reinen Seyns gefetzt, fo ift diß ift als unnütz gleichfalls wegzulaffen, und nur zu fprechen: reines Seyn.

que o conduz para além dele, já que é de fato o indeterminado, o vazio. Parece que nada pode abrir uma brecha nesta imediatez pura.

Sendo que esta afirmação do ser-desprovido-de-reflexão se agarra firmemente ao simplesmente imediato, àquilo como o ser é posto ou como está presente temos então que ater-nos a isso e ver como é que este ser está presente. Só que — como este ser é o nada — é preciso que isto se apresente em sua imediatez.

Tomemos a afirmação do ser puro:

1º) na forma que a opinião lhe dá geralmente; como na proposição: *o ser é o absoluto*. Então se diz do ser algo que é diferente dele. Diferente, portanto outro que ele, mas o outro contém o nada daquilo de que é um outro. Assim, o que está presente nesta proposição não é o ser puro, mas o ser tanto quanto em reportamento ao seu nada. O absoluto é diferenciado dele, [36] mas enquanto se diz que ele é o absoluto, diz-se igualmente que não são diferentes. Então, o que está presente não é o ser puro, mas o movimento que é o devir.

2º) Se agora o ser puro significa a mesma coisa que o absoluto, ou ainda, se só significa um aspecto ou uma parte deste — e só se retém firmemente este aspecto — então se esquece sua diferença que antes turvava a pureza do ser e a diversidade desaparece como simples diversidade verbal, ou como ligação com uma parte inútil.

A proposição agora quer dizer: *o ser é ser*. Desta identidade de que trataremos adiante, é claro, desde logo que como toda tautologia não diz nada. Assim, o que está presente é um dizer que é não dizer nada; é, pois o mesmo movimento, o devir, que está aqui presente, exceto que em lugar de um ser é um dizer que o percorre.

3º) Omitindo o predicado tautológico, sobra a proposição: *O ser é*. Aqui, de novo, o ser mesmo e o ser deste ser são diferentes: por intermédio do *é*, deve ser dito algo mais — e, portanto, outro — que o ser. Mas se por meio do *é*, não se põe um ser outro, e portanto um nada, do ser puro então precisa igualmente omitir este *é* como inútil e dizer somente: ser puro.

δ) Reines Seyn, oder vielmehr nur Seyn; satzlos ohne Behauptung oder Prädikat. Oder die Behauptung ist in das Meynen zurückgegangen. Seyn, ist nur noch ein Ausruf, der seine Bedeutung allein in dem Subject hat. Je tiefer und reicher diese innre [37] Anschauung ist, wenn sie das Heilige, Ewige, Gott u. s. w. in sich fassen soll, — desto mehr sticht diß Innre von dem ab, als was es da ist, von dem ausgesprochenen leeren Seyn, das gegen jenen Inhalt Nichts ist; es hat an seiner Bedeutung und seinem Daseyn, den Unterschied von sich selbst.

Von der andern Seite betrachtet, diß Seyn ohne Beziehung auf Bedeutung, wie es unmittelbar ist und unmittelbar genommen werden soll, gehört es einem Subjecte an; es ist ein ausgesprochenes, hat ein* empirisches Daseyn überhaupt, und gehört damit zum Boden der Schranken und des Negativen. — Der gesunde Menschenverstand, wenn er sich gegen die Einheit des Seyns und Nichts sträubt, und zugleich sich auf das, was unmittelbar vorhanden ist, beruft, wird eben in dieser Erfahrung selbst nichts als bestimmtes Seyn, Seyn mit einer Schranke oder Negation, — jene Einheit finden, die er verwirft. So reducirt sich die Behauptung des unmittelbaren Seyns auf eine empirische Existenz, deren Aufzeigen sie nicht verwerfen kann, weil es die Reflexionslose Unmittelbarkeit ist, an die sie sich halten will.

Dasselbe ist der Fall mit dem Nichts, nur auf entgegengesetzte Weise; es zeigt sich in seiner Unmittelbarkeit genommen als seyend; denn seiner Natur nach ist es dasselbe als das Seyn. Das Nichts wird gedacht, vorgestellt; es wird von ihm gesprochen; es ist also. Das Nichts hat an dem Denken, Vorstellen u.s.f. sein Seyn. Diß Seyn aber ist von ihm unterschieden; es wird daher gesagt, daß das Nichts zwar im Denken, Vorstellen ist, aber daß darum nicht es ist, daß nur Denken oder Vorstellen dieses Seyn ist. Bey diesem Unterscheiden ist aber eben so sehr nicht zu leugnen, daß das Nichts in Beziehung auf ein Seyn steht; aber in [38] der Beziehung, ob sie gleich auch den Unterschied enthält, ist eine Einheit desselben mit dem Seyn vorhanden.

Das reine Nichts ist noch nicht das Negative, die Reflexionsbestimmung gegen das Positive; noch auch die Schranke; in diesen Bestimmungen hat es unmittelbar die Bedeutung der Beziehung auf sein Anderes. Sondern das Nichts ist hier die reine Abwesenheit des

4º) *Ser puro*, ou antes, apenas *ser* — desprovido de proposição, sem afirmação ou predicado. {34} Dizendo de outro modo: a afirmação regrediu à opinião. *Ser* não passa de um vocábulo que tem sua significação somente no sujeito. Mais profunda e rica é esta intuição [37] interior quando deve abranger em si o Santo, o Eterno, Deus, etc., — mas este interior contrasta com (o que é) o modo como é aí: com o ser vazio enunciado, que em face deste conteúdo é nada: tem, em sua significação e em seu ser-aí, a diferença de si mesmo.

Considerado de outro lado, esse ser sem reportamento a uma significação, tal como é imediatamente e deve ser imediatamente tomado, pertence a um sujeito: é qualquer coisa de enunciado, tem um* ser empírico em geral e pertence assim ao domínio dos limites e do negativo. O bom senso, quando se insurge contra a unidade do ser e do nada e ao mesmo tempo apela para o que está imediatamente presente, só vai encontrar nesta experiência justamente o ser determinado, o ser com um limite ou negação: esta unidade que rejeita. É assim que a afirmação do ser imediato se reduz a uma existência empírica, que não pode rejeitar seu *ato-de-designar*; porque quer ater-se à imediatez desprovida de reflexão.

O mesmo ocorre com o *nada*, mas de forma oposta. Tomado em sua imediatez, mostra-se como *essente*; porque, segundo sua natureza, é a mesma coisa que o ser. O nada é pensado, representado, fala-se dele: portanto ele *é*. O nada tem seu ser no pensar, no representar etc. Mas este ser é diferente dele; diz-se, por conseguinte que o nada, certamente, está no pensar, no representar, mas que não é por essa razão que ele *é*, somente o pensar e o representar são este ser.

Ora, quando se faz esta distinção, não se pode também negar que o nada está em reportamento a um ser; mas neste [38] reportamento, embora contendo a diferença, está presente uma unidade do nada com o ser.

O nada puro não é ainda o negativo, a determinação de reflexão em relação ao positivo; nem também o limite; nestas determinações há imediatamente a significação do reportamento a seu outro. Mas o nada, aqui, é a ausência pura de ser, o *nihil privativum*, como a

Seyns, das *nihil privativum*, wie die Finſterniß die Abweſenheit des Lichts iſt. Wenn ſich nun ergab, daß das Nichts daſſelbe iſt, als das Seyn, ſo wird dagegen feſtgehalten, daß das Nichts kein Seyn für ſich ſelbſt hat, daß es nur, wie geſagt, Abweſenheit des Seyns iſt, wie die Finſterniß nur Abweſenheit des Lichts, welche Bedeutung nur hat in der Beziehung aufs Auge, in Vergleichung mit dem poſitiven, dem Lichte. — Diß alles heißt aber nichts anders, als daß die Abſtraction des Nichts nichts an und für ſich iſt, ſondern nur in Beziehung auf das Seyn, oder daſſelbe, was ſich ergeben hat, daß die Wahrheit nur ſeine Einheit mit dem Seyn iſt, — daß die Finſterniß nur etwas iſt in Beziehung auf Licht, wie umgekehrt Seyn nur etwas iſt in Beziehung auf Nichts. Wenn auch die Beziehung oberflächlich und äuſſerlich genommen und in ihr vornemlich bey der Unterſchiedenheit ſtehen geblieben wird, ſo iſt doch die Einheit der Bezogenen weſentlich als ein Moment darin enthalten, und daß jedes nur etwas iſt in der Beziehung auf ſein anderes, damit wird gerade der Uebergang des Seyns und des Nichts ins Daſeyn ausgeſprochen.

Anmerkung 3

Das Seyn iſt Nichts, das Nichts iſt Seyn. Es iſt ſchon bemerkt worden, daß der Ausdruck ſpeculativer Wahrheit durch die Form von einfachen [39] Sätzen, unvollkommen iſt. Hier müßten noch die Sätze hinzugefügt werden: Das Seyn iſt nicht Nichts, das Nichts iſt nicht Seyn; damit auch der Unterſchied ausgedrückt ſey, der in jenen Sätzen nur vorhanden iſt. — Dieſe Sätze geben das, was geſagt werden ſoll, vollſtändig, aber nicht wie es zuſammengefaßt werden ſoll, und im Werden zuſammengefaßt iſt.

In jene erſten Sätze nun können andere Denkverhältniſſe hineingebracht werden. Sie können ſo ausgeſprochen werden:

Was iſt, wird darum zu Nichts, weil das Seyn das Nichts iſt.

Was nicht iſt, wird darum zu Etwas, weil das Nichts Seyn iſt.

escuridão é a ausência da luz. Se agora se desprende que o nada é a mesma coisa que o ser, em troca se mantém que o nada não tem ser por si mesmo, que é somente ausência de ser, como treva é ausência de luz.

Mas tudo isto apenas diz que a abstração do nada não é nada em-si e para-si, mas só em relação ao ser; vale dizer, que a verdade é só a unidade do nada com o ser que a escuridão só é algo em relação à luz, como inversamente, o ser só é algo em reportamento ao nada. Mesmo se o reportamento é tomado superficial e externamente e se nele se permanece sobretudo no estado-de-diferenciação, resta, no entanto, que a unidade dos reportamentos está essencialmente contida nele como um momento, o que cada qual não é *alguma-coisa* senão no reportamento ao seu outro. Ora, com isto o que se enuncia é precisamente a passagem do ser e do nada no *ser-aí*.

Nota III
Outras relações no reportamento* do ser e do nada*

O ser é nada, o nada é ser. Já se observou que é imperfeita a expressão da verdade especulativa por intermédio da forma de proposições **[39]** simples. Seria preciso acrescentar aqui outras proposições: *o ser não é nada, o nada não é ser*. Assim ficaria *expressa* a diferença que apenas está *presente* nas primeiras proposições. Estas proposições dão completamente o que deve ser dito; mas não como isto deve ser recapitulado ou como é recapitulado no devir[5]. {35}

Agora nestas primeiras proposições podem ser introduzidas *outras relações do pensar*. Podem ser enunciadas assim:

O-que-é se torna nada *pela razão de que* o ser é o nada.

O-que-não-é se torna algo *pela razão que* o nada é ser.

---

5 Nota de Labarrière/Jarczyk. *Zusammengefasst*: não dão o modo de conjunção e articulação verdadeira dos termos cuja identidade afirmam. (*Science de la logique*, 1972, p. 75, nota 111). (N. do T.)

Oder unmittelbar:

Was ift, wird darum zunichte, weil es ift.

Was nicht ift, wird darum zum Seyenden, weil es nicht ift.

Der Grund, daß irgend Etwas zum Seyenden werde, weil es nicht fey, und daß das Seyende verfchwinde, weil es ift, erfcheint fchon deswegen als unbefriedigend, weil er abftract und leer ift, unter dem Etwas aber ein concretes, empirifches Ding verftanden wird. So wahr jene Sätze find, fo kann, wie von einem folchen Dafeyn die Rede ift, der Grund nicht bloß leeres Seyn oder Nichtfeyn oder eine leere Beziehung derfelben aufeinander feyn, fondern muß die vollftändige Beftimmtheit des Inhalts haben, um ihn daraus zu begreifen. Das Verhältniß des Grundes überhaupt ift eine weitere, vollkommenere Beftimmung der Beziehung des Seyns und des Nichtfeyns aufeinander; es kann [40] auf diefe Beziehung, wie fie hier ift, nicht angewendet werden, weil fie vielmehr eine Einheit von reinen, beftimmungslofen Abftractionen, alfo wefentlich noch keine Vermittlung ift.

Würde das Verhältniß der Bedingung herbeygezogen, fo gäbe die Beziehung des Seyns und Nichtfeyns die Sätze:

Etwas kann nur unter der Bedingung in das Nichts übergehen, daß es ift; und nur unter der Bedingung in das Seyn, daß es nicht ift.

Diefe Sätze find leere Tavtologien; denn da darin ein Uebergehen ins Entgegengefetzte angenommen ift, fo ift gewiß, damit das Entgegengefetzte, das Seyn fey, nöthig, daß fein Entgegengefetztes, das Nichts, fey. Anderntheils infofern der Zufammenhang diefes Uebergangs in das Verhältniß der Bedingung gefetzt wird, wird ihre eigentliche Einheit aufgehoben; denn die Bedingung ift zwar ein Nothwendiges für das Bedingte, aber nicht das Setzende deffelben; es muß erft ein Drittes hinzukommen, welches den Uebergang bewirkt. Durch die Einmifchung der Bedingung werden alfo Seyn und Nichts auseinander gerückt, und ein Drittes, das auffer ihnen fällt, für ihre Beziehung gefodert. Das Werden aber ift eine folche Einheit derfelben, die in der Natur eines jeden felbft liegt; das Seyn ift an und für fich felbft das Nichts, und das Nichts an und für fich felbft das Seyn.

Ou imediatamente:
O-que-é devém nada pela razão que ele é.
O-que-não-é devém o essente, pela razão que ele não é.

A razão para que alguma-coisa qualquer devenha o essente porque ela não é, e que o essente desapareça porque ele é, aparece insatisfatória, já pelo fato de ser abstrata e vazia, quando sob o que se designa 'alguma-coisa' o que se entende é uma coisa concreta, empírica. Por mais verdadeiras que sejam estas proposições, contudo, por se tratar de um *ser-aí*, a razão não pode ser *o ser* e o não-ser igualmente vazios, ou seu reportamento mútuo vazio, mas deve ter a determinidade completa do conteúdo, a fim de compreendê-lo a partir dali.

A relação da razão em geral é uma determinação ulterior, mais perfeita, do reportamento mútuo do ser e do não-ser. Esta relação não pode [40] ser aplicada a este reportamento tal como está aqui, uma vez que tal reportamento é antes uma unidade de abstrações puras, desprovidas de determinação, portanto essencialmente não é ainda uma mediação.

Se fosse introduzida a relação da *condição*, então o reportamento do ser e do nada daria as proposições:

Alguma-coisa não pode passar para o nada, a não ser *sob a condição* de que ele *é;* nem pode passar para o ser; a não ser *sob a condição* de que ele *não é.*

Estas proposições são tautologias vazias porque, se é admitida uma passagem para o oposto, é necessário, na certa, para que o oposto, o ser, seja que seu oposto, o nada, seja. De outra parte, na medida em que a conexão desta passagem é posta na relação da condição, a unidade própria da condição é suprassumida. Porque a condição é certamente algo necessário para o condicionado, mas ela não é o que o põe: é preciso, além disso, que advenha um *terceiro*, o qual efetue a passagem. Pela intervenção da condição, ser e nada ficam então separados um do outro e um terceiro, que cai fora deles, é requerido para o seu reportamento. Porém o devir é uma unidade dos dois, tal que se encontra na natureza de cada um mesmo: o ser é em e para si mesmo o nada, e o nada é em e para si mesmo o ser.

Anmerkung 4

Es geht aus dem bisherigen hervor, welche Bewandniß es mit der [41] gewöhnlichen Dialektik gegen das Werden, oder gegen den Anfang und Untergang, Entstehen oder Vergehen hat. — Die Kantische Antinomie über die Endlichkeit oder Unendlichkeit der Welt in Raum und Zeit wird unten bey dem Begriffe der Unendlichkeit näher betrachtet werden. — Jene einfache gewöhnliche Dialektik beruht auf dem Festhalten desGegensatzes von Seyn und Nichts. Es wird auf folgende Art bewiesen, daß kein Anfang der Welt oder von Etwas möglich sey:

Es kann nichts anfangen, weder insofern etwas ist, noch insofern es nicht ist; denn insofern es ist, fängt es nicht erst an; insofern es aber nicht ist, fängt es auch nicht an. — Wenn die Welt oder Etwas angefangen haben sollte, so hätte sie im Nichts angefangen, aber im Nichts oder das Nichts ist nicht Anfang; denn Anfang schließt ein Seyn in sich, aber das Nichts enthält keinSeyn. — Aus demselben Grunde kann auch Etwas nicht aufhören. Denn so müßte das Seyn das Nichts enthalten, Seyn aber ist nur Seyn, nicht das Gegentheil seiner selbst.

Werden aber, oder Anfangen und Aufhören sind gerade diese Einheit des Seyns und Nichts, gegen welche diese Dialektik nichts vorbringt, als sie assertorisch zu läugnen, und dem Seyn und Nichts, jedem getrennt von dem andern, Wahrheit zuzuschreiben. — Dem gewöhnlichen reflectirenden Vorstellen, gilt es für vollkommene Wahrheit, daß Seyn und Nichts, nicht eines seyen; auf der andern Seite aber läßt es ein Anfangen und Aufhören, als eben so wahrhafte Bestimmungen gelten; aber in diesen nimmt es in der That eine Einheit des Seyns und Nichts für wahrhaft an.

Indem die absolute Geschiedenheit des Seyns vom Nichts vorausgesetzt wird, so ist — was man so oft hört — [42] der Anfang oder das Werden allerdings etwas unbegreifliches; denn man macht

Nota IV
A dialética habitual diante do devir e do surgir e desaparecer*

O que até aqui foi dito ressalta a maneira como se porta a *dialética habitual* **[41]** diante *do devir*, ou diante do começo e do declínio; do surgir e do desaparecer. A antinomia kantiana sobre a finidade ou infinidade do mundo, no espaço e no tempo, será considerada mais detalhadamente abaixo, a propósito do conceito de infinitude. Esta dialética habitual simples se baseia sobre o ato de manter a oposição do ser e do nada. É assim que prova que não é possível nenhum começo do mundo ou de alguma-coisa:

Nada pode começar, nem na alternativa de que alguma-coisa é, nem na alternativa de que não é. Pois se é, não é agora que começa; mas se não é, também não começa. Se o mundo ou alguma-coisa devesse ter começado, teria {36} começado no nada. Ora, no nada, nada começa: o nada não é começo nem nele há começo, pois começo inclui em si um ser, enquanto o nada não contém ser. Pela mesma razão, alguma-coisa não pode cessar: porque então o ser deveria conter o nada; mas o ser é somente ser, não o contrário de si mesmo.

Entretanto, devir, ou começar e cessar, são precisamente esta *unidade* do ser e do nada, a respeito da qual essa dialética não traz nada a não ser negá-la assertoricamente[6] e atribuir a verdade ao ser e ao nada, a cada um separado do outro. Para o representar habitual em ato de refletir, vale como verdade perfeita que o ser e o nada não são um; mas de outra parte, deixa valer, como determinações igualmente válidas, um começar e um cessar; nestas, contudo, admite como verdadeira a unidade do ser e do nada.

Quando se pressupõe o divórcio absoluto entre ser e nada, então — como se ouve com frequência — **[42]** o começo e o devir são irrefutavelmente algo incompreensível porque se faz uma pressupo-

---

6 Nota de Labarrière/Jarczyk. Isto é, sem duvidar de modo algum do que é afirmado (juízo problemático) mas sem situar, também, a afirmação num plano de necessidade (juízo apodítico). O juízo assertórico se atém ao que é real, efetivo. (*Science de la logique*, 1972, p. 77, nota 126). (N. do T.)

eine Vorausfetzung, welche den Anfang oder das Werden aufhebt, das man doch auch wieder zugibt.

Das Angeführte ift diefelbe Dialektik, die der Verftand gegen den Begriff braucht, die höhere Analyfis von den unendlich-kleinen Größen hat. Der Ausdruck: *unendlich-klein* hat übrigens etwas ungefchicktes, und es wird von diefem Begriffe weiter unten ausführlicher gehandelt. — Diefe Größen find als folche beftimmt worden, die in ihrem Verfchwinden find, nicht vor ihrem Verfchwinden, denn alsdann find fie endliche Größen; — nicht nach ihrem Verfchwinden, denn alsdann find fie nichts. Gegen diefen reinen Begriff ift bekanntlich eingewendet und immer wiederhohlt worden, daß folche Größen entweder Etwas feyen, oder Nichts; daß es keinen Mittelzuftand (Zuftand ift hier ein unpaffender, barbarifcher Ausdruck) zwifchen Seyn und Nichtfeyn gebe. — Es ift hiebey gleichfalls die abfolute Trennung des Seyns und Nichts angenommen. Dagegen ift aber gezeigt worden, daß Seyn und Nichts in der That daffelbe find, oder um in jener Sprache zu fprechen, daß es gar nichts gibt, das nicht ein Werden, das nicht ein Mittelzuftand zwifchen Seyn und Nichts ift.

Da das angeführte Råfonnement die falfche Vorausfetzung der abfoluten Getrenntheit des Seyns und Nichtfeyns macht, ift es auch nicht Dialektik, fondern Sophifterey zu nennen; denn Sophifterey ift ein Råfonnement aus einer grundlofen Vorausfetzung, die man ohne Kritik und unbefonnen gelten läßt; Dialektik aber nennen wir die höhere vernünftige Bewegung, in welche folche fchlechthin getrennt fcheinende, durch fich **[43]** felbft, und darin in einander übergehen. Es ift die dialektifche Natur des Seyus und Nichts felbft, daß fie ihre Einheit, das Werden, als ihre Wahrheit zeigen.

2.
Momente des Werdens

Das Werden ift die Einheit des Seyns und Nichts; nicht die Einheit, welche vom Seyn und Nichts abftrahirt; fondern als Einheit des Seyns und Nichts ift es diefe beftimmte Einheit, oder in welcher fowohl Seyn als Nichts ift. Aber indem Seyn und Nichts, jedes in der Einheit mit feinem Andern ift, ift es nicht. Sie find alfo in diefer Einheit, aber als verfchwindende, nur als aufgehobene.

sição que suprassume o começo e o devir que, no entanto, se tornam a admitir.

O que foi alegado é a mesma dialética que o entendimento usa para com o conceito que tem a análise mais elevada a propósito das *grandezas infinitamente pequenas*. A expressão '*infinitamente pequena*' é, aliás, desajeitada e adiante se tratará deste conceito. Estas grandezas são determinadas como grandezas que *são em seu desaparecer*: não *antes* de seu desaparecer, porque então são grandezas finitas; nem *depois* de seu desaparecer porque então são nada. Contra esse conceito puro, como se disse, foi objetado e insistido que tais grandezas *ou bem* são alguma-coisa *ou bem* não são nada; que não há estado intermediário (estado aqui é expressão imprópria, bárbara) entre ser e não-ser. É admitir igualmente uma separação absoluta do ser e do nada. Mas já se mostrou que ser e nada são a mesma coisa, de fato, ou para falar em outra linguagem que também já foi usada, não há absolutamente nada que não seja um devir, que não seja *estado intermediário entre o ser e o nada*.

Como o raciocínio mencionado faz a falsa suposição que ser e não-ser são absolutamente separados, não pode ser chamado *dialética*, mas *sofisticaria*. Pois sofisticaria é um raciocínio a partir duma pressuposição desprovida de fundamento; pressuposição que se deixa valer sem crítica e de maneira inconsiderada. Mas dialética, nós chamamos o movimento racional superior, no qual os termos que parecem pura e simplesmente separados, passam, por intermédio deles [43] mesmos, um no outro. É a natureza dialética do ser e do nada mesmos, que eles mostram em sua unidade — o devir — como sua verdade. {37}

[2]
Momentos do devir

O devir é a unidade do ser e do nada; não a unidade que abstrai do ser e do nada, mas, enquanto unidade do ser e do nada, ele é esta unidade *determinada*, na qual tanto o ser quanto o nada *é*. Mas enquanto o ser e o nada são cada um na unidade com o seu outro, *ele não é*. Eles *são*, pois, nesta unidade, mas como desaparecentes, somente como suprassumidos.

Sie find als nicht feyende; oder find Momente. — Der Vorftellung bieten fie fich zunächft dar, als folche, deren jedes für fich getrennt von dem andern felbftftändig ift, und fie find nur Seyn und Nichts in diefer Trennung. Aber indem beyde daffelbe find, finken fie von der Selbftftändigkeit zu Momenten herab, indem fie überhaupt zunächft noch als unterfchiedene, aber zugleich als aufgehobene betrachtet werden.

Indem Seyn und Nichts in Einem find, fo find fie darin unterfchieden; aber fo daß zugleich jedes in feiner Unterfchiedenheit, Einheit mit dem andern ift. Das Werden enthält alfo zwey folche Einheiten; jede ift Einheit des Seyns und des Nichts; aber die eine ift das Seyn als Beziehung auf das Nichts; die andere das Nichts als Beziehung auf das Seyn: die beyden Beftimmungen find in ungleichem Werthe in diefen Einheiten.

[44] Das Werden ift auf diefe Weife in gedoppelter Beftimmung; als anfangend vom Nichts, das fich auf das Seyn bezieht, das heißt, in daffelbe übergeht, oder vom Seyn, das in das Nichts übergeht, — Entftehen und Vergehen.

Aber diefe fo unterfchiedenen Richtungen durchdringen und paralyfiren fich gegenfeitig. Die eine ift Vergehen; Seyn geht in Nichts über, aber Nichts ift eben fo fehr das Gegentheil feiner felbft und vielmehr das Uebergehen in Seyn, oder Entftehen. Diß Entftehen ift die andere Richtung; Nichts geht in Seyn über, aber Seyn hebt eben fo fehr fich felbft auf und ift vielmehr das Uebergehen in Nichts, oder Vergehen.

Entftehen und Vergehen find daher nicht ein verfchiedenes Werden, fondern unmittelbar Eines und daffelbe: Sie heben fich auch nicht gegenfeitig, nicht das eine äufferlich das andere auf; fondern jedes hebt fich an fich felbft auf, und ift an ihm felbft das Gegentheil feiner.

3.

Aufheben des Werdens

Das Gleichgewicht, worein fich Entftehen und Vergehen fetzen, ift zunächft das Werden felbft. Aber diefes geht eben fo in ruhige Einheit zufammen. Seyn und Nichts find in ihm nur als verfchwindende; aber das Werden als folches ift nur durch die Unterfchiedenheit derfelben. Ihr Verfchwinden ift daher das Verfchwinden des Werdens,

Eles *são* como não *essentes*; ou eles são *momentos*. Primeiro se oferecem à representação como termos; sendo cada um deles separado do outro, autônomo e nesta separação são apenas ser e nada. Mas enquanto ambos são a mesma coisa, descem de sua *autonomia* ao nível de *momentos*, enquanto em geral são considerados primeiro ainda como diferentes, mas ao mesmo tempo como suprassumidos.

Enquanto ser e nada são em Um, nisto são diferentes; mas de tal modo que cada um, em seu estado de diferenciação, é unidade com o outro. O devir contém, portanto, duas unidades tais; cada uma é unidade do ser e do nada; mas uma é o ser como reportamento ao nada; a outra o nada como reportamento ao ser: as duas determinações estão nestas unidades segundo um valor desigual. [44]

O devir é, desta maneira, numa dupla determinação: enquanto começando a partir do nada que se relaciona com o ser — o que significa que passa para o ser ou então enquanto começando a partir do ser que passa para o nada — *surgir* e *desaparecer*.

Porém estas direções tão diferentes se compenetram e se paralisam mutuamente. Uma é *desaparecer:* o ser passa para o nada, mas o nada é igualmente o contrário de si mesmo, é antes o passar do surgir para o ser. O surgir é a outra direção: o nada passa para o ser, mas o ser se suprassume igualmente a si mesmo, é antes o passar para o nada, ou desaparecer.

Surgir e desaparecer são, portanto, não dois tipos de devir, mas imediatamente uma só e a mesma coisa. Tão pouco eles se suprassumem mutuamente; um não suprassume o outro exteriormente; mas cada um se suprassume a si mesmo, e é em si mesmo, o contrário de si.

[3]
Suprassumir* do devir

O equilíbrio em que se põem o surgir e o desaparecer é antes de tudo o próprio devir. Mas este se reúne também numa *unidade em repouso*. Ser e nada estão nele somente como desaparecendo, mas o devir como tal só é por intermédio de seu estado de diferenciação. O desaparecer deles é, por conseguinte, o desaparecer do devir ou

oder Verſchwinden des Verſchwindens ſelbſt. Das Werden iſt alſo eine haltungsloſe Unruhe, die in ein ruhiges Reſultat zuſammenſinkt. [45]

Diß könnte auch ſo ausgedrückt werden: Das Werden iſt das Verſchwinden von Seyn in Nichts, und von Nichts in Seyn, und das Verſchwinden von Seyn und Nichts überhaupt; aber es beruht zugleich auf dem Unterſchiede derſelben.

Es widerſpricht ſich alſo in ſich ſelbſt, weil es ſolches in ſich vereint, das ſich entgegengeſetzt iſt; eine ſolche Vereinigung aber zerſtört ſich.

Diß Reſultat iſt das Verſchwundenſeyn nicht als Nichts; ſo wäre es nur ein Rückfall in die eine der ſchon aufgehobenen Beſtimmungen. Sondern es iſt die zur ruhigen Einfachheit gewordene Einheit des Seyns und Nichts.

Im Werden ſelbſt iſt ſowohl Seyn als Nichts, jedes auf gleiche Weiſe vielmehr nur als das Nichts ſeiner ſelbſt. Werden iſt die Einheit als Verſchwinden, oder die Einheit in der Beſtimmung des Nichts. Aber diß Nichts iſt weſentliches Uebergehen ins Seyn, und das Werden alſo Uebergehen in die Einheit des Seyns und Nichts, welche als ſeyend iſt, oder die Geſtalt der unmittelbaren Einheit dieſer Momente hat; das Daſeyn.

Anmerkung

Aufheben und das Aufgehobene iſt einer der wichtigſten Begriffe der Philoſophie, eine Grundbeſtimmung, die ſchlechthin allenthalben wiederkehrt, deren Sinn beſtimmt aufzufaſſen, und beſonders vom Nichts zu unterſcheiden iſt. — Was ſich aufhebt, wird dadurch nicht zu Nichts. Nichts iſt das Unmittelbare; ein Aufgehobenes dagegen iſt ein Vermitteltes, es iſt das Nichtſeyende, aber als Reſultat, das von einem Seyn ausgegangen iſt. Es hat daher die Beſtimmung, aus der es herkommt, noch an ſich. [46]

Aufheben hat in der Sprache den gedoppelten Sinn, daß es ſo viel als aufbewahren, erhalten bedeutet, und ſo viel als aufhören laſſen, ein Ende machen. Das Aufbewahren ſchließt ſchon das Negative in ſich, daß etwas ſeiner Unmittelbarkeit und damit einem den äuſſerlichen

o desaparecimento do próprio desaparecer. O devir é, pois, um não-repouso incessante que soçobra num resultado em repouso. [45]

Isso também poderia exprimir-se assim: o devir é o desaparecer do ser no nada, e do nada no ser, e o desaparecer do ser e do nada em geral; mas ele repousa, ao mesmo tempo, em sua diferença.

Portanto, contradiz-se a si mesmo, por unificar nele o que se lhe opõe: ora, uma tal unificação se destrói.

Este resultado é o ser-desaparecido, mas não como *nada*, pois assim {38} seria apenas uma recaída numa das determinações já suprassumidas. Porém o resultado é a unidade do ser e do nada que alcançou a simplicidade em repouso.

No devir mesmo, há tanto o ser quanto o nada; cada um, igualmente, antes só como o nada de si mesmo. O *devir* é a unidade como desaparecer, ou a *unidade na determinação do nada*. Mas este nada é o passar essencial no ser, e o devir é, pois, o passar na unidade do ser e do nada, unidade que é como *essente*, ou que tem a figura da unidade *imediata* destes momentos: *o ser-aí*.

Nota
O suprassumir*

Suprassumir e *suprassumido* é um dos conceitos mais importantes da filosofia: uma determinação fundamental que volta absolutamente em toda a parte, cujo sentido é preciso apreender de maneira determinada, e que é mister, em particular, diferenciar do nada.

O que se suprassume não vem por isso a ser nada. O nada é um *imediato*; um suprassumido, ao contrário, é um *mediatizado*: é um não-essente, mas como *resultado* que saiu de um ser; por conseguinte, tem ainda nele a determinação donde provém. [46]

Suprassumir, na linguagem, tem este duplo sentido: significa equivalentemente conservar, *manter*; e fazer cessar, *pôr um termo*. O conservar já inclui em si o negativo: alguma-coisa é subtraída à sua imediatez, e, portanto, a um ser-aí aberto às influências exteriores,

Einwirkungen offenen Daſeyn entnommen wird, um es zu erhalten. — So iſt das Aufgehobene ein zugleich Aufbewahrtes, das nur ſeine Unmittelbarkeit verloren hat, aber darum nicht verſchwunden iſt.

Das Aufgehobene genauer beſtimmt, ſo iſt hier etwas nur inſofern aufgehoben, als es in die Einheit mit ſeinem Entgegengeſetzten getreten iſt; es iſt in dieſer nähern Beſtimmung ein reflectirtes, und kann paſſend Moment genannt werden. — Wie noch öfter die Bemerkung ſich aufdringen wird, daß die philoſophiſche Kunſtſprache, für reflectirte Beſtimmungen lateiniſche Ausdrücke gebraucht.

Der nähere Sinn aber und Ausdruck, den Seyn und Nichts, indem ſie nunmehr Momente ſind, erhalten, hat ſich bey der Betrachtung des Daſeyns, als der Einheit, in der ſie aufbewahrt ſind, näher zu ergeben. Seyn iſt Seyn, und Nichts iſt Nichts, nur in ihrer Unterſchiedenheit von einander; in ihrer Wahrheit aber, in ihrer Einheit ſind ſie als dieſe Beſtimmungen verſchwunden, und ſind nun etwas anderes. Seyn und Nichts ſind daſſelbe; darum weil ſie daſſelbe ſind, ſind ſie nicht mehr Seyn und Nichts, und haben eine verſchiedene Beſtimmung; im Werden waren ſie Entſtehen und Vergehen; im Daſeyn als einer anders beſtimmten Einheit ſind ſie wieder anders beſtimmte Momente.

para ser mantida. É assim que o suprassumido é ao mesmo tempo um conservado, que só perdeu a sua imediatez, mas que nem por isso desapareceu. Se determina de maneira mais exata o suprassumido, alguma-coisa aqui somente se suprassumiu na medida em que acedeu à unidade com seu oposto; nesta determinação mais precisa, ele é um refletido, e pode devidamente ser chamado *momento*. Como muitas vezes ainda será preciso observar: — a língua artificial filosófica utiliza expressões latinas para as determinações refletidas. {39}

Mas o sentido e a expressão mais precisos que recebem o ser e o nada, enquanto são de agora em diante *momentos*, devem ressaltar de modo mais preciso a propósito da consideração do ser-aí como unidade na qual são conservados. É somente em seu estado de diferenciação, — um em relação ao outro, — que o ser é ser e o nada é nada. Mas, em sua verdade, em sua unidade, desapareceram como estas determinações, e são agora algo de outro. Ser e nada são a mesma coisa; por esta razão não são mais ser e nada, e têm uma determinação diferente: no devir, eles eram surgir e desaparecer; no ser-aí — como unidade determinada diversamente, — eles são de novo momentos diversamente determinados.

Zweytes Kapitel
Das Daſeyn

Daſeyn iſt beſtimmtes Seyn. Das Daſeyn ſelbſt iſt zugleich von ſeiner Beſtimmtheit unterſchieden. In der Beſtimmtheit tritt der Begriff der Qualitӗt ein. Aber die Beſtimmtheit geht in Beſchaffenheit und Verӗnderung, und dann in den Gegenſatz des Endlichen und Unendlichen ȗber, der ſich in dem Fȗrſichſeyn auflȏſt.

Die Abhandlung des Daſeyns hat alſo die drey Abtheilungen
A) des Daſeyns als ſolchen;
B) der Beſtimmtheit;
C) der qualitativen Unendlichkeit.

A.
Daſeyn als ſolches

Das Daſeyn als ſolches beſtimmt ſich an ihm ſelbſt, zu dem Unterſchiede der Momente des Seyns-fȗr-anderes, und des Anſichſeyns, oder es beſtimmt ſich, indem es deren Einheit iſt, als Realitӓt; und weiter zum Daſeyenden oder Etwas.

1.
Daſeyn ȗberhaupt

Daſeyn iſt das einfache Einsſeyn des Seyns und Nichts. Es hat um dieſer Einfachheit willen, die **[48]** Form von einem Unmittelbaren. Seine Vermittlung, das Werden, liegt hinter ihm; ſie hat ſich aufgehoben, und das Daſeyn erſcheint daher als ein erſtes, von dem ausgegangen werde.

Capítulo Segundo
O Ser-aí

O ser–aí é o ser *determinado*. O ser-aí é ao mesmo tempo diferente de sua *determinidade*. Na determinidade intervém o conceito de *qualidade*. Mas a determinidade passa em disposição e em mudança, e em seguida na oposição de finito e de infinito, oposição que se resolve ser-para-si.

A exposição do ser-aí tem, pois, três divisões:
A) — Do ser-aí como tal;
B) — Da determinidade;
C) — Da infinidade qualitativa.

A.
O Ser-aí como tal

O ser-aí como tal se determina em si mesmo na diferença dos momentos do *ser-para-outro* e de *ser-em-si*, ou seja, se determina, enquanto é a unidade destes momentos, como *realidade*[1]: e ulteriormente em *essente-aí** ou *alguma-coisa*.

1.
Ser-aí em geral

O ser-aí é o ser-um simples do ser e do nada. Em razão desta simplicidade, tem a **[48]** forma de um *imediato*. Sua mediação, o devir, se encontra por trás dele: é suprassumida, e o ser-aí aparece, por conseguinte, como um primeiro que seria ponto de partida.

---

[1] Nota de Labarrière/Jarczyk. *Realität*. — A "realidade" é o "ser-aí refletido": o ser-aí cujos momentos já não se apresentam na oposição simples do ser e do nada, mas são cada qual, em sua particularidade, a unidade de um e do outro: *ser* sob a modalidade negativa do *ser-em-si*; *nada* sob a modalidade positiva de *ser-para-outro*. A "realidade" define assim um nível de inteligência já bem elaborado, mas que não se confunde com a plenitude mais próxima do conceito que vai exprimir na "Doutrina da Essência", a "efetividade". (*Science de la logique*, 1972, p. 83, nota 1). (N. do T.)

Es ift nicht bloßes Seyn, fondern Dafeyn. Etymologifch genommen, Seyn an einem gewiffen Orte; aber die Raumvorftellung gehört nicht hieher. Dafeyn ift, nach feinem Werden, überhaupt Seyn mit einem Nichtfeyn, aber fo daß diß Nichtfeyn in einfache Einheit mit dem Seyn aufgenommen ift; das Dafeyn ift beftimmtes Seyn überhaupt.

Um der Unmittelbarkeit willen, in der im Dafeyn, Seyn und Nichts, eins find, gehen fie nicht übereinander hinaus; fondern fo weit das Dafeyende feyend ift, fo ift es Nichtfeyendes, fo weit ift es Beftimmtes. Das Seyn ift nicht das Allgemeine, die Beftimmtheit nicht das Befondere. Die Beftimmtheit hat fich noch nicht vom Seyn abgelöft; oder vielmehr wird fie fich nicht mehr von ihm ablöfen; denn das nunmehr zum Grunde liegende Wahre ift diefe Einheit des Nichtfeyns mit dem Seyn; auf ihr als dem Grunde ergeben fich alle fernern Beftimmungen. Das Seyn, das der Beftimmtheit fernerhin entgegentritt, ift nicht mehr das erfte, unmittelbare Seyn.

2.

Realität

Das Dafeyn ift Seyn mit einem Nichtfeyn. Als unmittelbare Einheit aber des Seyns und Nichts ift es vielmehr in der Beftimmung des Seyns, und das Gefetztfeyn diefer Einheit ift daher unvollftändig; denn fie enthält nicht nur das Seyn, fondern auch das Nichts. [49]

a) Andersfeyn

Das Dafeyn ift daher erftens jene Einheit nicht nur als Seyn, fondern fo wefentlich als Nichtfeyn. Oder jene Einheit ift nicht nur feyendes Dafeyn, fondern auch nichtfeyendes Dafeyn; Nichtdafeyn.

Es ift beim Uebergang des Seyns in Nichts erinnert worden, inwiefern er unmittelbar ift. Das Nichts ift am Seyn noch nicht gefetzt, ob zwar Seyn wefentlich Nichts ift. Das Dafeyn hingegen enthält das Nichts fchon in ihm felbft gefetzt, und ift dadurch der eigne Maßftab feiner Unvollftändigkeit, und damit an ihm felbft die Nothwendigkeit, als Nichtdafeyn gefetzt zu werden.

Não é simples ser, mas sim, *ser-aí*. Tomado etimologicamente, ser em um certo lugar; mas a representação espacial não tem cabimento aqui. Segundo seu devir, o ser-aí é *ser* em geral com um não-ser, mas de tal modo que este não-ser é assumido em unidade simples com o ser; ser-aí é ser determinado em geral.

Em razão de sua imediatez na qual, no ser-aí ser e nada são um, eles não se ultrapassam um ao outro. Mas na medida em que o essente-aí é essente, então é não-essente, enquanto é determinado. O ser não é o *universal*, a determinidade não é o *particular*. A determinidade ainda não se desprendeu do ser; ou antes, não largará mais dele; porque o verdadeiro que se encontra d'ora avante no fundamento é esta unidade do ser com o não-ser. Sobre esta unidade, como fundamento, se destacam todas as determinações ulteriores. O ser que entra ulteriormente em oposição à determinidade, já não é o ser primeiro, imediato. {40}

2.

Realidade

O ser-aí é ser com um não-ser. Mas, como unidade imediata do ser e do nada está, antes, na determinação do ser, e o ser posto desta unidade é, por conseguinte, incompleto: porque não contém só o ser, mas também o nada. [49]

a) Ser-outro

Em consequência, o ser-aí é primeiro esta unidade, — não só como ser, mas também e essencialmente, como não-ser. Ou seja: esta unidade não é apenas 'ser-aí' essente, mas também 'ser-aí' não essente: *não-ser-aí*.

Chamou-se a atenção, por ocasião da passagem do ser para o nada, sobre o modo como essa passagem é imediata. O nada não está ainda posto no ser, bem que o ser seja essencialmente nada. O ser-aí, ao contrário, contém já, posto nele mesmo, o nada: assim é o critério de sua incompletude, e, portanto, é em si mesmo, a necessidade de ser posto como não-ser-aí.

Zweytens, das Nichtdaſeyn iſt nicht reines Nichts; denn es iſt ein Nichts als des Daſeyns. Und dieſe Verneinung iſt aus dem Daſeyn ſelbſt genommen; aber in dieſem iſt ſie vereinigt mit dem Seyn. Das Nichtdaſeyn iſt daher ſelbſt ein Seyn; es iſt ſeyendes Nichtdaſeyn. Ein ſeyendes Nichtdaſeyn aber iſt ſelbſt Daſeyn. Diß zweyte Daſeyn

iſt jedoch zugleich nicht Daſeyn auf dieſelbe Weiſe, wie als zuerſt; denn es iſt eben ſo ſehr Nichtdaſeyn; Daſeyn als Nichtdaſeyn; Daſeyn als das Nichts ſeiner ſelbſt, ſo daß diß Nichts ſeiner ſelbſt gleichfalls Daſeyn iſt. — Oder das Daſeyn iſt weſentlich Andersſeyn.

Oder kurz mit ſich ſelbſt verglichen, ſo iſt Daſeyn, unmittelbare einfache Einheit des Seyns und Nichts; aber weil es Einheit des Seyns und Nichts iſt, ſo iſt es vielmehr nicht ſich ſelbſt gleiche Einheit, ſondern ſich ſchlechthin ungleich, oder iſt das Andersſeyn. [50]

Das Andersſeyn iſt zunächſt Andersſeyn an und für ſich, nicht das Andre von Etwas, ſo daß das Daſeyn dem Andern noch gegenüber ſtehen geblieben wäre, und daß wir hätten, ein Daſeyn, und ein anderes Daſeyn. Denn das Daſeyn iſt überhaupt übergegangen in Andersſeyn. Das Andersſeyn iſt ſelbſt Daſeyn; aber Daſeyn als ſolches iſt das Unmittelbare; dieſe Unmittelbarkeit iſt aber nicht geblieben, ſondern das Daſeyn iſt nur Daſeyn als Nichtdaſeyn, oder es iſt Andersſeyn.

Wie Seyn in Nichts überging, ſo Daſeyn in Andersſeyn; Andersſeyn iſt das Nichts, aber als Beziehung. Anderes iſt Nichtdiß; aber diß iſt gleichfalls ein Anderes, alſo auch Nichtdiß. Es iſt kein Daſeyn, das nicht zugleich als Anderes beſtimmt wäre, oder eine negative Beziehung hätte.

Die Vorſtellung gibt diß gleichfalls zu. Wenn wir ein Daſeyn A nennen, das andere aber B; ſo iſt zunächſt B als das Andere beſtimmt. Allein A iſt eben ſo ſehr das Andere des B. Beyde ſind andere.

Hiebey erſcheint aber das Andersſeyn als eine dem ſo beſtimmten Daſeyn fremde Beſtimmung, oder das Andere auſſer dem einen Daſeyn; theils ſo, daß ein Daſeyn erſt durch die Vergleichung eines Dritten, als anderes beſtimmt werde, für ſich aber nicht ein anderes ſey, theils ſo, daß es nur um des andern willen, das auſſer ihm iſt, als anderes beſtimmt werde, aber nicht an und für ſich. Allein in der That beſtimmt ſich jedes Daſeyn auch für die Vorſtellung eben ſo ſehr als ein anderes Daſeyn, ſo daß ihm nicht ein Daſeyn bleibt, das

Em segundo lugar, o não-ser-aí não é o nada puro: porque é um nada como nada do ser-aí. E esta negação é tomada do ser-aí mesmo; mas nele, está unificada com o ser. Por conseguinte, o não-ser-aí é também um ser; é o *não-ser-aí essente*. Mas um não-ser essente é, por sua vez, um ser-aí. Ao mesmo tempo, contudo, este segundo ser-aí não é ser-aí da mesma maneira que antes; porque é também não-ser-aí: ser-aí como não-ser-aí: ser-aí como o nada de si mesmo, de forma que este nada de si mesmo seja igualmente ser-aí. Ou seja: o ser-aí é essencialmente *ser-outro*.

Ou então, comparado brevemente consigo mesmo, o ser-aí é unidade simples imediata do ser e do nada: mas porque é unidade do ser e do nada, ele é antes, não unidade igual a si mesma, mas pura e simplesmente desigual a si; ou seja, é o *ser-outro*. **{50}**

O ser-outro é antes de tudo ser-outro em-si e para-si, não o outro de qualquer coisa, de modo que o ser-aí teria ficado diante de outro, e que não teríamos *um* ser-aí mas *um_outro* ser-aí. Porque o *ser-aí* passou inteiramente para o ser-outro. O ser-outro é, por sua vez, ser-aí; mas o ser-aí como tal é o imediato; esta imediatez, no entanto, não ficou: mas o ser-aí só é ser-aí como não-ser-aí, ou seja, é ser-outro.

Assim como o ser passa para o nada, o ser-aí passa para o ser-outro: o ser-outro é o nada, mas como reportamento. O outro é *não-este*; mas este é igualmente um outro, então também não-este. Não há ser-aí que não seja ao mesmo tempo determinado como outro, ou que não tenha um reportamento negativo.

A representação concede igualmente isto. Chamando um ser-aí A, e o outro, B, então o B é determinado, desde logo, como o outro. Somente, A é também o outro de B. Ambos são outros.

Mas aqui, o ser-outro aparece como uma determinação estranha ao ser-aí assim determinado, ou: o outro aparece fora de um dos seres-aí: em parte, de modo que um ser-aí só é determinado como outro por intermédio da comparação com um terceiro, mas para-si não é um outro; em parte, porque é determinado como outro em razão do outro que está fora dele, mas não em si e para si. **{41}**

O que sucede, de fato, é que ser-aí se determina igualmente, mesmo para a representação, como um outro ser-aí a ponto de não sobrar um ser-aí que só fosse determinado como ser-aí e não como um outro;

nur als ein Daſeyn, nicht als ein anderes beſtimmt wäre; oder nicht ein Daſeyn, das nicht auſſerhalb eines Daſeyns, alſo nicht ſelbſt ein Anderes wäre. — Die [51] Vorſtellung kommt zwar zur Allgemeinheit einer Beſtimmung, nicht zur Nothwendigkeit derſelben an und für ſich ſelbſt. Dieſe Nothwendigkeit aber liegt darin, daß es ſich am Begriffe des Daſeyns gezeigt hat, daß das Daſeyn als ſolches an und für ſich das Andre iſt, daß es ſein Andersſeyn in ſich ſelbſt enthält. Aber das Andersſeyn iſt das Nichts weſentlich als Beziehung, oder iſt das Trennen, Entfernen von ſich ſelbſt, daher dieſe Beſtimmung des Andersſeyns ſich das Daſeyn gegenüberſtellt; welche Seite allein der Vorſtellung vorſchwebt.

Drittens: Das Daſeyn ſelbſt iſt weſentlich Andersſeyn; es iſt darein übergegangen. Das Andere iſt ſo unmittelbar, nicht Beziehung auf ein auſſer ihm Befindliches, ſondern Anderes anundfürſich. Aber ſo iſt es das Andre ſeiner ſelbſt. — Als das Andre ſeiner ſelbſt iſt es auch Daſeyn überhaupt oder unmittelbar. Das Daſeyn verſchwindet alſo nicht in ſeinem Nichtdaſeyn, in ſeinem Andern; denn diß iſt das Andre ſeiner ſelbſt; und das Nichtdaſeyn iſt ſelbſt Daſeyn.

Das Daſeyn erhält ſich in ſeinem Nichtdaſeyn; es iſt weſentlich eins mit ihm, und weſentlich nicht eins mit ihm. Das Daſeyn ſteht alſo in Beziehung auf ſein Andersſeyn; es iſt nicht rein ſein Andersſeyn; das Andersſeyn iſt zugleich weſentlich in ihm enthalten, und zugleich noch davon getrennt; es iſt Seyn-für Anderes.

b) Seyn-für-Anderes und Anſichſeyn

1. Seyn-für-Anderes macht die wahrhafte Beſtimmung des Daſeyns aus. Daſeyn als ſolches iſt Unmittelbares, Beziehungsloſes; oder es iſt in der Beſtimmung des Seyns. Aber Daſeyn als das Nichtſeyn [52] in ſich ſchlieſſend, iſt weſentlich beſtimmtes Seyn, verneintes Seyn, Anderes, — aber weil es ſich in ſeiner Verneinung zugleich auch erhält, nur Seyn-für-Anderes.

2. Als reines Seyn-für-Anderes iſt das Daſeyn eigentlich nur übergehend in das Andersſeyn. Es erhält ſich aber auch in ſeinem Nichtdaſeyn, und iſt Seyn. Es iſt aber nicht nur Seyn überhaupt, ſondern im Gegenſatze gegen ſein Nichtdaſeyn; ein Seyn als Beziehung

ou um ser-aí que não estivesse no exterior de um ser-aí, e portanto, que não fosse também um outro.

A [51] representação chega certamente à universalidade de uma determinação, não à necessidade em si e para si mesma. Mas esta necessidade está, — como já se mostrou a propósito do conceito do ser-aí, — no fato de que o ser-aí como tal seja, em si e para si, o outro; que ele contenha, em si mesmo, seu ser-outro. Mas o ser-outro é o nada essencialmente como reportamento, ou: é o separar, afastar de si mesmo; por conseguinte, esta determinação do ser-outro coloca diante dela o 'ser-aí'; é o único aspecto que a representação tem em vista.

Em terceiro lugar, o próprio ser-aí é essencialmente ser-outro: passou para ele. O outro é assim imediato, não reportamento a algo que se encontre fora, mas outro em si e para si. Mas é assim *o outro de si mesmo*. Enquanto outro de si mesmo, é também ser-aí em geral ou imediatamente. O ser-aí não desaparece, pois, em seu não-ser-aí, em seu outro; porque é o outro de si mesmo; e o não-ser-aí é também ser-aí.

O ser-aí se mantém em seu não-ser-aí; é essencialmente um com ele, e essencialmente não-um com ele. O ser-aí está pois *em reportamento* a seu ser-outro; não é puramente seu ser outro. O ser-outro está ao mesmo tempo contido essencialmente nele, e está ainda separado: é ser-para-outra-coisa.

b) Ser-para-outra-coisa e Ser-em-si

1. O ser-para-outra-coisa constitui a determinação verdadeira do ser-aí. O ser-aí como tal é imediato, desprovido de relação; ou seja, é na determinação do ser. Mas o ser-aí, como incluindo o não-ser, [52] é essencialmente ser determinado, ser negado, outro, — mas porque ao mesmo tempo se mantém também em sua negação, é somente ser-para-outra-coisa.

2. Enquanto ser-para-outra-coisa puro, o ser-aí só é, propriamente falando, passando para o ser-outro. Mas se mantém também em seu 'não-ser-aí', e é ser. Contudo, não é somente ser em geral, mas em oposição a seu 'não-ser-aí': um ser como reportamento a si em face

auf sich gegen seine Beziehung auf Anderes, als Gleichheit mit sich gegen seine Ungleichheit. Ein solches Seyn ist das Ansichseyn.

3. Seyn-für-Anderes und Ansichseyn machen die zwey Momente des Daseyns aus. Es sind zwey Paare von Bestimmungen, die hier vorkommen: 1) Daseyn und Anderes; 2) Seyn-für-Anderes, und Ansichseyn. Die erstern enthalten die gleichgültige, beziehungslose Bestimmung; Daseyn und ein Anderes fallen auseinander. Aber ihre Wahrheit ist ihre Beziehung; das Seyn-für-Anderes, und das Ansichseyn sind daher jene Bestimmungen als Momente; als Bestimmungen, welche Beziehungen sind, und in ihrer Einheit, in der Einheit des Daseyns bleiben; oder jedes selbst enthält an ihm zugleich auch sein von ihm verschiedenes Moment.

Es ist oben erinnert worden, daß Seyn und Nichts in ihrer Einheit, welche Daseyn ist, nicht mehr Seyn und Nichts sind, — denn diß sind sie nur ausser ihrer Einheit; so Seyn und Nichts, in ihrer unruhigen Einheit, im Werden, sind Entstehen und Vergehen. — Seyn im Daseyn, ist Ansichseyn. Denn Seyn ist die Beziehung auf sich, die Gleichheit mit sich, die aber itzt **[53]** nicht mehr unmittelbar ist, sondern sie ist Beziehung auf sich nur als Nichtseyn des Nichtdaseyns; (als reflectirtes Daseyn). — Eben so ist Nichtseyn als Moment des Daseyns, in dieser Einheit des Seyns und Nichtseyns, nicht Nichtdaseyn überhaupt, sondern unmittelbar Anderes, und bestimmter, Beziehung auf das Nichtdaseyn oder Seyn-für-Anderes.

Also Ansichseyn ist erstlich negative Beziehung auf das Nichtdaseyn, es hat das Andersseyn ausser ihm und ist demselben entgegen; insofern etwas an sich ist, ist es dem Andersseyn und dem Seyn-für-Anderes entnommen. Aber zweytens hat es das Nichtseyn auch selbst an ihm; denn es selbst ist das Nichtseyn des Seyns-für-Anderes.

Das Seyn-für-Anderes aber ist erstlich Negation des Seyns, im Daseyn; insofern etwas in einem Andern oder für ein Anderes ist, entbehrt es des eigenen Seyns. Aber zweytens ist es nicht das Nichtdaseyn als reines Nichts; es ist Nichtdaseyn, das auf das Ansichseyn hinweist, so wie umgekehrt das Ansichseyn auf das Seyn-für-Anderes hinweist.

de seu reportamento a outra coisa, como igualdade a si a respeito de sua desigualdade. Um tal ser é ser-em-si.

3. Ser-para-outra-coisa e ser-em-si constituem os dois momentos do ser-aí. Há dois pares de determinações que aqui se encontram: 1) Ser-aí e outra-coisa; 2) Ser-para-outra-coisa e ser-em-si. As primeiras contêm a determinação indiferente, desprovida de reportamento; ser-aí e um-outro vêm a dar um fora do outro. Mas sua verdade é seu reportamento: o ser-para-outra-coisa e o ser-em-si são, por conseguinte essas determinações como momentos; como determinações que são reportamentos e permanecem em sua unidade, na unidade do ser-aí; ou seja: cada qual contém em si ao mesmo tempo o momento diferente e que é seu.

Já se observou acima que ser e nada, em sua unidade que é o ser-aí, já não são ser e nada, porque só são isto fora de sua unidade. É assim que ser e nada, em sua unidade sem repouso, que é o devir, são surgir e desaparecer. {42}

O ser, no ser-aí, é ser-em-si. Este ser é o reportamento a si, a igualdade consigo, que agora [53] não é mais imediata, mas o reportamento é reportamento a si somente como não-ser do não-ser-aí (como ser-aí refletido). Do mesmo modo, o não-ser, como momento do ser-aí, nesta unidade do ser e do não ser, como é o não-ser em geral, mas imediatamente outra coisa, e mais precisamente, reportamento do não-ser-aí, ou ser-para-outra-coisa.

Portanto, o ser-em-si é em primeiro lugar reportamento negativo do não-ser-aí, tem o ser-outro fora dele e o defronta. Na medida em que alguma-coisa é em-si, subtrai-se ao ser-outro e ao ser-para-outra-coisa. Mas, em segundo lugar, tem nele também o não-ser: porque ele mesmo é o não-ser do ser-para-outra-coisa.

Mas o ser-para-outra-coisa é em primeiro lugar negação do ser no ser-aí; na medida em que alguma-coisa é num outro e para um outro, está privado de ser próprio. Mas, em segundo lugar, não é o não-ser como nada puro; é o não-ser-aí que remete ao ser-em-si, como inversamente o ser-em-si remete ao ser-para-outra-coisa.

c) Realität

Anſichſeyn und Seyn-für-Anderes ſind die Momente oder innern Unterſchiede des Daſeyns. Sie ſind das Seyn und Nichts unterſchieden im Daſeyn. Oder durch dieſen Unterſchied iſt das Daſeyn nicht aufgelöſt; ſondern dieſe Momente ſind weſentlich in der Einheit gehalten, welche Daſeyn iſt; denn ſie ſind ſelbſt, wie ſo eben gezeigt, dieſe Einheiten.

Das Daſeyn ſelbſt iſt zunächſt unmittelbare, einfache Einheit des Seyns und Nichts. Inſofern ſich [54] Seyn und Nichts näher in ihm als die ſo eben betrachteten Momente beſtimmt haben, iſt es nicht mehr in der erſten Form der Unmittelbarkeit, ſondern

iſt reflectirtes Daſeyn; es iſt Daſeyn, inſofern es ſich als Anſichſeyn und als Seyn-für-Anderes beſtimmt hat, und die Einheit von ihnen als ſeinen Momenten iſt. Als diß reflectirte Daſeyn iſt es Realität.

Anmerkung

Realität kann ein vieldeutiges Wort zu ſeyn ſcheinen, weil es von ſehr verſchiedenen, ja entgegengeſetzten Beſtimmungen gebraucht wird. Wenn von Gedanken, Begriffen, Theorien geſagt wird, ſie haben keine Realität, ſo heißt diß hier, daß ihnen kein äuſſerliches Daſeyn, keine Wirklichkeit zukomme; an ſich oder im Begriffe könne die Idee einer platoniſchen Republik z. B., wohl wahr ſeyn. — Umgekehrt wenn z. B. nur der Schein des Reichthums im Aufwand vorhanden iſt, wird gleichfalls geſagt, es fehle die Realität, es wird verſtanden, daß jener Aufwand nur ein äuſſerliches Daſeyn ſey, das keinen inner Grund hat. Von gewiſſen Beſchäftigungen wird geſagt, ſie ſeyen keine reelle Beſchäftigungen, nemlich keine ſolche, die Werth an ſich haben; — oder von Gründen, ſie ſeyen nicht reell, inſofern ſie nicht aus dem Weſen der Sache geſchöpft ſind.

Das einemal iſt alſo unter Realität das äuſſerliche Daſeyn, das anderemal das Anſichſeyn verſtanden. Allein diß iſt nicht eine verſchiedene oder entgegengeſetzte Bedeutung der Realität, ſondern vielmehr nur Eine, weil die Realität weſentlich jene beyde Beſtimmungen in ſich ſchließt. Wenn alſo nur das Anſichſeyn, oder nur das Seyn-für-

c) Realidade

Ser-em-si e ser-para-outra-coisa são momentos ou diferenças interiores do 'ser-aí'. São o ser e o nada diferenciados no 'ser-aí'. Ou seja, por intermédio desta diferença, o 'ser-aí' não se dissolve; mas estes momentos são essencialmente mantidos na unidade que é o 'ser-aí'; pois, como se mostrou, são eles mesmos estas unidades.

O ser-aí é, de início, unidade imediata e simples do ser e do nada. Na medida em que [54] ser e nada nele se determinaram de modo mais preciso, como os momentos que acabam de ser considerados, o ser-aí não está mais na forma primeira da imediatez, mas é o 'ser-aí' refletido: é 'ser-aí' na medida em que se determinou como ser-em-si, e como ser-para-outra-coisa, e onde é unidade destes, como seus momentos. Enquanto este 'ser-aí' refletido, é *realidade*.

Nota
Significação habitual da realidade*

Realidade pode parecer uma palavra com muitos sentidos, por ser utilizada por determinações muito diversas e mesmo, opostas. Quando se diz que pensamentos, conceitos, teorias que não têm realidade alguma, significa que não lhes corresponde nenhum 'ser-aí' exterior, nenhuma efetividade: em-si, ou no conceito, a ideia de uma república de Platão, por exemplo, podia ser verdadeira. Inversamente quando, por exemplo, é só a aparência de riqueza que está presente no modo de viver, diz-se igualmente que 'falta a realidade' entendendo-se que este modo de viver não passa de um 'ser-aí' exterior que não tem fundamento interior. De certas ocupações se diz que não são ocupações *reais*, o saber, ocupações que tenham um valor em si. Diz-se que certas razões não são reais, na medida em que não são retiradas da essência da Coisa.

Uma vez se entende por realidade, ser-aí exterior, outras vezes, ser-em-si. No entanto, isto não é uma significação diversa ou oposta da realidade, mas antes, uma só significação porque a realidade inclui estas duas determinações. Portanto, se está presente só o ser-em-si, ou só o ser-para-outra-coisa [55] {43} então se acha que a realidade faz

Anderes vorhanden ift, **[55]** fo wird die Realität darum vermißt, weil jede diefer Beftimmungen für fich einfeitig, fie aber die Totalität ift, welche beyde fodert.

Auch das An-fich hat zum Theil diefe Doppelbedeutung. An-fich ift etwas, infofern es aus dem Seynfür-Anderes heraus, in fich zurückgekehrt ift. Aber Etwas hat auch eine Beftimmung oder Umftand an fich (hier fällt der Accent auf an) oder an ihm, infofern diefer Umftand äufferlich an ihm, ein Seyn-für-Anderes ift.

Diefes beydes ift in dem Dafeyn oder der Realität vereinigt. Das Dafeyn ift fowohl an fich, als es etwas an ihm hat, oder Seyn-für-Anderes ift. Aber daß das Dafeyn das, was es an fich ift, auch an ihm hat, und umgekehrt, was es als Seyn-für-Anderes ift, auch an fich ift, — diß betrift die Identität des Anfichfeyns und Seyns-für-Anderes, vornemlich einem Inhalte nach, und ergibt fich formell zum Theil fchon in der Sphäre des Dafeyns, infofern die Beftimmung in Befchaffenheit übergeht, aber ausdrücklicher in der Betrachtung des Wefens und des Verhältniffes der Innerlichkeit und Aeufferlichkeit, und dann am beftimmteften in der Betrachtung der Idee, als der Einheit des Begriffs und der Wirklichkeit.

Es zeigt fich hier aber fchon vorläufig auch der Sinn des Dings-an-fich, das eine fehr einfache Abftraction ift, aber eine Zeitlang eine fehr wichtige Beftimmung, fo wie, der Satz, daß wir nicht wiffen, was die Dinge an fich find, eine vielgeltende Weisheit war. — Die Dinge heiffen an-fich, infofern von allem Seynfür-Anderes abftrahirt wird, das heißt überhaupt, infofern fie ohne alle Beftimmung, als Nichtfe gedacht **[56]** werden. In diefem Sinn kann man freylich nicht wiffen, was das Ding an-fich ift. Denn die Frage: was? verlangt, daß

falta, pelo motivo de que cada uma destas determinações é unilateral, enquanto a realidade é a totalidade que requer a ambas.

Em-si tem, igualmente, esta dupla significação. Alguma-coisa é em-si na medida em que retornou a si a partir do ser-para-outra-coisa. Mas alguma-coisa tem do mesmo modo uma determinação ou circunstância *em-si* (aqui a ênfase é no *em*)* ou *nela*, na medida em que esta circunstância é nela, exteriormente, um ser-para-outra-coisa[2].

Este duplo aspecto é unificado no ser-aí ou realidade. O ser-aí é, em-si, na medida em que tem alguma-coisa nele, ou que é ser-para-outra-coisa. Mas o ser-aí, se tem nele o que é em-si, e inversamente, se também é em-si o que é como ser-para-outra-coisa, isto concerne a identidade do ser-em-si e do ser-para-outra-coisa.

Trata-se de uma identidade que diz respeito, antes de tudo, ao *conteúdo*. Porém que também se manifesta *formalmente* de vários modos: 1º) na esfera do ser-aí, na medida em que a *determinação* passa para a *disposição*; 2º) mais expressamente ainda, na consideração da essência e da relação da interioridade e da exterioridade; 3º) de maneira mais determinada, na consideração da ideia enquanto unidade do conceito e da efetividade.

Enquanto não se chega lá, aqui o que se mostra é o sentido da coisa-*em-si*, abstração muito simples, mas que durante um tempo foi uma determinação muito importante. Foi quando a proposição "Nós não sabemos o que são as coisas-em-si"* era uma sabedoria de grande valor.

As coisas são ditas em-si na medida em que se faz abstração de todo o ser-para-outra-coisa; quer dizer, em geral na medida em que

---

[2] Nota de Labarrière/Jarczyk. O em-si não é visado aqui como o primeiro tempo do processo lógico que antes passa pela identidade do para-si e do para-outra-coisa, antes de se rematar como em-e-para-si. Porém, captado em sua oposição simples ao ser-para-outra-coisa, o ser-em-si, em primeiro lugar, um modo de *ser* que é a negação de toda exterioridade por reportamento a si. Mas, não é porque rejeita toda a determinação, antes pelo contrário: porque a tem em si mesmo. Tem-na *em-si*, (sob modo refletido) quando considerado a partir do interior que ele é; tem-na *nele* (sob modo designativo), quando visto de fora, a partir da determinação que acolhe e que faz momento em sua direção. (*Science de la logique*, 1972, p. 90, nota 40). (N. do T.)

Beſtimmungen angegeben werden; indem es aber zugleich Dinge-an-ſich ſeyn ſollen, das heißt eben ohne Beſtimmung, ſo iſt in die Frage gedankenloſerweiſe die Unmöglichkeit der Beantwortung gelegt, oder man macht eine widerſprechende Antwort. Das Ding-an-ſich iſt daſſelbe, was jenes Abſolute, von dem man nichts weiß, als daß Alles eins in ihm iſt. Was aber das Ding-an-ſich in Wahrheit iſt, oder vielmehr was überhaupt an ſich iſt, davon iſt die Logik ſelbſt die Darſtellung. Wenn von einem beſtimmten Dinge gefragt wird, was es an ſich ſey, ſo iſt die einfache logiſche Antwort, daß es das an ſich iſt, was es in ſeinem Begriffe iſt.

Es kann hier der vormalige metaphyſiſche Begrif von Gott, der vornemlich dem ſogenannten ontologiſchen Beweiſe vom Daſeyn Gottes zu Grunde gelegt wurde, erwähnt werden. Gott wurde nemlich als der Inbegriff aller Realitäten beſtimmt, und von dieſem Inbegriffe geſagt, daß er keinen Widerſpruch in ſich enthalte, daß keine der Realitäten die andere aufhebe; denn ſie ſey nur als eine Vollkommenheit, als ein Poſitives zu nehmen, das keine Negation enthalte. Somit ſeyen die Realitäten ſich nicht entgegengeſetzt und widerſprechen ſich nicht.

Bey dieſem Begriffe der Realität wird alſo angenommen, daß ſie dann noch bleibe, inſofern alle Negation, damit aber alle Beſtimmtheit derſelben aufgehoben ſey. Allein ſie iſt das Daſeyn überhaupt; ſie enthält das Nichtſeyn als Seyn-für-Anderes, und näher die Grenze oder Beſtimmtheit. Die Realität, die im ſogenannten eminenten Sinne oder als unendliche, **[57]** — in der gewöhnlichen Bedeutung des Worts, — genommen werden ſoll, wird ins Beſtimmungsloſe erweitert, und verliert ihre Bedeutung. Die Güte Gottes ſolle nicht Güte

são pensadas sem nenhuma determinação, como nadas. **[56]** Neste sentido, não se pode certamente saber *o que* é a coisa em si. Porque a questão: *o que é*? requer que se indiquem determinações. Ora, tratando-se de coisas-em-si, isto é, justamente sem determinação, então na pergunta, sem que se notasse, foi posta a impossibilidade da resposta; e a resposta é contraditória.

A coisa-em-si é a mesma coisa que esse absoluto do qual não se sabe nada, a não ser que tudo está nele. Mas o que a coisa-em-si é, em verdade, ou antes, o que é em geral em si, constitui precisamente aquilo de que a Lógica é a apresentação. Quando de uma coisa determinada se questiona o que ela é em si, a resposta lógica simples é que ela é em si o que é no seu conceito[3]. {44}

Pode-se evocar aqui o antigo conceito metafísico de Deus, que foi, sobretudo, posto no fundamento da chamada prova ontológica da existência de Deus. Deus foi determinado como o *conceito-integrativo* de *todas* as *realidades*. Foi dito deste conceito integrativo que não contém nenhuma contradição, que nenhuma das realidades suprassume a outra, pois só deve ser tomada como uma perfeição, como um positivo que não contém nenhuma negação. Deste modo, as realidades não estão opostas a si e não se contradizem.

Admite-se, pois, quanto a este conceito da realidade que ela permanece ainda quando toda a negação, mas ao mesmo tempo, toda a determinidade desta realidade é suprassumida. Mas assim, ela é o ser em geral: contém o não-ser como ser-para-outra-coisa e mais precisamente, o limite ou determinidade. A realidade que deve ser tomada no que se chama *sentido eminente* ou como *infinita* **[57]** — na significação habitual do termo — é estendida até à ausência-de-determinação e perde sua significação.

---

3 Nota de Labarrière/Jarczyk. Para Hegel, o em-si é a totalidade não desdobrada que contém toda a determinação. É idêntico ao conceito que é apenas conceito. A Lógica é a "apresentação", é o desdobramento dessas determinações. Assim, para uma realidade qualquer ser colocada em verdade, deve dar-se a conhecer segundo este processo de mediação que explica o que ela é em sua simplicidade primeira e última. Eis o que significa a identidade do real (princípio e fim) e do racional (que é o mesmo real apreendido em seu devir auto-mediador). (*Science de la logique*, 1972, p. 92, nota 50). (N. do T.)

im gewöhnlichen, fondern im eminenten Sinne, nicht verfchieden von der Gerechtigkeit, fondern durch fie temperirt feyn, fo wie umgekehrt die Gerechtigkeit durch die Güte; fo ift weder Güte mehr Güte, noch Gerechtigkeit mehr Gerechtigkeit. — Die Macht folle durch die Weisheit temperirt feyn, aber fo ift fie nicht abfolute Macht; — die Weisheit folle zur Macht erweitert feyn, aber fo verfchwindet fie als Zweck und Maaß beftimmende Weisheit. Es wird fich fpäter der wahre Begriff des Unendlichen ergeben, fo wie die abfolute Einheit fich immer mehr näher beftimmen wird, die nicht in einem Temperiren, einem gegenfeitigen Befchränken oder Vermifchen befteht, als welches eine höchft oberflächliche, in unbeftimmtem Nebel gehaltene Beziehung ift, mit der fich nur das begrifflofe Vorftellen begnügen kann. — Die Realität, wie fie in jener Definition Gottes als beftimmte Qualität genommen wird, über ihre Beftimmtheit hinausgeführt, hört auf Realität zu feyn; fie wird das einfeitige Anfich, das leer ift; und Gott als das rein Reale in allem Realen, oder als Inbegriff aller Realitäten, ift daffelbe Beftimmungs- und Gehaltlofe, was das vorhin erwähnte leere Abfolute ift, in dem alles Eins ift.

3.

Etwas

Das Dafeyn ift als Realität die Unterfcheidung feiner felbft in Anfichfeyn, und Seyn-für-Anderes. Hierin ift das Anfichfeyn als unterfchieden vom Seyn-für-Anderes; aber es ift fomit nur als darauf bezogen, und in der Einheit mit ihm. Eben fo das Seyn-für-Anderes [58] ift nicht das

Andersfeyn felbft, fondern enthält die Beziehung auf fich felbft, das Anfichfeyn, in fich. Diefe beyden Einheiten machen alfo in ihrem Unterfchiede felbft Eine Einheit aus, und find das Uebergehen in einander.

Das Dafeyn zunächft als folches ift nur die unmittelbare Einheit des Seyns und Nichts. Die Realität ift diefe Einheit in dem beftimmten Unterfchiede ihrer Momente, die an ihr verfchiedene Seiten ausmachen, Reflexionsbeftimmungen, die gegen einander gleichgültig find.

Assim, a bondade de Deus não devia ser bondade no sentido habitual, mas no sentido eminente; não devia ser diferente da justiça, mas *temperada* por ela, como inversamente a justiça pela bondade: deste modo, a bondade não é mais bondade nem a justiça, justiça. A potência devia ser temperada pela sabedoria, mas então deixa de ser potência absoluta: a sabedoria devia ser estendida até a potência, mas então desaparece como sabedoria que determina o fim e a medida. Mais tarde, se desprenderá o verdadeiro conceito do infinito, e também se determinará de forma mais precisa a *unidade absoluta*, que não consiste num temperar, num limitar mútuo ou num misturar o que é um reportamento extremamente superficial que se mantém num nevoeiro indeterminado, com o qual só pode contentar-se um representar desprovido de conceito.

A realidade, tal como se toma nesta definição de Deus — como qualidade determinada — deixa de ser realidade ao ser conduzida além de sua determinidade: torna-se o em-si unilateral que é vazio. Deus, como puramente real em todo o real, ou como conceito-integrativo de todas as realidades, é o mesmo (termo) desprovido de determinação e de teor que o absoluto vazio acima mencionado, no qual tudo é Um.

3.

Alguma-Coisa

O ser-aí é, como realidade, a diferenciação dele mesmo em ser-em-si e ser-para-outra-coisa. Nisto, o ser-em-si é diferente do ser-para-outra-coisa; mas assim, é somente referido a ele e em unidade com ele. Igualmente, o ser-para-outra-coisa **[58]** não é o próprio ser-outro, mas contém nele o reportamento a si mesmo, o ser-em-si. Estas duas unidades constituem, pois, em sua diferença mesma, uma unidade, e são o ato de passar uma para a outra.

O ser-aí primeiramente como tal é só a unidade imediata do ser e do nada. A realidade é esta unidade na diferença determinada de seus momentos que nela constituem os *lados* diversos, as determinações de reflexão, que são indiferentes uma em face da outra. Mas porque cada

Aber weil jede nur ift als in Beziehung auf die andere, und jede die andere in fich fchließt, fo hört die Realität auf, eine folche Einheit zu feyn, in welcher beyde gleichgültig beftehen. Es ift eine Einheit, welche fie nicht beftehen läßt, ihre aufhebende einfache Einheit. Das Dafeyn ift Infichfeyn, und als Infichfeyn ift es Dafeyendes oder Etwas.

Das Infichfeyn des Dafeyns ift fomit die einfache Beziehung deffelben auf fich felbft, wie das Anfichfeyn. Aber das Anfichfeyn ift diefe Gleichheit mit fich mehr auf unmittelbare Weife; im Anfichfeyn ift das Moment des Seyns das zum Grunde liegende, und das Seyn-für-Anderes fteht ihm gegenüber. Diß kann fo ausgedrückt werden, das Anfichfeyn ift die Beziehung des Dafeyns auf fich felbft, nicht als eigene Reflexion des Dafeyns in fich, fondern als eine äufferliche; oder nur dadurch, daß das Seyn-für-Anderes von der Beziehung auf fich, abgetrennt wird. — Das Infichfeyn hingegen ift nunmehr das eigene Anfichfeyn des Dafeyns; es ift feine Reflexion in fich. Das Dafeyn ift die Einheit, welche Realität ift, infofern fie verfchiedene Seiten hat, das heißt, die Realität ift die unmittelbare Einheit, aber bezogen auf jene äufferliche Reflexion, welche verfchiedene Seiten unterfcheidet. Das Infichfeyn [59] dagegen ift die Beziehung des Dafeyns auf fich, infofern das Aufheben des Seyns-für-Anderes fein eigenes ift; das Seyn-für-Anderes geht an ihm felbft in das Anfichfeyn über, und diefes ift dadurch nicht mehr unmittelbares Anfichfeyn, fondern das fich gleichfalls mit feinem andern Momente vereint hat, und in dem das Seyn-für-Anderes aufgehoben ift, oder Infichfeyn.

Etwas beftimmt fich fernerhin näher als Fürfichfeyn, oder Ding, Subftanz, Subject u. f. f. Allen diefen Beftimmungen liegt die negative Einheit zu Grunde; die Beziehung auf fich durch Negation des

uma delas só é em reportamento a outra, e porque cada uma inclui a outra em si, a realidade deixa de ser esse tipo de unidade na qual ambas subsistem indiferentemente. {45} É uma unidade que não as deixa subsistir, é sua unidade simples suprassuminte. O ser-aí é *ser-dentro-de-si*[4]*, e como ser-dentro-de-si é *essente-aí* ou *alguma-coisa*.

O ser-dentro-de-si do ser-aí é, pois, o reportamento simples deste ser-aí a si mesmo, como também o é o ser-em-si. Mas o ser-em-si é esta igualdade consigo antes de modo imediato; no ser-em-si o momento de ser é o que se encontra no fundamento, e o ser-para-outra-coisa se tem diante dele. Isto pode se exprimir assim: o ser-em-si é o reportamento do ser-aí a si mesmo não como *reflexão própria do ser-aí-dentro-de-si*; mas como reflexão exterior; ou seja, só pelo fato de que o ser-para-outra-coisa está separado do reportamento a si.

O ser-dentro-de-si, ao contrário, é doravante o próprio ser-em-si do ser-aí: é sua *reflexão dentro de si*. O ser-aí é unidade que é realidade na medida em que tem diversos lados. O que quer dizer que a realidade é a unidade imediata, mas referida a esta reflexão exterior que distingue os diversos lados. O ser-dentro-de-si, [59] por sua vez, é o reportamento do ser-aí na medida em que o suprassumir do ser-para-outra-coisa é seu próprio suprassumir. Em si mesmo, o ser-para-outra-coisa passa para o ser-em-si, e deste modo este já não é ser-em-si imediato, mas ser-em-si que se uniu igualmente com seu outro momento e no qual o ser-para-outra-coisa foi suprassumido: é o *ser-dentro-de-si*.

Alguma-coisa se determina ulteriormente de maneira mais precisa como ser-para-si, ou coisa, substância, sujeito etc. No fundamento de todas estas determinações se encontra a unidade negativa: o repor-

---

[4] Nota de Labarrière/Jarczyk. *Insichsein*, que traduzimos de forma literal por 'ser-dentro-de-si' (para o distinguir de *Ansichsein*, 'ser-em-si'). O parágrafo seguinte explica em detalhes a diferença entre esses dois termos. Ser-em-si já exprime um certo tipo de identidade refletida do ser-aí consigo mesmo, mas ainda fica em reportamento de oposição, portanto de 'reflexão exterior', com o segundo momento, o do ser-para-outra-coisa. *Insichsein* remata a determinação do 'ser-aí': é o ser-em-si que se reflete, enfim, plenamente em si mesmo, em sua identidade devinida com o ser-para-outra-coisa. Sobre a passagem da "reflexão ponente" à "reflexão exterior" e depois à "reflexão determinante", cf. Logik II, 13ss. (*Science de la logique*, 1972, p. 94, nota 63). (N. do T.)

Andersſeyns. Etwas iſt dieſe negative Einheit des Inſichſeyns nur erſt ganz unbeſtimmt.

Das Daſeyn geht in Daſeyendes innerhalb ſeiner ſelbſt über, dadurch daß es als Aufheben des Seyns-für-Anderes dieſen Punkt der negativen Einheit gewinnt. Das Daſeyn iſt alſo als Etwas nicht die unmittelbare, ſeyende Einheit des Seyns und Nichts; ſondern als Inſichſeyn hat es Beziehung auf ſich, inſofern es Negation iſt. Das Seyn des Etwas beſteht alſo nicht in ſeiner Unmittelbarkeit, ſondern im Nichtſeyn des Andersſeyns, das Daſeyn iſt alſo im Etwas inſofern in das Negative übergegangen, daß dieſes nunmehr zu Grunde liegt. Das Etwas iſt Daſeyn allein inſofernes eine Beſtimmtheit hat. [60]

B.
Beſtimmtheit

Daſeyn iſt Seyn mit einem Nichtſeyn. Es iſt Seyn, einfache Beziehung auf ſich ſelbſt, aber nicht mehr als Unmittelbarkeit, ſondern als negative Beziehung auf ſich ſelbſt, dieſe macht ſein Seyn aus. So iſt es Etwas. Hier kehrt ſich alſo am Daſeyn, das Moment des Nichtſeyns heraus.

Etwas als Daſeyendes unterſcheidet erſtlich ſein Moment der Negativität von ihm ſelbſt, als ſeine Grenze.

Alsdann aber zeigt ſich die Grenze als die Weſentlichkeit des Etwas, und iſt ſeine Beſtimmtheit, die ſich in Beſtimmtheit als an-ſich-ſeyende, in Beſtimmung, und in Beſtimmtheit als ſeyende für-Anderes, in Beſchaffenheit, unterſcheidet. Die Beſtimmtheit iſt als die Beziehung dieſer Momente Qualität.

Drittens aber geht die Qualität durch die Beſchaffenheit in Veränderung über.

tamento a si por meio da negação do ser-outro. Alguma-coisa só é esta unidade negativa do ser-dentro-de-si de uma maneira inicialmente de todo indeterminada[5].

O ser-aí passa para o essente-aí no interior de si mesmo por meio do fato que, como suprassumir do ser-para-outra-coisa, ele ganha este ponto da unidade negativa. O ser-aí, enquanto alguma-coisa não é, pois, a unidade imediata, a unidade *que é*, do ser e do nada; mas, como ser-dentro-de-si, tem o reportamento a si na medida em que é negação. O *ser* do alguma-coisa não consiste, portanto, em sua imediatez, mas no não-ser do ser-outro. O ser-aí, no alguma-coisa, passou, pois, para o negativo na medida em que este se encontra doravante no fundamento. O alguma-coisa é ser-aí somente na medida em que há uma determinidade[6]. {46} [60]

B.
Determinidade

Ser-aí é ser com um não-ser. É ser, reportamento simples a si mesmo, não mais, contudo, como imediatez, mas como reportamento negativo a si mesmo; este constitui seu ser. É assim que ele é alguma-coisa. Aqui ressalta, pois, no ser-aí o momento do não-ser.

Alguma-coisa como essente-aí diferencia, em primeiro lugar de si mesmo, como seu limite, o momento da negatividade que é o seu.

Mas, em segundo lugar, o limite se mostra como essencialidade do alguma-coisa; é sua determinidade que se diferencia em determinidade como em-si-essente, ou determinação e em determinidade como essente para-outra-coisa ou disposição. A determinidade, como reportamento destes momentos, é qualidade. Enfim, em terceiro lugar, a qualidade, por meio da disposição, passa para a *mudança*.

---

[5] Nota de Labarrière/Jarczyk. Há identidade entre ser-dentro-de-si (Insichsein), alguma-coisa (Etwas) e essente-aí (*Daseiendes*). (*Science de la logique*, 1972, p. 95, nota 66). (N. do T.)

[6] Nota de Labarrière/Jarczyk. A determinidade (*Bestimmtheit*) é com efeito a qualificação propriamente negativa que faz do ser-aí um essente-aí (com o duplo caráter de *limite* e *realização* concreta). (*Science de la logique*, 1972, p. 95, nota 67). (N. do T.)

1.

Grenze

1. Das Etwas ift erftens ein überhaupt umfchloffenes Dafeyn; es enthält das Nichtfeyn des Andersfeyns in fich; ein Nichtfeyn, wodurch es ift, als Infichfeyn. [61]

Zweytens ift es als Dafeyn wohl Seyn-für-Anderes; aber das Seyn-für-Anderes ift in das Anfichfeyn zurückgenommen. Diß heißt einestheils das Andersfeyn ift nicht verfchwunden; aber weil das Etwas eben aus dem Grunde des Zurückgekehrtfeyns in fich einfaches Infichfeyn ift, fo fällt das Andersfeyn auffer ihm. Diß Andre ift ein anderes Etwas, wogegen das Etwas gleichgültig ift; es ift, ob diß Andere fey, oder nicht fey, oder wie es fey. Das Etwas ift Anfichfeyn, und zwar gegen das Andre; diß Anfichfeyn macht feine Gleichgültigkeit aus. — Das erfte Anfichfeyn des Dafeyns ift unmittelbares Anfichfeyn; hingegen das Infichfeyn ift auch Anfichfeyn, aber als nicht unmittelbares, fondern ein Anfichfeyn, das negativ ift, gegen Anderes, oder das Anfichfeyn. Das herausgetreten ift, in das Seyn-für-Anderes. — Darin alfo, daß das Dafeyn beftimmt ift als gleichgültig, tritt erft das Andere einem Dafeyn eigentlich gegenüber; in das Andersfeyn, wie es vorhin erfchien, war das Dafeyn felbft übergegangen; diefe Einheit beyder bildete fich zu den betrachteten Momenten aus, durch deren negative Einheit, das Infichfeyn, fich das Dafeyn vom Andersfeyn abtrennt und in gleichgültige Beziehung auf einander fetzt.

Drittens deßwegen aber, weil das Infichfeyn das Nichtfeyn des Andersfeyns ift, ift das Etwas nicht gleichgültiges überhaupt, fondern, das Nichtfeyn des Andern ift wefentliches Moment feiner Gleichgültigkeit; es ift das Aufhören eines Andern in ihm.

Etwas enthält alfo die drey Momente 1) fein Nichtfeyn, das Andere ift auffer ihm; es felbft ift fich felbft gleiche Beziehung auf fich, 2) das Andere ift nicht Anderes überhaupt, oder in einer äufferlichen Reflexion, [62] fondern es hört im Etwas auf, Etwas ift fein Nichtfeyn; 3) Etwas hat dadurch das Nichtfeyn felbft an ihm, aber als Aufhören feines Andersfeyns, und damit als Seyn feiner felbft.

Es hat eine Grenze.

1.
Limite

1. O alguma-coisa é primeiro um ser-aí absolutamente fechado; contém o não-ser do ser-outro; um não-ser pelo qual é como dentro-de-si. **[61]**

Segundo, como ser-aí, é por sua vez ser-para-outra-coisa; mas o ser-para-outra-coisa é retomado no ser-em-si.

Isto quer dizer que o ser-outro não desapareceu; mas porque alguma-coisa, justamente em razão deste ser-retornando dentro de si, é ser-dentro-de-si simples, o ser-outro vem a dar fora dele. Este outro é um outro alguma-coisa, em face do qual o alguma-coisa é *indiferente*; indiferente a respeito de que este outro seja, ou não seja, ou seja o que for. O alguma-coisa é ser-em-si e o é em face do outro; este ser-em-si constitui sua indiferença.

O primeiro ser-em-si do ser-aí é ser-em-si imediato; ao contrário, o ser-dentro-de-si é também ser-em-si, mas não como imediato: é um ser-em-si que é negativo a respeito de outra-coisa, ou ser-em-si que saiu para o ser-para-outra-coisa. Por isso o ser-aí é determinado como indiferente: é que o outro vem a defrontar, para falar com propriedade, *um* ser-aí. Já vimos que o próprio ser-aí passou para o ser-outro. Esta unidade de ambos se articulava nos momentos considerados, e por meio da unidade negativa dos momentos — o ser-dentro-de-si —, o ser-aí se separa do ser-outro e se põe num reportamento indiferente entre um e outro.

Em terceiro lugar, porém, porque o ser-dentro-de-si é o não-ser do ser-outro, o alguma-coisa não é indiferente em geral, mas o não-ser do outro é momento essencial de sua indiferença; é ele *o cessar de um outro nele*.

Alguma-coisa contém pois os três momentos: 1) seu não-ser, o outro, está fora dele e ele é reportamento a si, igual a si mesmo; 2) o outro não é outra coisa em geral ou numa reflexão exterior, **[62]** mas cessa no alguma-coisa; esse alguma-coisa que é seu não-ser; 3) alguma-coisa, por isso, {47} tem o não-ser mesmo nele, mas como cessar de seu ser-outro, e portanto, como ser de si mesmo.

Há um *limite*.

Etwas hat eine Grenze zunächſt nur als gegen Anderes; ſie iſt das Nichtſeyn des Andern, nicht des Etwas ſelbſt; es begrenzt nicht ſich ſelbſt dadurch, ſondern ſein Anderes.

2. Aber das Andre iſt ſelbſt ein Etwas überhaupt, denn es iſt gleichfalls Daſeyn. Die Grenze alſo, welche das Etwas gegen das Andre hat, iſt auch Grenze des Andern als Etwas, oder es iſt Grenze deſſelben, wodurch es das erſte Etwas als ſein Anderes von ſich abhält, oder iſt ein Nichtſeyn jenes Etwas. Sie iſt alſo nicht nur Nichtſeyn des Andern, ſondern auch des Etwas; ſie am Etwas ſelbſt.

Oder unmittelbar inſofern das Etwas nur iſt, als Nichtſeyn des Andern, ſo iſt es an ihm ſelbſt Nichtſeyn, und die Grenze iſt eben ſo ſehr das, wodurch es ſelbſt begrenzt wird.

3. Sie iſt als Nichtſeyn das Aufhören des Etwas, Aber indem ſie weſentlich das Aufhören des Andern iſt, ſo iſt das Etwas zugleich durch ſeine Grenze. — Das Andre iſt gleichfalls Nichtſeyn des Etwas, aber wenn die Grenze nur diß Nichtſeyn wäre, ſo hörte Etwas überhaupt in ſeiner Grenze auf; aber ſie iſt nur ſo Nichtſeyn des Etwas, daß ſie zugleich Nichtſeyn des Andern, alſo Seyn des Etwas iſt.

Inſofern nun Etwas in ſeiner Grenze iſt und nicht iſt, und dieſe Momente in unmittelbarer Unterſchiedenheit zunächſt genommen werden, ſo fällt das **[63]** Nichtdaſeyn und das Daſeyn des Etwas auſſer einander. Etwas hat ſein Daſeyn auſſer ſeiner Grenze; eben ſo iſt aber auch das Andre, weil es Etwas iſt, auſſerhalb derſelben. Sie iſt die Mitte beyder, in der ſie aufhören. Sie haben das Daſeyn jenſeits von einander und von ihrer Grenze; die Grenze als das Nichtſeyn eines jeden iſt das Andre, jedes hat ſo ſein Daſeyn auſſer ſeinem Nichtſeyn.

— Nach dieſer Verſchiedenheit des Etwas von ſeiner Grenze, erſcheint uns die Linie als Linie nur auſſerhalb ihrer Grenze, dem Punkte; die Fläche als Fläche auſſerhalb der Linie; der Körper als Körper nur auſſerhalb ſeiner begrenzenden Fläche. — Diß iſt die Seite, von welcher die Grenze zunächſt in die Vorſtellung, — das Auſſerſichſeyn des Begriffes, — fällt, alſo vornemlich auch in den räumlichen Gegenſtänden genommen wird.

Alguma-coisa só tem um limite, primeiro, enquanto em face de outro: é o não-ser do outro, não do alguma-coisa mesmo: não é a si mesmo que limita por isso, mas seu outro.
2. Mas o outro é por sua vez um alguma-coisa em geral, porque é igualmente ser-aí. O limite, pois, que o alguma-coisa tem em face de outro, enquanto alguma-coisa, ou o que é limite desse outro, é aquilo pelo qual mantém o primeiro alguma-coisa à distância dele, como seu outro, mas também do alguma-coisa: o limite afeta o alguma-coisa mesmo.

Ou seja: imediatamente, na medida em que o alguma-coisa é apenas como não-ser do outro, então ele também é não-ser, e o limite é igualmente o que é limitado pelo limite.

3. O limite, como não-ser, é o cessar de ser do alguma-coisa. Porém, enquanto é essencialmente o cessar do outro, então o 'alguma-coisa' é, ao mesmo tempo, por meio de seu limite.

O outro é igualmente não-ser do alguma-coisa; mas se o limite fosse somente este não-ser, então alguma-coisa cessaria absolutamente em seu limite. Mas este limite só é não-ser do alguma-coisa sendo ao mesmo tempo não-ser do outro, portanto, ser do alguma-coisa.

Entretanto, na medida em que alguma-coisa, em seu limite, é e não-é, e estes momentos são tomados primeiro em estado de diferenciação imediata, então o **[63]** não-ser-aí e o ser-aí do alguma-coisa vêm a dar um fora do outro. Alguma-coisa tem seu ser-aí fora de seu limite; mas igualmente, o outro também, porque é alguma-coisa, está no exterior deste limite. O limite é o meio termo dos dois, no qual ambos cessam: têm seu 'ser-aí' para além um do outro, e para além de seu limite. O limite, como o não-ser de cada um deles, é o outro: cada um tem seu 'ser-aí' fora de seu não-ser.

Conforme esta diversidade do alguma-coisa em relação a seu limite, a linha só nos aparece como linha no exterior de seu limite, o ponto. A superfície, como superfície, no exterior da linha; o corpo, como corpo, no exterior de sua superfície limitante. Este é o aspecto como o limite chega à representação — ser-fora-de-si do conceito — é, portanto, o aspecto por excelência como o limite é tomado nos objetos espaciais.

4. Ferner aber ist das Etwas, wie es außer der Grenze ist, das unbegrenzte Etwas nur das Daseyn überhaupt. Außer der Grenze ist Etwas nicht von seinem Andern unterschieden; es ist nur Daseyn, es hat also mit seinem Andern dieselbe Bestimmung; jedes ist nur Etwas überhaupt, oder jedes ist Anderes.

Etwas aber ist Etwas nur durch Insichseyn; und es ist in sich, nur durch Nichtseyn eines Andern; ohne Grenze ist es sein Anderes. Sein Hinausgekehrtseyn gegen Anderes, das Nichtseyn, das seine Grenze ist, macht somit das Wesentliche des Etwas, oder sein Daseyn aus. Etwas ist, was es ist, nur in seiner Grenze.

Das Insichseyn, als einfache Beziehung auf sich selbst schließt zunächst das Andersseyn und damit die [64] Grenze selbst — als die Beziehung auf das Andere — von sich und aus dem Etwas aus. Aber die Gleichheit des Etwas mit sich beruht auf seiner negativen Natur; oder das Nichtseyn ist hier das Ansichseyn selbst; also ist die Grenze das Insichseyn. Es hatte sich oben das Insichseyn des Etwas so bestimmt, daß es das in das Ansichseyn aufgenommene Seyn-für-Anderes ist; das Ansichseyn gegen Anderes war die Gleichgültigkeit des Etwas gegen Anderes. Aber umgekehrt ist das Andersseyn oder Nichtseyn des Etwas damit als Ansichseyn gesetzt, das keinen andern Inhalt oder Bestehen hat, als die Grenze selbst.

— Der Punkt ist also nicht nur so Grenze der Linie, daß diese in ihm nur aufhört, und sie als Daseyn außer ihm ist; — die Linie nicht nur so Grenze der Fläche, daß diese in der Linie nur aufhört, eben so die Fläche als Grenze des Körpers. Sondern im Punkte fängt die Linie auch an; er ist ihr absoluter Anfang, er macht ihr Element aus, wie die Linie das Element der Fläche; die Fläche das des Körpers. Diese Grenzen sind so zugleich das Princip dessen, das sie begrenzen; wie das Eins, z. B. als hundertstes, Grenze ist, aber auch Element des ganzen Hundert.

Die Grenze ist also von dem Etwas nicht unterschieden; diß Nichtseyn ist vielmehr sein Grund, und macht es zu dem, was es ist; sie macht sein Seyn aus, oder sein Seyn geht nicht über sein Andersseyn, über seine Negation hinaus. So ist die Grenze Bestimmtheit. [65]

4. Todavia, o alguma-coisa é além disso, de maneira como está fora do limite o alguma-coisa ilimitado — somente o ser-aí em geral. Fora do limite, alguma-coisa não é diferente de seu outro: é apenas ser-aí, e tem com seu outro a mesma determinação; cada um é somente alguma-coisa em geral, ou, cada um é outro.

Mas alguma-coisa só é alguma-coisa por meio do ser-dentro-de-si; só é *dentro de si* por meio do não-ser de um outro; sem limite ele é seu outro. Seu ser-saído em face de outra coisa, o não-ser que é seu limite, constitui assim o essencial do alguma-coisa, ou seu ser-aí.

Alguma-coisa é o que é somente em seu limite. {48} O ser-dentro-de-si, como reportamento simples a si mesmo, começa por excluir de si e do alguma-coisa, o ser-outro, e, portanto, o [64] limite mesmo entendido como reportamento ao outro. Mas a igualdade consigo do alguma-coisa repousa sobre sua natureza negativa: o *não-ser* aqui é o próprio *ser-em-si*; o limite é, pois, o ser-dentro-de-si. O ser-dentro-de-si do alguma-coisa tinha sido determinado acima de tal modo que é o ser-para-outra-coisa assumido no ser em-si. O ser-em-si em face de outra coisa era indiferença do alguma-coisa em face de outra-coisa. Mas inversamente, o ser-outro ou não-ser do alguma-coisa é assim posto como ser-em-si que não tem outro conteúdo ou subsistir se não o próprio limite.

O *ponto* não é, pois, apenas o limite da *linha* de forma que cesse nele, e como ser-aí esteja fora dele. A linha não é só o limite da superfície de forma que esta só cesse na *linha*; igualmente a *superfície* como limite do *corpo*. Porém, no ponto a linha *começa* também: ele é seu começo absoluto, e constitui seu elemento como igualmente a linha, o elemento da superfície e a superfície, do corpo. Estes limites são ao mesmo tempo o princípio do que limitam; assim como o *um*, por ex., como centésimo é limite, mas também elemento da centena inteira.

O limite não é, pois, diferente do alguma-coisa; esse não-ser é antes, seu fundamento e faz dele o que é: constitui seu ser, ou seja, seu ser não ultrapassa seu ser-outro, não ultrapassa sua negação. É assim que o limite é *determinidade*. [65]

2.
Beſtimmtheit

Die Grenze gehört dem Etwas ſelbſt an; es hat kein Daſeyn auſſer ihr; ſie iſt das Anſichſeyn des Etwas ſelbſt; iſt ſeinem Inſichſeyn nicht äuſſerlich, ſondern iſt ſelbſt inſichſeyende Grenze. Ihre Wahrheit iſt die Beſtimmtheit überhaupt. — Diß iſt das Reſultat des vorhergehenden. — Wenn die Grenze ſich verändert, ſo ſcheint das Etwas überhaupt noch als ein Daſeyn zu bleiben, und die Veränderung auſſer ihm, nur in der Grenze vorzugehen. Wie aber die Grenze in Wahrheit iſt, nemlich als Beſtimmtheit, (die qualitative, noch nicht quantitative Grenze) iſt ſie das, wodurch Etwas das iſt, was es iſt; wenn die Beſtimmtheit verſchwindet, ſo verſchwindet Etwas ſelbſt, oder wenn eine andere Beſtimmtheit an die Stelle einer andern tritt, ſo iſt Etwas ſelbſt ein Anderes.

Etwas hat eine Beſtimmtheit. In dieſem Ausdrucke wird das Etwas und ſeine Beſtimmtheit von einander unterſchieden. Dieſer Unterſchied gehört aber der äuſſern Reflexion an. Etwas iſt das Beſtimmte; es iſt in einfacher unmittelbarer Einheit mit ihr. Etwas verſchwindet darum in ſeiner Beſtimmtheit; es iſt daher eigentlich nicht ſowohl mehr von dem Etwas als von ihr zu ſprechen. Denn Etwas iſt das Inſichſeyn in einer Unmittelbarkeit; nach dieſer hat es die Regation, die Grenze nur an ihm, als Seyn-für-Anderes, und Etwas iſt an ſich gegen ſie; aber in der Einheit mit ihr iſt es aufgehoben, denn ſeine Unmittelbarkeit iſt verſchwunden, und es iſt in die Beſtimmtheit übergegangen.

Die einfache Beſtimmtheit iſt Einheit des Inſichſeyns und der Grenze. Sie enthält beyde in ihr als **[66]** aufgehobene, als Momente, oder ſie iſt ſelbſt auf dieſe gedoppelte Weiſe beſtimmt. Sie iſt einerſeits in ſich gekehrte Grenze, andererſeits aber auch das Inſichſeyn, das in das Seyn-für-Anderes übergegangen oder als Grenze iſt.

a) Beſtimmung

Als inſichgekehrte Grenze iſt die Beſtimmtheit anſich; ſie iſt das Beſtimmte als ſich nur auf ſich beziehend; als das Nichtſeyn des Andern, ſo daß es dadurch nicht ſelbſt begrenzt wird.

Die Beſtimmtheit kann nach dieſer Seite genauer Beſtimmung genannt werden. In ſeiner Beſtimmung ruht Etwas in ſich ſelbſt; es iſt

2.
Determinidade

O limite pertence ao alguma-coisa mesmo; não tem nenhum ser-aí fora dele; é o em-si do próprio alguma-coisa: não é exterior a seu ser-dentro-de-si, mas é por sua vez, limite em-si-essente. Sua verdade é a *determinidade* em geral. Tal é o resultado do que precede.

Quando o limite muda, o alguma-coisa em geral parece ficar ainda como um ser-aí, e a mudança parece sobrevir-lhe de fora, só no limite. Mas, como o limite é em verdade, isto é, como *determinidade* (o limite qualitativo e ainda não quantitativo) é por ele que alguma-coisa é o que é. Quando a determinidade desaparece, alguma-coisa mesmo desaparece, ou quando uma determinidade toma o lugar de outra, então o alguma-coisa mesmo é um outro.

Alguma-coisa *tem* uma determinidade. Nesta expressão, o alguma-coisa e sua determinidade são diferenciados um do outro. Mas esta diferença pertence à reflexão exterior. Alguma-coisa é *determinado*, é *o* determinado: é unidade imediata e simples com sua determinidade. Por isso é que o alguma-coisa desaparece com sua determinidade; por conseguinte, não há propriamente nem alguma-coisa nem determinidade. Porque alguma-coisa é numa imediatez segundo esta, não há negação, limite nela, a não ser enquanto ser-para-outra-coisa, e alguma-coisa que está em-si em face dela. Mas, na unidade com ela, foi suprassumida; porque sua imediatez desapareceu, e passou para a determinidade. {49}

A *determinidade* simples é a unidade do ser-dentro-de-si e do limite. Contém a ambos nela, como [66] suprassumidos, como momentos, ou seja: *ela mesma é determinada desta dupla maneira*. De um lado, é o limite voltado para si, mas de outro, é também este ser-dentro-de-si que passou para o ser-para-outra-coisa, ou: que é como limite.

a) Determinação

Como limite voltado para si, a determinidade é *em-si*: é a determinidade como se reportando só a si; como o não-ser do outro, de modo que por aí, este outro não é limitado.

A determinidade, segundo este lado, pode ser chamada mais exatamente, *determinação*. Em sua determinação alguma-coisa repousa

in ihr das, was es feyn foll. Es ift zwar Anderes auffer ihm, aber fo daß Etwas nicht das, was es ift, in diefer Beziehung auf Anderes ift, fondern es ift aus der Beziehung auf Anderes in fich zurückgenommen. Grenze als Beftimmung ift nicht mehr die beziehende Mitte zwifchen ihm und Anderem, fie gehört nur dem Etwas an, das fie nicht gemeinfchaftlich hat, fondern fie ift feine Beziehung auf fich felbft.

b) Befchaffenheit

Die Beftimmung macht das Anfichfeyn des Etwas aus. Aber die Beftimmtheit ift nicht nur An-fichfeyn, fondern ift als Grenze, auch Seyn-für-Anderes, oder das in das Andersfeyn übergegangene Infichfeyn. Die Beftimmtheit ift zuerft Gleichgültigkeit gegen Anderes, und das Andre fällt auffer dem Etwas. Aber zugleich indem die Grenze ihm felbft angehört, hat es das Andersfeyn an ihm felbft. Die Beftimmtheit ift auf **[67]** diefe Weife äufferliches Dafeyn des Etwas, das zwar fein Dafeyn ift, aber das nicht feinem Anfichfeyn angehört.

Die Beftimmtheit ift fo Befchaffenheit.

So oder anders befchaffen, ift Etwas nicht als in fich feyend, fondern als in äufferem Einfluß und Verhältniffe begriffen. Diefe Beftimmtheit, die ihm zwar angehört, ift vielmehr fein Andersfeyn, aber infofern es an ihm ift. Die äufferliche Beziehung, von der die Befchaffenheit abhängt, und das Beftimmtwerden durch ein Anderes erfcheint als etwas Zufälliges, weil es als ein Anderes, Aeufferliches erfcheint. Aber das Etwas befteht darin, diefer Aeufferlichkeit preisgegeben zu feyn, und eine Befchaffenheit zu haben. — Die Beftimmung ift das in fich zurückgenommene Andersfeyn; eben dadurch ift vielmehr das Andersfeyn, ftatt aufgehoben zu feyn, zur Beftimmung der Beftimmtheit, zu ihrem Anfichfeyn gemacht worden.

c) Qualität

Die Beftimmtheit ift alfo zuerft die einfache in-fichfeyende Grenze. Aber fie hat dadurch die zwey Momente, die betrachtet worden find. Die Beftimmtheit in diefer nähern Reflexion ift Qualität, wel-

dentro de si mesmo; nela é o que *deve ser*. Outra-coisa, certamente, está fora dele; mas de modo que por seu reportamento a ele que o alguma-coisa é o que é, porém ele é retomado em si a partir do reportamento a outra coisa. O *limite* como *determinação* não é mais o meio que opera o reportamento entre ele e outra-coisa; senão que só pertence ao alguma-coisa, que não o tem em condomínio, mas é o reportamento deste alguma-coisa a si mesmo.

b) Disposição

A determinação constitui o ser-em-si do alguma-coisa. Contudo, a determinidade não é só ser-em-si, mas é também, como limite, *ser-para-outra-coisa* ou ser-dentro-de-si passado para o ser-outro. A determinidade é inicialmente indiferença em relação a outra-coisa, e o outro vem a dar fora do alguma-coisa. Mas ao mesmo tempo, enquanto o limite pertence ao próprio alguma-coisa, em o ser-outro em si mesmo. A determinidade é desta maneira, [**67**] o ser-aí exterior do alguma-coisa, ser-aí que certamente é *seu* ser-aí, mas que não pertence a seu ser-em-si.

A determinidade é assim, *disposição*.

Disposta assim ou diversamente, alguma-coisa não é entendida como sendo *em* si, mas como *em* uma influência ou relação exterior; esta determinidade que lhe pertence, na certa, é antes seu ser-outro; mas na medida em que seu ser-outro está nele. O reportamento exterior, de que depende a disposição e o devir determinado por meio de um outro, aparecem como alguma-coisa de contingente porque ele aparece como um outro, um exterior. Mas o alguma-coisa *consiste* em ser entregue a esta exterioridade e em ter uma *disposição*. A determinação é o ser-outro retomado dentro de si; por isso, justamente, em lugar de ser suprassumido, ele foi antes feito determinação da determinidade, seu ser-em-si.

c) Qualidade

A determinidade é, pois, inicialmente, o limite simples dentro-de-si-essente. Mas tem por isso os dois momentos que foram considerados. A determinidade, nesta reflexão mais precisa, é *qualidade*, a

che fowohl die Bedeutung von Beſtimmung als Beſchaffenheit in ſich vereinigt. Die Qualität als dieſe Vereinigung iſt die beſtimmte Natur von Etwas, nicht als eine in ſich ruhende, ſondern ſofern es zugleich eine durch die Beziehung auf Anderes ſich beſtimmende Weiſe an ihm hat.

Inſofern bey ihrer beſondern Betrachtung Beſtimmung und Beſchaffenheit von einander unterſchieden wurden, ſo iſt Etwas nach ſeiner Beſtimmung gleichgültig [68] gegen ſeine Beſchaffenheit. Aber beyde ſind weſentlich Momente eines und deſſelben, oder näher iſt die Beſchaffenheit eigentlich die in der Beſtimmung ſelbſt enthaltene Grenze. Die Beſchaffenheit, inſofern ſie zugleich als in einem Aeuſſerlichen, einem Andern überhaupt gegründet erſcheint, hängt alſo auch von der Beſtimmung ab, und die fremde Beſtimmung iſt durch die eigene, immanente zugleich beſtimmt. Umgekehrt gehört die Beſchaffenheit zu dem, was das Etwas an ſich iſt; mit ſeiner Beſchaffenheit ändert ſich Etwas.

Anmerkung

Die Qualität iſt in dieſer Rückſicht vornemlich Eigenſchaft, als ſie in einer äuſſerlichen Beziehung ſich als immanente Beſtimmung zeigt. Denn unter Eigenſchaften z. B. von Kräutern verſteht man Beſtimmungen, die einem Etwas nicht nur überhaupt eigen ſind, ſondern inſofern es ſich dadurch in Beziehung auf andere Dinge auf eine eigenthümliche Weiſe verhält, und die fremden in ihm geſetzten Einwirkungen nicht in ſich gewähren läßt, ſondern ſeine Schranke als ein Inſichſeyn zeigt, und ſie in ſeinem Andersſeyn — ob es diß zwar nicht von ſich abhält — geltend macht. Die mehr ruhenden Beſtimmtheiten, z. B. Figur, Geſtalt, Größe, nennt man dagegen nicht wohl Eigenſchaften.

Inſofern man von guter oder ſchlechter Qualität ſpricht, ſo hat die Qualität die Bedeutung ſeines Moments, der Beſchaffenheit. Denn gut und ſchlecht ſind Urtheilsbeſtimmungen über die Uebereinſtimmung der Beſchaffenheit mit der Beſtimmung, mit dem Begriffe. Zugleich aber iſt dieſe Beſchaffenheit nicht eine bloße unweſentliche,

qual unifica em si tanto a significação de *determinação*, quanto a de *disposição*. {50} Qualidade — como esta unificação — é a natureza determinada de alguma-coisa, como natureza em repouso em si mesma, mas enquanto possui em si, ao mesmo tempo, uma maneira de se determinar por meio do reportamento a outra-coisa.

Na medida em que, por ocasião de sua consideração particular, determinação e disposição foram diferenciadas uma da outra, então alguma-coisa, segundo sua determinação, é indiferente [68] à sua disposição. Mas ambas são essencialmente momentos de um só e mesmo, ou mais precisamente a disposição é o limite contido na própria determinação. A disposição, na medida em que aparece ao mesmo tempo como fundada num exterior — outro em geral — depende também da determinação e a determinação alheia é ao mesmo tempo determinada por meio da determinação própria, imanente. Inversamente, a disposição pertence ao que é em-si o alguma-coisa. Alguma-coisa muda com sua disposição.

Nota
Significação habitual da qualidade*

A qualidade é por excelência *propriedade* nesta perspectiva onde se mostra, num *reportamento exterior*, *determinação imanente*. Porque as propriedades, (por ex., quando se fale de ervas) são entendidas como determinações que não são apenas em geral, próprias de alguma-coisa, mas indicam que este alguma-coisa por causa da disposição se comporta de maneira característica em reportamento às outras coisas, e não deixa que se exerçam nele influências estranhas nele postas; se não que mostra seu limite como um ser-dentro-de-si e faz *valer* seu limite em seu ser-outro, embora não consiga mantê-lo à distância de si. Outras determinidades que estão mais em repouso, por ex., figura, forma exterior, grandeza, não se chamam quase nunca propriedades.

Quando se fala de qualidade boa ou má, então a qualidade significa um momento do alguma-coisa, a disposição. Porque *bom* e *mau* são determinações de juízo sobre a *concordância* da *disposição* com a determinação ou o conceito. Mas, ao mesmo tempo, esta disposi-

abtrennbare Aeußerlichkeit, [69] oder ein bloßer Zuſtand, ſondern Beſtimmtheit des Seyns der Sache ſelbſt. Beſchaffenheit iſt nicht von der Beſtimmung abgeſondert, ſondern wie die Sache beſchaffen iſt, ſo iſt ſie auch. Die Qualität iſt eben diß, daß die in Beſtimmung und Beſchaffenheit unterſchiedene Beſtimmtheit, weſentlich die Einheit beyder Momente iſt.

Die Qualirung oder Inqualirung einer in die Tiefe aber in eine trübe Tiefe gehenden Philoſophie, bezieht ſich auf die Beſtimmtheit, inſofern ſie an ſich, aber zugleich ein Anderes an ſich iſt; oder auf die nähere Natur des Gegenſatzes, wie er im Weſen iſt, inſofern er die innere Natur der Qualität und weſentlich ihre Selbſtbewegung in ſich ausmacht. Die Qualirung bedeutet daher in jener Philoſophie die Bewegung einer Beſtimmtheit in ihr ſelbſt, inſofern ſie in ihrer negative Natur (in ihrer Qual) ſich aus anderem ſetzt und befeſtigt, überhaupt die Unruhe ihrer an ihr ſelbſt iſt, nach der ſie nur im Kampfe ſich hervorbringt und erhält.

3.
Veränderung

Die Beſtimmtheit iſt Qualität, reflektirte Beſtimmtheit, inſofern ſie die beyden Seiten, der Beſtimmung, und der Beſchaffenheit, hat.

Die letztere iſt die Beſtimmtheit, inſofern ſie das Andersſeyn an ihr ſelbſt iſt. Die Grenze, als Seyn äuſſerer Beſtimmungen macht die Beſchaffenheit aus; aber es iſt die Beſtimmtheit ſelbſt, welche dieſe Grenze iſt, die Aeußerlichkeit iſt daher eigne Aeußerlichkeit ſeiner ſelbſt. Indem alſo Etwas in ſeiner Beſtimmtheit an ihm ſelbſt ſein Nichtſeyn iſt, oder ſeine Beſtimmtheit eben ſo ſehr ſein Anderes, als die ſeinige iſt, ſo iſt hier ein Werden geſetzt, welches Veränderung iſt. [70]

Die Veränderung liegt nothwendig ſchon im Daſeyn ſelbſt; es iſt Einheit des Seyns und Nichts, es iſt an ſich Werden. Aber es iſt das zur unmittelbaren Einheit gewordene Werden. Inſofern es ſich zum Werden wieder entwickelt, ſind es nicht die abſtracten Momente des Seyns und Nichts, in die es auseinander tritt, die das übergehende ausmachen, ſondern die Momente als aus dem Daſeyn, der Einheit des

ção não é uma simples exterioridade inessencial, separável [69] ou um simples *estado*; mas é determinidade do ser da Coisa mesma. A disposição não é isolada da determinação, mas tal como é *disposta* a Coisa, assim também ela *é*. A qualidade é exatamente isto: a determinidade, diferenciada em determinação e disposição, é essencialmente a unidade desses dois momentos.

*A *Qualirung* ou *Inqualirung* de uma filosofia que vai na profundeza, mas em uma profundeza turva,* se refere à determinidade enquanto é em-si, mas ao mesmo tempo é em-si um outro; ou seja, a natureza mais precisa da oposição tal como é na essência, enquanto esta oposição constitui a natureza interior da qualidade e essencialmente seu automovimento em si. Por conseguinte, a *Qualirung* significa nessa filosofia o movimento de uma determinidade em si mesma, na medida em que se põe e afirma em sua natureza negativa (em sua *Qual* ou tormento) a partir {51} de outra-coisa, e na medida em que, em geral, põe ela fora de si mesma sua própria inquietude, segundo a qual somente no combate se produz e se mantém.

3.

Mudança

A determinidade é qualidade, determinidade refletida, enquanto tem os dois *lados*: o da determinação e o da disposição.

Esta última é a determinidade na medida em que é em si mesma o ser-outro. O limite, como ser das determinações exteriores, constitui a disposição; mas é a própria determinidade que é este limite, e a exterioridade é, por conseguinte, exterioridade *própria de si mesma*. Enquanto, pois, alguma-coisa na sua determinidade é seu não-ser (ou seja: que sua determinidade é tanto seu outro quanto ela é sua determinidade) então o que se põe aqui é um devir que é *mudança*. [70]

A mudança já se encontra necessariamente no próprio ser-aí, o qual, é unidade do ser e do nada, e é em si, devir. Mas é o devir chegado à unidade imediata. Na medida em que se desenvolve de novo em devir, já não são mais os momentos abstratos do ser e do nada, em que se divide, que constituem o que passa e sim os momentos enquanto surgem a partir do ser-aí ou da unidade do ser e do nada: os mo-

Seyns und Nichts, hervorgehend, als folche welche felbft diefe Einheiten find, Diefe Momente find das Infichfeyn des Etwas, und das Andere; — nicht als Momente der äuſſern Reflexion, wie Anfichfeyn und Seyn für Anderes — fondern als immanente Momente des Dafeyns felbft. In der Beftimmung ift das Andersfeyn, das zunächft als Grenze ift, zur einfachen Beftimmtheit zurückgenommen, oder fie ift felbft die einfache Einheit beyder Momente. Aber die Befchaffenheit ift die Beziehung derfelben als fich einander anders feyender oder als unterfchiedener, und ihn Beziehung in einer und derfelben Rückficht; fomit ihr Aufheben an ihnen felbft.

a) Veränderung der Befchaffenheit

Die Veränderung fällt zunächft nur in die Befchaffenheit; die Beftimmung ift die der Beziehung auf Anderes entnommene Grenze; die Befchaffenheit dagegen die dem Andern offene Seite, oder die Seite, in der das Andre als Andres ift. Es ift infofern in der Beftimmung noch ein Infichfeyn vorhanden, das von der Befchaffenheit und der Veränderung verfchieden ift; das Etwas ift noch vorhanden und gibt nur die eine feiner Seiten preis. — Auch ift das Werden darum hier näher als Veränderung beftimmt, weil nicht rein abftracte Momente in Beziehung find, fondern folche, welche felbft Einheiten von einander find, wodurch alfo die Beftimmung [71] fich im Uebergehen zugleich erhält, und hier nicht ein Verfchwinden, fondern nur ein Anderswerden gefetzt ift.

Zunächft ift es alfo die Befchaffenheit, welche fich fo ändert, daß fie nur eine andere Befchaffenheit wird; indem nemlich eine Befchaffenheit eine beftimmte ift, und die Beftimmtheit in Veränderung übergeht. Aber diefe Veränderung der Beftimmtheit ift es felbft, die hier näher betrachtet wird; die Beftimmtheit geht darum in Veränderung über, weil fie Befchaffenheit ift.

Es ift alfo die Befchaffenheit als folche, die fich verändert; nicht eine Befchaffenheit, fo daß die Befchaffenheit als folche bliebe; daher

mentos enquanto são eles mesmo estas unidades. Estes momentos são o ser-dentro-de-si do alguma-coisa, e o outro: não como momentos da reflexão exterior, tais como o ser-em-si e o ser-para-outra-coisa; mas como momentos imanentes do próprio ser-aí. Na determinação, o ser-outro, que é primeiro como limite, é retomado em determinidade simples, isto é: a determinação é a unidade simples dos dois momentos. Mas a disposição é seu reportamento como reportamento de alteridade de um com o outro ou de diferença e é seu reportamento numa só e mesma perspectiva; portanto, seu suprassumir em si mesmos.

a) Mudança da disposição

A mudança inicialmente ocorre apenas na disposição: a determinação é o limite subtraído o reportamento a outra coisa; a disposição, por sua vez, é o lado no qual o outro é como outro. Nesta medida, ainda está presente na determinação um ser-dentro-de-si que é diferente da disposição e da mudança. O alguma-coisa está ainda presente e sacrifica somente um de seus lados.

Portanto, *o devir também é determinado aqui, de maneira mais precisa, como *mudança*, pela razão de que não são momentos puramente abstratos em reportamento, mas momentos tais que são eles mesmos unidades um do outro; segue-se daí que a determinação, [71] no passar, se mantém igualmente, e o que se põe aqui não é um desaparecer, mas somente um devir-outro.*

É, pois a disposição que de início muda e de uma maneira tal que se torna somente *uma outra disposição*, a saber enquanto uma disposição é uma *disposição determinada*, e a determinidade passa para a mudança. {52} Aqui se examina mais detidamente esta mudança mesma da determinidade. A determinidade passa para a mudança por este motivo: ela é *disposição*.

É, pois, *a* disposição como tal que muda: não *uma* disposição, de modo que a disposição como tal permanecesse. Não se deve tanto

muß nicht sowohl gesagt werden, daß sie sich verändert, sondern ist selbst die Veränderung.

b) Sollen und Schranke

Etwas erhält sich in der Veränderung seiner Beschaffenheit; die Veränderung trift nur diese unstäte Oberfläche des Andersseyns, nicht die Bestimmung des Etwas selbst. Es ist aber die Beschaffenheit des Etwas, welche Veränderung ist: das heißt, das Andersseyn desselben, welches an ihm selbst ist. Die Beschaffenheit des Etwas ist nicht nur Oberfläche, sondern die Grenze ist das Insichseyn des Etwas; oder die Beschaffenheit ist seine Bestimmung selbst. Beyde ergaben sich oben nur als verschiedene Seiten für die äussere Reflexion; aber sie sind an sich in der Qualität vereinigt und ungetrennt; die Aeusserlichkeit des Andersseyns ist die eigene Innerlichkeit des Etwas. Etwas ist bestimmt, es ist in sich nur durch seine Grenze; sie ist Negation des [72] Andersseyns, aber damit ist das Andersseyn die an-sich-seyende immanente Bestimmung des Etwas selbst.

Es ist nemlich im Etwas nicht nur vorhanden, das Insichseyn und sein Anderes überhaupt, sondern diß sein Anderes ist seine ansichseyende Bestimmtheit, nemlich die Bestimmung selbst. Diese ist daher das sich auf sich beziehende Insichseyn, das aber als dieses Insichseyn selbst seine Grenze ist. Das sich selbst gleiche Insichseyn bezieht sich daher auf sich selbst als auf sein eigenes Nichtseyn. Die Grenze, die so die Bestimmung des Etwas ausmacht, aber so daß sie zugleich als sein Nichtseyn bestimmt ist, ist Schranke.

Das Ansichseyn der Bestimmung aber in dieser Beziehung auf die Grenze, nemlich auf sich als Schranke, ist Sollen.

Die Grenze, die am Daseyn überhaupt ist, ist nicht Schranke. Daß sie Schranke sey, muß das Daseyn zugleich über sie hinausgehen. Es muß sich auf sie als auf ein Nichtseyendes beziehen. Das Daseyn

dizer: a disposição muda, como — o que é mais exato — a disposição é a mudança[7].

b) Dever-ser e limitação

Alguma-coisa se mantém na mudança de sua disposição. A mudança atinge apenas essa superfície instável do ser-outro, não a determinação do alguma-coisa mesmo. Mas é a disposição do alguma-coisa que é a mudança, quer dizer: o ser-outro daquilo que é *nele mesmo*. A disposição do alguma-coisa não é só superfície, se não que o limite é o ser-dentro-de-si do alguma-coisa ou seja: a disposição é a sua determinação mesma.

Determinação e disposição se destacaram acima apenas como *lados* diversos para a reflexão exterior; porém na qualidade, estão unificados e não separados; a exterioridade do ser-outro é a interioridade própria do alguma-coisa. Este é determinado, é dentro-de-si somente por meio de seu limite. Limite é negação do [72] ser-outro, mas assim, o ser-outro é a determinação imanente em-si essente do próprio alguma-coisa.

Com efeito, no alguma-coisa não estão só presentes o ser-dentro-de-si e seu outro em geral; mas este outro que é o seu, é sua determinidade em-si essente, isto é, a determinação mesma. Por conseguinte, a determinação é o ser-dentro-de-si referindo-se a si, mas que como este ser fora de si, é ele mesmo seu limite. O limite que constitui assim a determinação do alguma-coisa, mas de modo que é determinado ao mesmo tempo como seu não-ser, é limitação.

Mas o ser-em-si da determinação, neste reportamento ao limite — quero dizer, a si mesmo como limitação — é dever-ser.

O limite que é ser-aí em geral, não é limitação. Para que seja limitação, é preciso que ao mesmo tempo em que o ser-aí o ultrapasse; precisa referir-se ao limite como a um não-essente. O ser-aí do algu-

---

[7] Nota de Labarrière/Jarczyk. A disposição, como reportamento a outra-coisa, é a marca da finitude do alguma-coisa. Neste nível é que a mudança deve dar-se a conhecer, se é verdade que concerne ao alguma-coisa como tal. A mudança da disposição é o mesmo que a passagem da finitude à infinitude. (*Science de la logique*, 1972, p. 107, nota 123). (N. do T.)

des Etwas liegt nur ruhig gleichgültig gleichsam neben seiner Grenze. Etwas geht aber über seine Grenze nur hinaus, insofern es deren Aufgehobenseyn ist. Und indem die Grenze die Bestimmung selbst ist, geht Etwas damit über sich selbst hinaus.

Das Sollen enthält also die verdoppelte Bestimmung, einmal sie als ansichseyende Bestimmung; das andremal aber dieselbe als ein Nichtseyn, als Schranke. Das Sollen ist die Bestimmung und das Aufgehobenseyn ihrer selbst, und zwar so daß eben diß Aufgehobenseyn ihrer selbst in ihr ist. Das

Sollen ist also die Beziehung der Bestimmung auf sich als auf ihr Nichtseyn, oder auf das Nichtseyn, das sie selbst ist. [73]

Was seyn soll, ist und ist zugleich nicht. Wenn es wäre, so sollte es nicht bloß seyn. Also das Sollen hat wesentlich eine Schranke. — Aber ferner diese Schranke ist nicht ein Fremdes. Das, was seyn soll, ist die Bestimmung, d.i. es ist die Bestimmtheit der Bestimmung selbst, welche nicht ist. Diß ist das, was so eben so ausgedrückt wurde, daß das Sollen die Bestimmtheit ist, aber eben so das Aufgehobenseyn dieser Bestimmtheit selbst.

Was sich also ergeben hat, besteht darin: Etwas hat eine Bestimmung; d.h. eine Bestimmtheit, welche aber nicht seine Grenze, nicht sein Aufhören sey, sondern vielmehr sein Insichseyn selbst. Aber es hat damit zugleich eine Grenze oder ist bestimmt; die aufgehobene Grenze ist aufbewahrt. Diese Grenze ist Schranke, und die Bestimmung ist Sollen, insofern die Bestimmtheit in der einfachen Einheit des Insichseyns zugleich ist und nicht ist.

Das In-sich-Beruhen des Etwas in seiner Bestimmung setzt sich also zum Sollen herab, dadurch daß dieselbe Bestimmtheit, welche sein Insichseyn ausmacht, zugleich auch in einer und derselben Rücksicht aufgehoben, als Nichtseyn ist. Die Schranke des Etwas ist daher nicht ein Aeusseres, sondern seine eigene Bestimmung ist auch seine Schranke.

Als Sollen geht das Etwas ferner über seine Schranke hinaus, d. h. das was nicht ist in ihm, was aufgehoben ist, ist auch in ihm; nemlich dieselbe Bestimmtheit, als welche es aufgehoben ist, ist sein Ansichseyn, und seine Grenze ist auch nicht seine Grenze.

ma-coisa só se encontra tranquilamente indiferente, por assim dizer, ao lado do seu limite. Porém alguma-coisa não ultrapassa seu limite se não na medida em que é o ser suprassumido deste limite. Enquanto o limite é a determinação mesma alguma-coisa por aí ultrapassa a *si mesma*.

O dever-ser contém assim a determinação redobrada, uma vez a contém como determinação em-si-essente; outra vez contém esta mesma determinação como um não-ser, como limitação. O dever ser é a determinação e o ser-suprassumido desta mesma determinação, e o é de tal maneira que este ser-suprassumido da limitação está nela. O dever-ser é, pois, {53} o reportamento da determinação a si como a seu não-ser, ou ao não ser que é ela mesma. [73]

O que deve ser é e ao mesmo tempo, *não é*. Se fosse, não *deveria* simplesmente ser. Portanto, este dever-ser é simplesmente uma limitação. Além disso, esta limitação não é algo de estranho. *O que deve ser é a determinação, isto é, é a determinidade da determinação mesma que não é*. Isto se exprime sob a forma de que o dever-ser é a determinidade, mas igualmente *o ser-suprassumido desta mesma determinidade*.

O que se destacou, portanto, consiste nisto: alguma-coisa tem uma determinação: quer dizer, uma determinidade que, contudo, não é seu limite, seu cessar, mas antes seu próprio ser-dentro-de-si. Mas, ao mesmo tempo, *tem* um limite, é determinado: o limite, suprassumido, está conservado. Este limite é uma limitação, e a determinação é dever-ser, na medida em que a determinidade, na unidade simples do ser-dentro-de-si, *é* e ao mesmo tempo *não é*.

O repousar-em-si do alguma-coisa na determinação que é a sua, se rebaixa, pois, até o dever-ser, por meio do fato que a mesma determinidade que constitui seu ser-dentro-de-si, suprassumida também ao mesmo tempo numa só e mesma perspectiva, é como *não-ser*. A limitação do alguma-coisa não é assim um exterior, mas a determinação própria deste alguma-coisa é também sua limitação.

Além do que o alguma-coisa como dever-ser ultrapassa seu limite: isto é, o que *não está* dentro dele, o que é suprassumido, *está* também dentro dele; com efeito, a mesma determinidade em cuja qualidade está suprassumido, é seu ser-em-si e seu limite igualmente não é seu limite.

Als Sollen ist somit Etwas über seine Schranke erhaben, umgekehrt hat es aber nur als [74] Sollen seine Schranke. Beydes ist untrennbar. Es hat insofern eine Schranke als es eine Bestimmung hat, und die Bestimmung ist auch das Aufgehobenseyn der Schranke.

Anmerkung

Das Sollen hat neuerlich eine große Rolle in der Philosophie, vornemlich in Beziehung auf Moralität, und überhaupt auch als der letzte und absolute Begriff von der Identität der Gleichheit mit sich selbst und der Bestimmtheit gespielt.

Du kannst, weil du sollst, — dieser Ausdruck, der viel sagen sollte, liegt im Begriffe des Sollens. Denn das Sollen ist das Hinausseyn über die Schranke; die Grenze ist in demselben aufgehoben. — Aber umgekehrt ist es eben so richtig: Du kannst nicht, eben weil du sollst. Denn im Sollen liegt eben so sehr die Schranke als Schranke; die Bestimmtheit macht die Bestimmung aus als Insichseyn; aber das Insichseyn ist wesentlich als das Aufgehobenseyn dieser Bestimmtheit, welche doch das Insichseyn selbst ist, also die Bestimmtheit als Nichtseyn, als Schranke.

Im Sollen beginnt überhaupt der Begriff der Endlichkeit, und damit zugleich das Hinausgehen über sie, die Unendlichkeit. Das Sollen enthält dasjenige, was sich in weiterer Entwicklung als der Progreß ins Unendliche darstellt, bey welchem die Natur der darin enthaltenen unvollkommenen Identität näher betrachtet werden wird. [75]

c) Negation

1. Das Daseyn, das bestimmte Seyn, als Einheit seiner Momente, des Ansichseyns und des Seynsfür-Anderes, war oben Realität.

Alguma-coisa, como *dever-ser* está assim *elevado acima de sua limitação*, mas inversamente, somente como [74] dever-ser é que tem sua limitação. Há limitação na medida em que há determinação e a determinação é também o ser suprassumido da limitação.

Nota

Tu deves, porque tu podes*

O dever-ser desempenhou recentemente um grande papel em filosofia, sobretudo em reportamento à moralidade, e em geral também como o conceito último e absoluto a propósito da identidade da *igualdade consigo mesmo* e da *determinidade*[8].

Tu podes porque tu deves — esta expressão que devia dizer muito se encontra no conceito do dever-ser. Porque o dever-ser é o ser-no-exterior para além da limitação; nele, o limite está suprassumido. Mas inversamente é igualmente exato dizer: *Tu não podes, justamente porque tu deves*. Porque o dever-ser se encontra igualmente na limitação como limitação; a determinidade constitui, como ser-dentro-de-si, a determinação. Mas o ser-dentro-de-si {54} está essencialmente como ser-suprassumido desta determinidade, que aliás é o próprio ser-dentro-de-si, portanto a determinidade como não-ser, como limite.

No dever-ser se inaugura em geral o conceito da finitude, e por isso mesmo o ato de a transgredir, a infinitude. O dever-ser contém o mesmo que num desenvolvimento ulterior se apresenta como progresso ao infinito a propósito do qual vai ser examinada mais detidamente a natureza da identidade imperfeita que lá se encontra contida. [75]

c) Negação

1. O ser-aí, o ser *determinado* como unidade de seus momentos — o ser-em-si e o ser-para-outra-coisa — era acima a *realidade*.

---

[8] Nota de Labarrière/Jarczyk. Quanto à importância do *Sollen* na moralidade, Hegel alude a Kant. A aplicação mais vasta se refere à Fichte; o qual, diz Hegel na História da Filosofia, "não chega à ideia da razão como unidade real acabada, do sujeito e do objeto, do Eu e do não-Eu; ela é um dever-ser, como em Kant, um fim, uma fé". (*Science de la logique*, 1972, p. 110, nota 138). (N. do T.). Nota resumida por Vaz. (N. do E.)

Die freygewordene Beftimmtheit ift, gleichfalls als Einheit der Beftimmung und der Befchaffenheit, Qualität. Der Realität fteht die Negation gegenüber. Die Qualität macht die Mitte und den Uebergang zwifchen Realität und Negation aus; fie enthält diefe beyden in einfacher Einheit. Aber in der Negation tritt das Nichtfeyn als die Wahrheit hervor, in welche die Realität übergegangen ift.

Dem Reellen fteht auch das Ideelle entgegen, und dem Negativen das Pofitive. Der Gegenfatz des Reellen und Ideellen wird fich unten beym Fürfichfeyn ergeben; der Gegenfatz des Pofitiven und Negativen aber gehört unter die eigentlichen Reflexionsbeftimmungen, oder ift der Gegenfatz, wie er im Wefen ift, und tritt dort hervor. — Infofern der Negation die Pofition überhaupt entgegengefetzt wird, fo heißt diefe nichts anderes als Realität.

Wie die Realität daffelbe ift, was das Dafeyn, infofern diefes die Momente des Anfichfeyns und des Seyn-für-Anderes an ihm hat, fo kann die Negation auch für die reflectirte Beftimmtheit angenommen werden, nach demjenigen nemlich, was fich als die Wahrheit derfelben ergeben hat, nemlich die Einheit von Sollen und von Schranke zu feyn.

Anmerkung

Die Beftimmtheit überhaupt ift Negation, (Determinatio eft negatio) fagte Spinoza; — [76] ein Satz, der von durchgängiger Wichtigkeit ift; — der fich an der Betrachtung der Beftimmtheit ergab. Denn fie ift wefentlich die Grenze und hat das Andersfeyn zu ihrem Grunde; das Dafeyn ift nur durch feine Grenze das, was es ift; es fällt nicht aufferhalb diefer feiner Negation. Daher war nothwendig, daß die Realität in Negation überging; fie macht damit ihren Grund und Wefen offenbar.

Es ift bey der Realität bemerkt worden, daß der Inbegriff aller Realitäten, wenn fie ohne Grenze gedacht werden, zum leeren Nichts wird. Werden fie aber als beftimmte Realitäten erhalten, fo wird der Inbegriff aller Realitäten eben fo zum Inbegriff aller Negationen. Diß kann, da die Negation fich fo eben zur Schranke und der Endlichkeit beftimmt hat, auch heiffen, der Inbegriff aller Schranken und Endlichkeiten.

A determinidade tornada livre é, igualmente como unidade da determinação e da disposição, *qualidade*. A realidade defronta a negação. A qualidade constitui o meio termo e a passagem entre realidade e negação: contém a ambas numa unidade simples. Mas na negação o não-ser ressalta como a verdade para a qual passou a realidade.

Ao *real* se opõe também o ideal; e ao negativo, o positivo. A oposição entre o real e o ideal se destacará, abaixo, a propósito do ser-para-si; a oposição entre positivo e negativo releva das determinações de reflexão propriamente ditas, ou seja, é do tipo da oposição que está na essência, e é lá que ela será destacada. Na medida em que à negação se opõe a posição em geral, esta última significa apenas realidade.

Como a realidade é a mesma coisa que o ser-aí — na medida em que este tem nele os momentos de ser-em-si e de ser-para-outra-coisa — assim a negação pode também ser tomada por determinidade refletida e isto segundo o que se destacou como sua verdade, a saber, a unidade do dever-ser e da limitação.

Nota*

1. *A determinidade em geral é negação*: *Determinatio est negatio*, dizia Spinoza. **[76]** A importância desta proposição é admitida comumente. Aqui foi destacada pela consideração da determinidade. Com efeito, a determinidade é essencialmente o limite, e tem o ser-outro por fundamento: somente por meio de seu limite o 'ser-aí' é o que é: não vem a dar no exterior desta sua negação. Por conseguinte, era necessário que a realidade passasse para negação: ali torna manifesta seu fundamento e sua essência.

A respeito da realidade, já se observou que o conceito integrativo de todas as realidades — quando são pensadas sem limite — chega ao nada vazio. Mas se são mantidas como realidades determinadas, então o conceito integrativo de todas as realidades chega igualmente ao conceito integrativo de todas as negações. O que, como a negação, foi acima determinado em limitação e finitude, pode também significar o conceito integrativo de todas as limitações e de todas as finitu-

Aber Schranke und Endlichkeit find nur diß, fich felbft aufzuheben; die Negation aber, daß fie als abfolute Negativität wefentliche Beftimmung des abfoluten Wefens, und die höhere Beftimmung als die Realität ift, wird gleich nachher vorläufig erwähnt werden.

Von dem Satze, daß die Beftimmtheit Negation ift, ift die Einheit der Spinoziftifchen Subftanz, oder daß nur Eine Subftanz ift, — eine nothwendige Confequenz. Denken und Seyn mußte er in diefer Einheit in eins fetzen, denn als beftimmte Realitäten, find fie Negationen, deren Unendlichkeit oder Wahrheit nur ihre Einheit ift. Er begriff fie daher als Attribute, d. h. als folche, die nicht ein befonderes Beftehen, ein An-und-für-fich-Seyn haben, fondern nur als aufgehobene, als Momente find. — Eben fo wenig kann die Subftantialität der Individuen, gegen jenen Satz beftehen. Denn das Individuum ift ein nach allen [77] Rückfichten befchränktes; es ift individuelle Beziehung auf fich, nur dadurch, daß es allem Andern Grenzen fetzt; aber diefe Grenzen find damit auch Grenzen feiner felbft, Beziehungen auf Anderes, es hat fein Dafeyn nicht in ihm felbft. Das Individuum ift zwar mehr als nur das nach allen Seiten befchränkte; aber infofern es als endliches genommen wird, fo macht fich dagegen, daß das Endliche als folches als bewegungslos, als feyend, an und für fich fey, die Beftimmtheit wefentlich als Negation geltend, und reißt es in die negative Bewegung, woraus es aber nicht fein leeres Nichts, fondern vielmehr erft feine Unendlichkeit und das An-und-für-fich-Seyn hervorgeht.

2. Die Beftimmtheit ift Negation überhaupt. Aber näher ift die Negation das gedoppelte Moment der Schranke und des Sollens.

Erftens: Die Negation ift nicht bloß das Nichts überhaupt, fondern reflectirte, auf das Anfichfeyn bezogene Negation; der Mangel als von Etwas, oder die Schranke; die Beftimmtheit, gefetzt als das was fie in Wahrheit ift, als Nichtfeyn.

Zweytens: Die Negation als Sollen ift die an fich feyende Beftimmtheit, oder umgekehrt, das Sollen ift die Beftimmtheit oder Negation als An-fich-feyn. Sie ift infofern die Negation jener erften Beftimmtheit, welche als Nichtfeyn, als Schranke gefetzt ift. Sie ift fomit Negation der Negation, und abfolute Negation.

des. Mas limitação e finitude são apenas o ato-de-se-suprassumirem. Porém a negação, que como negatividade absoluta é a determinação essencial da essência absoluta, e a determinação {55} mais alta que a realidade, é que vai agora ser evocada.

Uma consequência necessária da proposição (de que a determinidade é negação) é *a unidade da substância espinosista* e o fato de que só existe uma substância. Nesta unidade, teve de pôr o pensamento e o ser como um só, porque enquanto realidades determinadas são negações cuja infinidade — ou verdade — é somente sua unidade. Por isso os entendeu como atributos, isto é, como termos que não têm um subsistir particular — um ser-em-si e para-si — mas que são apenas como suprassumidos, como momentos.

Frente a esta proposição também não se pode manter a substancialidade dos indivíduos. Com efeito, indivíduo é algo de [77] limitado, por todos os lados: não tem reportamento individual a si se não pelo fato de que põe limites a qualquer outro. Mas, simultaneamente, estes limites são também limites dele próprio, reportamentos com outra coisa e não tem seu ser-aí em si mesmo. O indivíduo, na certa, é mais que o que é limitado por todos os lados; mas na medida em que é tomado como *finito*, então — embora o finito como tal seja em si e para si desprovido de movimento, como essente — a determinidade se impõe essencialmente como negação, e o arrasta no movimento negativo. Porém deste movimento negativo não sai seu nada puro, mas somente sua infinitude e ser-em-si-e-para-si.

2. A determinidade é a negação em geral. Porém, mais precisamente, a negação é o momento duplicado da *limitação* e do *dever-ser*.

— Primeiro: a negação não é simplesmente o nada em geral, mas negação refletida, reportada ao ser-em-si: a falta como falta de alguma-coisa, ou a limitação; a determinidade *posta* como o que é em verdade: não-ser.

— Segundo: a negação como dever-ser é a determinidade em-si essente, ou inversamente, o dever-ser é a determinidade ou a negação como ser-em-si. Nesta medida, ela é a negação da *primeira determinidade*, que é posta como não-ser, como limitação. É a *negação da negação*, e *negação absoluta*.

So ift die Negation das wahrhafte Reale und Anfichfeyn. Diefe Negativität ift es, die das Einfache ift, [78] welches als Aufheben des Andersfeyns in fich zurückkehrt; die abftracte Grundlage aller philofophifchen Ideen, und des fpeculativen Denkens überhaupt, von der man fagen muß, daß fie erft die neuere Zeit in ihrer Wahrheit aufzufaffen begonnen hat. — Diefe Einfachheit hat an die Stelle des Seyns, oder jeder Beftimmtheit zu treten, die in unmittelbarer Form, als an-und-für-fich-feyend genommen wird. Wenn fernerhin von Regativität oder negativer Natur die Rede feyn wird, fo ift darunter nicht jene erfte Negation, die Grenze, Schranke oder Mangel, fondern wefentlich die Negation des Andersfeyns zu verftehen, die, als folche, Beziehung auf fich felbft ift.

Hier ift die an-fich-feyende Negation nur erft Sollen, zwar Negation der Negation, aber fo daß diß Negiren felbft noch die Beftimmtheit ift. Es ift nemlich die Grenze oder Negation, welche fich als Anfichfeyn auf fich als Nichtfeyn bezieht. Beyde Negationen, welche fich aufeinander beziehen, machen die Beziehung der Negation auf fich felbft aus, aber fie find noch andre für einander; fie begrenzen fich gegenfeitig.

Diefe Negationen nun, die fich noch als andere aufeinander beziehen, — die als Nichtfeyn gefetzte Negation und die anfichfeyende Negation — die Schranke und das Sollen, machen das (qualitativ) Endliche und (qualitativ) Unendliche, und deren Beziehung aufeinander aus. [79]

C.

(Qualitative) Unendlichkeit

1.

Endlichkeit und Unendlichkeit

Das Dafeyn ift beftimmt; und die Beftimmtheit fetzt fich als Negation und Schranke dadurch, daß fie als infichfeyende Beftimmtheit zugleich über fich hinausgeht, und fich auf fich als auf ihre Negation bezieht. Das Dafeyn ift auf diefe Weife nicht nur beftimmt, fondern befchränkt; endlich, und es ift nicht nur endlich, fondern es ift die Endlichkeit.

É assim que a negação é o real e o ser-em-si verdadeiros. Esta negatividade é que é o simples [78] que opera um retorno sobre si mesmo como suprassumir do ser-outro; a base abstrata de todas as ideias filosóficas e do pensar especulativo em geral, a qual, é preciso dizer, só a época moderna começou a captar em sua verdade. Esta simplicidade deve substituir o *ser*, ou cada determinidade tomada segundo uma forma *imediata*, como essente-em-si e para-si. Quando daqui para diante se falar em negatividade ou em natureza negativa, deve-se entender por tais expressões não a negação primeira, o limite, a limitação ou a falta, mas essencialmente a negação do ser-outro, negação que como tal é *reportamento a si mesmo*.

Aqui a negação em-si-essente, primeiro só é o dever-ser; é certamente negação da negação, mas de tal modo que negar a si mesmo é ainda a determinidade. Com efeito, é o limite ou negação que como ser-em-si se refere a si como não-ser. Estas duas negações que se referem uma a outra, constituem o *reportamento* da negação a si mesma, mas são ainda *outras*, uma para a outra: elas se limitam mutuamente.

Agora, essas negações, que se referem ainda uma a outra como outras, a negação posta como não-ser e a negação em-si essente — a limitação e o dever-ser, constituem o (qualitativamente) *finito* e o (qualitativamente) *infinito* e seu *reportamento um ao outro*. [79] {56}

C.
Infinitude (qualitativa)

1.
Finitude e Infinitude

O ser-aí é determinado e a determinidade se põe como negação e limitação pelo fato que, como determinidade em-si-essente, ultrapassa ao mesmo tempo a si mesmo, e a si mesmo se refere como à sua negação. O ser-aí, desta maneira, não é só determinado, mas limitado: *finito*. E não é apenas finito, mas é a *finitude*.

Infofern wir von den Dingen fagen, fie find endlich, fo wird darunter verftanden, daß fie nicht nur eine Beftimmtheit enthalten, — denn die Qualität kann als Beftimmung oder auch als Realität genommen werden, — fondern daß nicht das Seyn, vielmehr das Nichtfeyn als Schranke ihre Natur ausmacht.

Das Beftimmte ift aber nur im Sollen endlich; das heißt, infofern es über fich felbft als über feine Negation hinausgeht. Das Endliche ift Negation, infofern es fich Negation ift, fich auf fich als auf Nichtfeyn bezieht, infofern es alfo die Schranke eben fo fehr aufhebt. Es ift nemlich die Grenze, infofern fie das Anfichfeyn, oder die Beftimmung ausmacht, das heißt, eben fo fehr infofern es fich auf fich bezieht, alfo fich felbft gleich ift. In diefer Beziehung der Negation [80] auf fich felbft aber befteht das Aufheben der Negation feiner, oder feiner Ungleichheit. Die Beftimmtheit ift alfo nur infofern Negation und Endlichkeit, als zugleich darin die Beziehung auf fich felbft, die Gleichheit mit fich, das Aufheben der Schranke vorhanden ift. Das Endliche ift alfo felbft diefes Aufheben feiner, es ift felbft diß, unendlich zu feyn.

Wie fich alfo der Begriff des Unendlichen ergeben hat, fo ift es das Andersfeyn des Andersfeyns, die Negation der Negation, die Beziehung auf fich, durch Aufheben der Beftimmtheit. — Das Unendliche in diefem feinem einfachen Begriffe kann als die zweyte Definition des Abfoluten werden; er ift tiefer als das Werden; aber hier noch mit einer Beftimmtheit behafftet; und die Hauptfache ift, den wahrhaften Begriff der Unendlichkeit von der fchlechten Unendlichkeit, das Unendliche der Vernunft von dem Unendlichen des Verftandes zu unterfcheiden.

Zuerft hat es fich am beftimmten Dafeyn gezeigt, daß es in feinem Anfichfeyn fich als Endliches beftimmt, und über fich als die Schranke hinausgeht. Es ift alfo überhaupt die Natur des Endlichen felbft, über

Quando dizemos que as coisas são finitas, entendemos que não somente que contêm uma determinidade — pois a qualidade pode ser tomada como determinação ou também como realidade — mas não é o ser, senão antes o não-ser como limitação que constitui sua natureza.

Mas o determinado só é finito no dever-ser; ou seja, na medida em que ultrapassa a si mesmo como ultrapassando sua negação. O finito é negação na medida em que é para si mesmo negação, e se refere a si como a um não-ser, portanto na medida em que suprassume igualmente sua limitação. Com efeito, o finito é limite na medida em que se refere a si, pois, é igual a si mesmo. Mas neste reportamento a si mesmo da negação [80] consiste o suprassumir de sua negação ou de sua desigualdade. A determinidade só é negação e finitude na medida em que nela se encontram presentes ao mesmo tempo o reportamento a si mesmo, a igualdade consigo, o suprassumir da limitação. O finito é, portanto este suprassumir de si, ele mesmo é o fato de ser *infinito*.

Portanto, assim como foi destacado seu conceito, o *infinito* é o ser-outro do ser-outro, a negação da negação, o reportamento a si pelo suprassumir da determinidade. O infinito, no conceito simples que é o seu, pode ser tido como a segunda definição do absoluto. Este conceito é mais profundo que o devir; mas aqui ainda está afetado de uma determinidade. O mais importante é distinguir o verdadeiro conceito da infinitude da má infinitude; o infinito da razão do infinito do entendimento[9]. {57}

Primeiro se mostrou, no ser-aí determinado, que em seu ser-em-si se determina como finito e se ultrapassa enquanto é limitação. É, pois em geral a natureza do próprio finito se ultrapassar, e negar a negação

---

[9] Nota de Labarrière/Jarczyk. Pode-se dizer que a lógica, em seu processo total, consiste em operar esta partilha. Ela o faz, manifestando progressivamente como a negação, que intervém primeiro como determinidade limitativa, é de fato o que opera a universalidade verdadeira da realidade. Dito de outro modo: é enquanto limitadora que se manifesta a negação como em definitivo, realizadora. Assim o entendimento encontra seu lugar no jogo mais integrativo da razão. (*Science de la logique*, 1972, p. 115, nota 173). (N. do T.)

fich hinauszugehen, die Negation zu negiren und unendlich zu werden. Das Unendliche fteht alfo nicht als ein für fich fertiges über dem Endlichen, fo daß das Endliche auffer oder unter jenem fein Bleiben hätte und behielte. Noch gehen wir nur als eine fubjective Vernunft über das Endliche ins Unendliche hinaus. Wie wenn man fagt, daß das Unendliche der Vernunftbegriff fey, und wir uns durch die Vernunft über das Zeitliche und Endliche erheben, fo gefchieht diß ganz unbefchadet der Endlichkeit, welche jene ihm äufferlich bleibende Erhebung nichts angeht. Infofern aber das Endliche felbft in die [81] Unendlichkeit erhoben wird, fo ift es eben fo wenig eine fremde Gewalt, welche ihm diß anthut, fondern es ift diß feine Natur, fich auf fich als Schranke zu beziehen, und fomit über diefelbe hinauszugehen.

Denn wie fich gezeigt hat, ift die Schranke nur, infofern über fie hinausgegangen wird. Alfo nicht im Aufheben der Endlichkeit überhaupt, befteht die Unendlichkeit überhaupt, fondern das Endliche ift nur diß, felbft durch feine Naturdazu zu werden. Die Unendlichkeit ift feine Beftimmung, oder das was es an fich ift.

2.
Wechfelbeftimmung des Endlichen und Unendlichen

Die Unendlichkeit ift die Beftimmung des Endlichen, aber diefe Beftimmung ift das Beftimmte felbft. Die Unendlichkeit ift alfo felbft beftimmt, Beziehung auf Anderes. Das Andere aber, auf welches fich das Unendliche bezieht, ift das Endliche. Sie find aber nicht nur andere überhaupt gegeneinander, fondern find beyde Negationen, aber das eine ift die an-fich-feyende Negation, das andere die Negation, als nichtanfichfeyend, die Negation als Nichtfeyn, als aufgehobenes.

Nach diefer feiner Beftimmtheit gegen das Unendliche, ift das Endliche die Negation als die Beftimmtheit am Dafeyn; es ift nicht die Negation der Negation; fondern die erfte Negation, oder die wel-

do devir infinito. O infinito não se mantém como algo de acabado e para si, para além do *finito*, de forma que o finito tivesse seu lugar fora ou abaixo dele. Também não somos nós, razões subjetivas, que ultrapassamos o finito no infinito. Como quando se diz: o infinito é conceito de razão, ou: através da razão nos elevamos acima do temporal e do finito. Isso ocorre sem prejuízo algum para a finitude, a qual nada tem a ver com essa elevação que permanece exterior ao finito. Porém, quando o próprio finito **[81]** é elevado à infinitude, então igualmente não é uma potência estranha que lhe faz isto, é sua própria natureza de se referir a si mesmo como limitação, e assim ultrapassar esta limitação.

Como já se mostrou, só há limitação na medida em que esta é ultrapassada. Portanto, a infinitude não consiste no suprassumir da finitude em geral; pois o finito é somente isto: por meio de sua natureza, chegar, ele próprio, ao infinito. A infinitude é a *determinação* do finito, ou seja: o que ele é em si[10].

2.
Determinação recíproca do finito e do infinito

A infinitude é a determinação do finito, mas a determinação é o próprio determinado. A infinitude é, pois, determinada, reportamento a outra coisa. Mas o outro ao qual se refere o infinito é o finito. Contudo, não são apenas outros em geral, um em relação ao outro, mas ambos são negações, um a negação em-si-essente; o outro, a negação como não-em-si-essente, ou suprassumida: a negação como não-ser.

Conforme esta sua determinidade em face do infinito, o finito é a negação como determinidade no ser-aí. Não é a negação da negação, mas a primeira negação, ou a negação que sem dúvida, nela supras-

---

10 Nota de Labarrière/Jarczyk. Esta afirmação deve ser tomada em toda a sua força literal: não só a infinitude não está além do finito, de modo que se tenha de deixar a este para atingi-la, mas ela é interior ao próprio finito, idêntica à sua própria determinação, isto é, ao que faz o que ele é, em sua relação simples a si mesmo. (*Science de la logique*, 1972, p. 116, nota 179). (N. do T.)

che das Seyn zwar in sich aufgehoben hat, aber es in sich aufbewahrt, nur die unmittelbare Negation. Das Endliche steht daher als das reale Daseyn dem Unendlichen als seiner Negation gegenüber. Beyde stehen nur in Beziehung aufeinander; das Endliche ist noch nicht wahrhaft aufgehoben, sondern bleibt demselben gegenüber stehen; [82] unmittelbar hat das Unendliche gleicherweise das Endliche nicht wahrhaft in sich aufgehoben, sondern hat es ausser sich.

So das Unendliche gesetzt, ist es das SchlechtUnendliche, oder das Unendliche des Verstandes. Es ist nicht die Negation der Negation, sondern ist zur einfachen ersten Negation herabgesetzt. Es ist das Nichts des Endlichen, welches das Reale ist, es ist das Leere, bestimmungslose Jenseits des Daseyns. — Es ist auf diese Weise wohl die Bestimmung des Endlichen, unendlich zu werden, aber es hat diese seine Bestimmung nicht an ihm selbst; sein Ansichseyn ist nicht in seinem Daseyn, sondern ein Jenseits seiner.

Diß Unendliche ist dieselbe leere Abstraction, die als Nichts im Anfange dem Seyn gegenüber stand. Dort war es das unmittelbare Nichts; hier ist es das Nichts, das aus dem Daseyn zurückkommt und hervorgeht, und als nur unmittelbare Negation in Beziehung auf dasselbe steht. Weil ihm das Endliche so als Daseyn gegenüber bleibt, so hat es seine Grenze an diesem, und ist somit nur ein bestimmtes, selbstendliches Unendliches.

So erscheint der Vorstellung das Endliche als das Wirkliche, und das Unendliche dagegen als das Unwirkliche, das in trüber, unerreichbarer Ferne das Ansich des Endlichen, aber zugleich nur seine Grenze sey; denn beyde sind ausser und jenseits von einander.

Sie sind ausser einander, aber ihrer Natur nach schlechthin aufeinander bezogen; jedes ist die Grenze des andern, und besteht nur darin diese Grenze zu haben. In ihrer Absonderung hat daher jedes zugleich diß sein Anderes an ihm selbst, aber als das Nichtseyn seiner [83] selbst, es eben so unmittelbar von sich abstossend. Ihre Einheit ist somit nicht die an ihnen gesetzte Beziehung; diese ist vielmehr ihre Beziehung als schlechthin Anderer, der Endlichkeit als der Realität, der Unendlichkeit als der Negation. — Ihre Begriffseinheit ist die Bestimmung, in der das Sollen und die Schranke als dasselbe war, und aus der die Endlichkeit und Unendlichkeit entsprungen sind. Aber diese Einheit

sumiu o ser, mas que o conserva nela; é só a *negação imediata*. Por conseguinte, o finito — como *ser-aí real* — defronta o infinito como a sua negação. Os dois só se mantêm em reportamento recíproco: o finito não está ainda verdadeiramente suprassumido, mas defronta o infinito. [82] De modo imediato, o infinito igualmente não suprassumiu em si o finito, mas o tem fora de si.

Quando o infinito se põe desta maneira, é o *mau infinito* ou o infinito do entendimento. Não é a negação da negação, mas se *rebaixou à primeira negação, simples*. É o nada do finito, que é o real; ele é o *vazio*, o *além* desprovido de determinação do ser-aí. Deste modo, é na certa a determinação do finito, o tornar-se infinito, mas não tem esta determinação sua {58} em si mesmo. Seu ser-em-si não está em seu ser-aí, mas num *além* dele.

Este infinito é a mesma abstração vazia que, como nada, defrontava ser no início. Ali se tratava de um nada imediato; aqui é o nada que retorna a partir do ser-aí e sai dele, e que apresenta em reportamento a ele como negação somente imediata. Porque o finito fica assim como ser-aí defrontando-o, o infinito tem nele seu limite, e deste modo é apenas um *infinito ele mesmo finito*, determinado.

É por isso que a representação acha que o finito é o efetivo, enquanto o infinito lhe parece qualquer coisa de inefetivo, que nuns longes confusos e inacessíveis seria o em-si do finito, mas ao mesmo tempo, seria apenas seu *limite*; porque ambos estão fora e além um do outro.

Estão fora um do outro; mas por sua própria natureza se referem pura e simplesmente um ao outro: cada um é o limite do outro, e consiste somente em ter este limite. Por conseguinte, em seu isolamento, cada um tem ao mesmo tempo este outro que é o seu; mas como o não-ser de si mesmo, [83] rejeitando-o de si também imediatamente. Sua unidade assim, não é o reportamento que neles está posto, que é antes o reportamento entre dois termos pura e simplesmente outros — entre a finitude como realidade e a infinitude como negação.

Sua unidade conceitual é a *determinação* em que o dever-ser e a limitação valiam como a mesma coisa, e donde emergiram a finitude e a infinitude. Mas esta unidade está escondida em seu ser outro; é a

hat sich in dem Andersseyn derselben verborgen, sie ist die innerliche, die nur zu Grunde liegt; — daher scheint das Unendliche an dem Endlichen, und das Endliche an dem Unendlichen, das Andere an dem Andern, nur hervorzutreten, das heißt, jedes ein eigenes unmittelbares Entstehen zu seyn, und ihre Beziehung nur eine ausserliche.

Es wird daher über das Endliche hinausgegangen in das Unendliche. Diß Hinausgehen erscheint als ein ausserliches Thun. In diesem Leeren was entsteht? Was ist das Positive darin? Um der Einheit des Unendlichen und Endlichen willen, oder weil diß Unendliche selbst beschränkt ist, entsteht die Grenze; das Unendliche hebt sich wieder auf, sein Anderes, das Endliche ist eingetreten. Aber diß Eintretendes Endlichen, erscheint als ein dem Unendlichen ausserliches Thun, und die neue Grenze als ein solches, das nicht aus dem Unendlichen selbst entstehe. Es ist somit der Rückfall in die vorherige, aufgehobene Bestimmung vorhanden. Diese neue Grenze aber ist selbst nur ein solches, das aufzuheben, oder über das hinaus zu gehen ist. Somit ist wieder das Leere, das Nichts entstanden, in welchem aber jene Bestimmung, eine neue Grenze gesetzt werden kann, und sofort ins Unendliche.

Es ist die Wechselbestimmung des Endlichen und Unendlichen vorhanden; das Endliche ist **[84]** endlich nur in der Beziehung auf das Sollen oder auf das Unendliche, und das Unendliche ist nur unendlich in Beziehung auf das Endliche. Sie sind schlechthin Andere gegeneinander, und jedes hat das Andere seiner an ihm selbst.

Diese Wechselbestimmung ist es, welche näher im Quantitativen als der Progreß ins Unendliche auftritt, der in so vielen Gestalten und Anwendungen als ein Letztes gilt, über das nicht mehr hinausgegangen wird, sondern angekommen bey jenem: Und so fort ins Unendliche, pflegt der Gedanke sein Ende erreicht zu haben.

Der Grund, daß über diß Hinausgehen nicht selbst hinausgegangen wird, hat sich ergeben. Es ist nur das schlechte Unendliche vorhanden; über dasselbe wird allerdings hinausgegangen, denn es wird eine neue Grenze gesetzt, aber damit eben wird vielmehr nur zum Endlichen zurückgekehrt. Die schlechte Unendlichkeit ist dasselbe, was das perennirende Sollen, sie ist zwar die Negation des Endlichen, aber sie vermag sich nicht in Wahrheit davon zu befreyen; diß tritt an ihr selbst wieder hervor, als ihr Anderes, weil diß Unendliche nur ist als in

unidade interior que se encontra somente no fundamento. É por isso que o infinito parece *emergir* só no finito e o finito no infinito: o outro emerge no outro. Vale dizer: cada um parece ser um surgir próprio imediato, e seu reportamento parece ser apenas exterior.

Portanto, se ultrapassa o finito no infinito. Este ultrapassar parece como um fazer exterior. Neste vazio, que é que emerge? Qual nele é o positivo? Em razão da unidade do finito e do infinito, ou porque este mesmo infinito é limitado, surge o limite; o infinito se suprassume de novo: seu outro, o finito, faz sua entrada. Porém, este ato de entrar do finito aparece como um fazer exterior ao infinito, e o novo limite algo que não emerge do próprio infinito. Assim se faz presente a recaída na determinação precedente suprassumida. Mas este novo limite também não passa de algo que está para ser suprassumido ou ultrapassado. Assim surgiu de novo o vazio, o nada; mas nele pode ser posta esta determinação, um novo limite, *e assim por diante até o infinito*.

O que está presente é a *determinação recíproca do finito e do infinito*. O finito só é **[84]** finito no reportamento ao dever-ser ou ao infinito; e o infinito só é infinito em reportamento ao finito. São pura e simplesmente outros, um em relação ao outro, e cada um tem em si o outro de si mesmo.

É esta determinação recíproca que, de maneira mais precisa, entra em cena no quantitativo como *progresso infinito*; este progresso que, em tantas figuras e aplicações, vale como algo de *último* que não se ultrapassa mais, porém uma vez chegado ao "*e assim por diante* ao infinito", o pensamento tem o costume de ter chegado a seu termo.

Destaca-se a razão pela qual este *ultrapassar* não é *ultrapassado*: só está presente o mau infinito, não há dúvida que está ultrapassado, pois se **{59}** pôs um novo limite, mas assim fazendo, se está retornando ao finito. A má infinitude é o mesmo que o dever-ser permanente. Não há dúvida que é a negação do finito, mas na verdade não está em condições de se libertar dele. O finito emerge de novo no infinito como o seu outro, porque tal infinito só é enquanto em reportamento ao finito, que é para ele, um outro. O progresso infinito, por conse-

Beziehung auf das ihm andre Endliche. Der Progreß ins Unendliche ist daher nur die sich wiederhohlende Einerleyheit, eine und dieselbe langweilige Abwechslung dieses Endlichen und Unendlichen.

Diese Unendlichkeit des unendlichen Progresses, die mit dem Endlichen behafftet bleibt, hat an ihr selbst ihr Anderes, das Endliche; sie ist somit dadurch begrenzt und selbst endlich; sie ist darum die schlechte Unendlichkeit, weil sie nicht an und für sich, sondern nur ist, als Beziehung auf ihr Anderes. [85]

Diß Unendliche ist selbst endlich. — Somit wäre es in der That die Einheit des Endlichen und Unendlichen. Aber auf diese Einheit wird nicht reflectirt. Allein sie ist es nur, welche im Endlichen das Unendliche, und im Unendlichen das Endliche hervorruft, und, so zu sagen, die Triebfeder des unendlichen Progresses ist. Er ist das Aeussere jener Einheit, bey welchem die Vorstellung stehen bleibt, bey jener perennirenden Wiederhohlung eines und desselben Abwechselns, der leeren Unruhe des Weitergehens über die Grenze hinaus, das in diesem Unendlichen eine neue Grenze findet, auf derselben aber sich so wenig halten kann, als in dem Unendlichen. Dieses Unendliche hat einmal die feste Determination eines Jenseits, das also nicht erreicht werden kann, darum weil es nicht erreicht werden soll, weil es die Bestimmung eines Jenseits hat. Es hat nach dieser Bestimmung das Endliche, als die Bestimmung eines Disseit, sich gegenüber; das sich eben so wenig ins Unendliche erheben kann, darum weil es diese Determination eines Andern für es hat.

3.
Rückkehr der Unendlichkeit in sich

In der That aber ist in diesem herüber- und hinübergehenden Wechselbestimmen die Wahrheit dieses Unendlichen schon enthalten. Es ist nemlich, wie erinnert, als schlechthin bezogen auf das Endliche selbst endlich. Die Einheit des Endlichen und Unendlichen ist also nicht nur das Innre, sondern sie ist selbst vorhanden. Das Unendliche ist nur als das Hinausgehen über das Endliche; so das Endliche nur als das, was eine Grenze ist, und über das hinausgegangen warden

guinte, é apenas a monotonia de uma repetição, uma alternância, que dá tédio de sempre idêntica, deste finito e deste infinito.

Esta infinitude do progresso infinito, que fica afetada pelo finito, tem em si mesma seu outro, o finito. Por isso é limitada e em si mesma, finita. É a *má* infinitude, pela razão de que não é em-si e para-si, mas só é como reportamento a seu outro. [85]

Este infinito é ele mesmo finito. Assim, seria de fato a unidade do finito e do infinito; mas não se reflete nesta unidade. No entanto, só ela é que no finito suscita o infinito, no infinito o finito. Somente ela, por assim dizer, é a mola do progresso infinito. Este progresso é o exterior desta unidade, e a representação para no exterior, nesta repetição permanente de uma mesma alternância, da agitação vazia que consiste em ultrapassar o limite, ultrapassar que encontra neste infinito um novo limite, mas que não pode ater-se a esse limite como não pode ao infinito: pois este infinito tem, de uma vez por todas, a determinação firme de um além, que *não pode* ser atingido pela simples razão de que *não deve* ser atingido, porque tem a determinação de um *além*. Conforme esta determinação, tem o finito defrontando-o como a determinação de um *aquém*, que se caracteriza por igual incapacidade de se elevar ao infinito, pela razão de que tem em relação a ele esta determinação de um outro.

3.
Retorno a si da infinitude

Mas de fato a verdade deste infinito já está contida neste determinar recíproco que vai e vem. Com efeito, como já vimos, o infinito enquanto pura e simplesmente relativo ao finito, *é ele mesmo finito. A unidade do finito e do infinito* não é, pois, o interior apenas: está presente, ela mesma. O infinito só é como o ultrapassar do finito; assim, o finito é como o que é um limite, ou como o que precisa ultrapassar. É, portanto em cada um deles que se encontra a determinação, que

muß. In jedem ſelbſt liegt daher die Beſtimmung, welche [86] in der Meynung des unendlichen Progreſſes oder des Sollens, nur von ihm ausgeſchloſſen iſt, und ihm gegenüber ſteht.

Die Einheit des Endlichen und Unendlichen aber hebt ſie auf; denn eben Endliches und Unendliches ſind ſie nur in ihrer Trennung. Jedes aber iſt an ihm ſelbſt dieſe Einheit und diß Aufheben ſeiner ſelbſt. Die Endlichkeit iſt nur als Hinausgehen über ſich; es iſt alſo in ihr die Unendlichkeit, das Andre ihrer ſelbſt emhalten. Eben ſo iſt die Unendlichkeit nur als Hinausgehen über das Endliche; ſie hat nur Bedeutung als die negative Beziehung auf das Endliche, ſie enthält alſo weſentlich ihr Andres, und iſt ſomit an ihr das Andre ihrer ſelbſt. Das Endliche wird nicht vom Unendlichen als einem auſſer ihr ſeyenden aufgehoben, ſondern ſeine Unendlichkeit beſteht darin, ſich ſelbſt aufzuheben. — Ferner iſt diß Aufheben nicht das Andersſeyn überhaupt; ſondern das Endliche, nach ſeiner Beſtimmung, als das was es an ſich ſeyn ſoll, iſt Negation, iſt Andersſeyn, iſt das Daſeyn als ein Nichtſeyn. Indem es alſo das Andersſeyn ſeiner Beſtimmung an ihm ſelbſt hat, iſt es ſelbſt das Andersſeyn des Andersſeyns. — So beſteht die Unendlichkeit nicht in dem leeren Jenſeits, das nur äuſſerlich begrenzt wird und eine Beſtimmung erhält, ſondern ſie iſt gleichfalls an ihr das Andre ihrer, das ſich aus ſeiner Flucht zurückruft, und ſomit als Anderes des leeren Andersſeyns, als Negation der Negation, Rückkehr zu ſich und Beziehung auf ſich ſelbſt iſt.

Weder das Endliche als ſolches, noch das Unendliche als ſolches haben daher Wahrheit. Jedes iſt an ihm ſelbſt das Gegentheil ſeiner, und Einheit mit ſeinem Andern. Ihre Beſtimmtheit gegen einander iſt alſo verſchwunden. Es iſt hiemit die wahre Unendlichkeit, in der ſowohl die Endlichkeit, als die ſchlechte Unendlichkeit [87] aufgehoben iſt, eingetreten. Sie beſteht in dem Hinausgehen über das Andersſeyn, als der Rückkehr zu ſich ſelbſt; ſie iſt die Negation als ſich auf ſich ſelbſt beziehend; das Andersſeyn, inſofern es nicht unmittelbares Andersſeyn, ſondern Aufheben des Andersſeyns, die wiederhergeſtellte Gleichheit mit ſich iſt.

Das Daſeyn iſt zunächſt beſtimmtes Seyn, weſentlich bezogen auf Anderes. Das Nichtſeyn iſt im Daſeyn als Seyn; hiezu hat es ſich nun an ihm ſelbſt, nemlich als Unendlichkeit gemacht. Die Beſtimmtheit

[86] na opinião do progresso infinito ou do dever-ser está somente excluída dele e mantida frente a ele.

Porém, a *unidade* do finito e do infinito os suprassume; porque, justamente só são o finito e o infinito em sua separação. Mas cada um é em si mesmo esta unidade e este suprassumir de si mesmo. A finitude só é como ultrapassar de si: nela está, pois, contida a finitude, o outro dela mesma. Igualmente, a infinitude só é como o ultrapassar do finito, só tem significação como o reportamento negativo ao finito; contém, pois, essencialmente seu outro, e assim é em si o outro de si mesma. {60} O finito não é suprassumido pelo infinito como por alguma-coisa que estivesse fora dele, mas sua infinitude consiste em se suprassumir a si mesmo.

Além disso, este suprassumir não é o ser-outro em geral; mas é o finito, segundo sua determinação: como o que deve ser em-si, que é negação, que é ser-outro, que é ser-aí como não-ser. Portanto, na medida em que tem em si mesmo o ser-outro de sua determinação, ele é o ser-outro do ser-outro. Deste modo, a infinitude não consiste no além vazio que não é limitado e não recebe determinação, a não ser exteriormente, mas sim, ela é igualmente nela o outro dela, que se retoma a partir de sua fuga, e assim — como o outro do ser-outro vazio, como negação da negação — é retorno a si e reportamento a si mesmo.

Por conseguinte, nem o finito como tal, nem o infinito como tal, têm verdade. Cada um é nele mesmo o contrário de si, e unidade com seu outro. *Sua determinidade, um em ao outro*, desapareceu, portanto. E por aí faz sua entrada a *infinitude* [87] *verdadeira* na qual estão suprassumidas tanto a finitude quanto a má infinitude. Consiste a infinitude verdadeira no ato de ultrapassar o ser-outro, ato que é retorno a si mesmo. É a negação referindo-se a si mesma; ser-outro, na medida em que não é ser-outro imediato, mas suprassumir do ser-outro, *igualdade-consigo-mesmo restaurada*.

O *ser-aí* é, de início, ser *determinado*, essencialmente referido a outra coisa. O não-ser, no ser-aí, está como ser. Agora ele se fez tal em si mesmo, a saber, enquanto infinitude. A determinidade do ser-aí

des Dafeyns ift als Beziehung auf Anderes verfchwunden; fie ift zur fich auf fich felbft beziehenden Beftimmtheit, zum abfoluten, fchrankenlofen Beftimmtfeyn geworden. Diefes reine Beftimmtfeyn in fich, nicht durch Anderes, die qualitative Unendlichkeit, das fich felbft gleiche Seyn, als die negative Beziehung auf fich ift das Fürfichfeyn.

Anmerkung

Das Unendliche, — nach dem gewöhnlichen Sinne der fchlechten Unendlichkeit, — und der Progreß ins Unendliche, wie das Sollen, find der Ausdruck eines Widerfpruchs, der fich felbft für die Auflöfung, oder für das Letzte hält. Diß Unendliche ift eine erfte Erhebung des finnlichen Vorftellens über das Endliche in den Gedanken, der aber nur den Inhalt von Nichts hat, — eine Flucht über das Befchränkte, die fich nicht in fich fammelt, und das Negative nicht zum Pofitiven zurückzubringen weiß. Diefe unvollendete Reflexion hat die Negativität jenfeits, das Pofitive oder Reale aber difseits. Obwohl die Erhebung des Endlichen ins [88] Unendliche und die Zurückrufung des Jenfeits in das Difseits, oder das Aufheben diefer beyden unvollkommenen Beftimmungen vorhanden ift, bringt fie doch diefe beyden Gedanken nicht zufammen. Die Natur des fpeculativen Denkens befteht allein in dem Auffaffen der entgegengefetzten Momente in ihrer Einheit. Indem jeder fich an fich zeigt, fein Gegentheil an ihm felbft zu haben, fo ift feine pofitive Wahrheit diefe Einheit, das Zufammenfaffen beyder Gedanken, ihre Unendlichkeit, die Beziehung auf fich felbft, nicht die unmittelbare, fondern die unendliche.

Das Wefen der Philofophie ift häufig, von folchen, die mit dem Denken fchon vertrauter find, in die Aufgabe gefetzt worden, zu beantworten, wie das Unendliche aus fich heraus und zur Endlichkeit komme? — Das Unendliche, bey deffen Begriff wir angekommen find, wird fich im Fortgange diefer Darftellung, weiter beftimmen, und fomit an ihm das Gefoderte zeigen, wie es, wenn man fich fo ausdrücken will, zur Endlichkeit komme. Hier betrachten wir diefe Frage nur in ihrer Unmittelbarkeit, und in Rückficht des vorhin betrachteten Sinnes, den das Unendliche zu haben pflegt.

desapareceu como reportamento a outra-coisa; chegou à determinidade referindo-se a si mesmo, ao ser determinado absoluto, desprovido de limitação. Este puro ser-determinado em si, não por intermédio de alguma outra coisa, é a infinitude qualitativa, ser igual a si mesmo como reportamento negativo a si, é o *ser-para-si*.

Nota
Oposição habitual do finito e do infinito*

O infinito — no sentido habitual do mau infinito — e o progresso infinito, como igualmente o dever-ser, são a expressão de uma *contradição* que se toma por *solução*, ou por culminância. Esse infinito é a primeira elevação do representar sensível acima do finito no pensamento, o qual, no entanto, não tem por conteúdo senão o nada — uma fuga para além do limitado, mas fuga que não se recolhe dentro de si e que não sabe reconduzir o negativo ao positivo. Esta reflexão inacabada tem a negatividade *além*; mas o positivo ou real, *aquém*. Embora estejam presentes a elevação do finito no [88] infinito e a retomada do além no aquém, ou o suprassumir de ambas as determinações imperfeitas, contudo esta reflexão não reúne dois pensamentos.

A natureza do pensar especulativo consiste somente no ato de captar os momentos opostos em sua unidade. Enquanto cada um destes pensamentos {61} se mostra em si como o que tem seu contrário em si mesmo, sua verdade positiva é então essa unidade, o ato de captar juntos esses dois pensamentos, sua infinitude, o reportamento a si mesmo, não o imediato, mas o infinito.

A essência da filosofia foi frequentemente posta, por aqueles que já estão mais familiarizados com o pensamento na tarefa que consiste em responder a esta questão: *Como o infinito sai de si e vem à finitude?* O infinito, a cujo conceito chegamos, vai ser *determinado ulteriormente* na sequência desta apresentação, e assim mostrar-se-á nele o que se requer para que *venha à finitude* — se é que se pode exprimir assim. Nós consideramos aqui esta questão em sua imediatez apenas, e na perspectiva do sentido acima considerado, que é aliás o habitual de infinito.

Von der Beantwortung diefer Frage foll es überhaupt abhängen, ob es eine Philofophie gebe, und indem man es hierauf noch ankommen laſſen zu wollen vorgibt, glaubt man zugleich an der Frage felbſt einen unüberwindlichen Talismann zu befitzen, durch den man gegen die Beantwortung und damit gegen die Philofophie überhaupt feſt und gefichert fey. — Auch bey andern Gegenſtänden fetzt es eine Bildung voraus, um zu fragen zu verſtehen, noch mehr aber bey philofophifchen Gegenſtänden, um eine andere Antwort zu erhalten, als die, daß die Frage nichts tauge. [89]

Es pflegt bey folchen Fragen in Anfehung des Ausdrucks, die Billigkeit in Anfpruch genommen zu werden, daß es auf die Worte nicht ankomme, fondern in einer oder andern Weife des Ausdrucks verſtändlich fey, worauf es ankomme? Ausdrücke der finnlichen Vorſtellung, wie herausgehen und dergleichen, die gern bey der Frage gebraucht werden, erwecken den Verdacht, daß die Heimath, aus der fie ſtammt, der Boden des gewöhnlichen Vorſtellens iſt, und daß für die Beantwortung auch Vorſtellungen, die im gemeinen Leben gangbar find, und die Geſtalt eines finnlichen Gleichniſſes erwartet werden.

Wenn ſtatt des Unendlichen das Seyn überhaupt genommen wird, fo fcheint das Beſtimmen des Seyns, eine Negation an ihm, leichter begreiflich. Denn Seyn iſt zwar felbſt das Unbeſtimmte; infofern es alfo beſtimmt iſt, iſt es das beſtimmte Unbeſtimmte, Einheit der Beſtimmtheit und Unbeſtimmtheit. Aber es iſt nicht unmittelbar an ihm ausgedrückt, daß es das Gegentheil des Beſtimmten fey. Das Unendliche hingegen enthält diß ausgedrückt; es iſt das Nicht-endliche. Die Einheit des Endlichen und Unendlichen fcheint fomit unmittelbar ausgefchloſſen; die unvollendete, vorſtellende Reflexion iſt daher am hartnäckigſten gegen diefe Einheit.

Es iſt aber gezeigt worden, und es erhellt unmittelbar, daß das Unendliche, und zwar in dem Sinne, in dem es von jenem Reflectiren genommen wird, — nemlich als dem Endlichen gegenüberſtehend,

Da resposta desta questão deve depender em geral *se há uma filosofia*. Ora, pretendendo que isso é o que importa, ainda acham que têm na questão um talismã invencível que daria firme garantia contra a resposta, e, portanto, contra a filosofia em geral. Se, a propósito de outros assuntos, saber colocar questões pertinentes supõe uma cultura, ainda mais em matéria de filosofia. Se não, a única resposta que compete é a de que a questão não vale nada[11]. **[89].**

Quanto a tais questões, se costuma, no que tange à expressão, apelar para a equidade, segundo a qual não são as palavras que importam, mas sim a possibilidade de entender de que é que se trata sob essa ou aquela expressão. Expressões da representação sensível, como *sair* ou outras semelhantes, que se utiliza sem mais na questão, despertam a suspeita de que a terra natal donde tiram sua origem é o terreno do representar habitual, e que como resposta se esperam também representações sensíveis utilizáveis na vida ordinária e a figura duma semelhança sensível.

Quando, em lugar do infinito, se toma o ser em geral, então o determinar do ser, uma negação nele, parece mais facilmente concebível. Porque o ser, sem dúvida, é o indeterminado; e, portanto, na medida em que é determinado, unidade da determinidade e da indeterminidade. Porém nele não está expresso imediatamente que seja o contrário do determinado. Ao contrário, o infinito contém isto expressamente: é o *não*-finito. A unidade do finito e do infinito parece assim, imediatamente excluída; a reflexão imperfeita e a representadora é, por conseguinte, contra esta unidade da maneira mais obstinada.

Porém foi mostrado — e isso é claro imediatamente — que o infinito (no sentido em que é tomado deste ato-de-refletir, como o que defronta o finito) tem no finito, pelo motivo de defrontá-lo, o

---

[11] Nota de Labarrière/Jarczyk. Conferir este aforismo da época de Jena, in Rosenkranz, Hegels Leben, Berlin 1844, 2ª edição em fac-símile, Darmstadt 1963, p. 543: "As questões a que a filosofia não responde, ela responde dizendo que não devem ser postas assim". (*Science de la logique*, 1972, p. 123, nota 220). (N. do T.)

— darum weil es ihm gegenüberfteht, an ihm fein Anderes hat, daher begrenzt und felbft endlich ift. Die Antwort auf die Frage, wie das Unendliche endlich werde, ift fomit diefe, daß es nicht ein Unendliches gibt, das vorerft unendlich ift, und das nachher erft endlich zu werden, [90] zur Endlichkeit zu kommen nöthig habe, fondern es ift für fich felbft fchon eben fo fehr endlich als unendlich. Oder indem die Frage das Unendliche einerfeits für fich annimmt, und daß das Endliche, das aus ihm heraus in die Trennung gegangen fey, abgefondert von ihm, wahrhaft real fey, oder daß wenn auch eben nicht diß Endliche, wenigftens jenes Unendliche die Wahrheit fey, — fo könnte man fagen, diefe Trennung fey allerdings unbegreiflich.

Denn weder folches Endliches, noch folches Unendliches hat Wahrheit; das Unwahre aber ift unbegreiflich. Man kann alfo fagen, jene Frage ftellt einen unwahren Inhalt auf, und enthält eine unwahre Beziehung deffelben. Somit ift nicht auf fie zu antworten, fondern vielmehr find die falfchen Vorausfetzungen, die fie enthält, oder die Frage felbft zu negiren. Es ift aber, was fchon oben von der Einheit des Seyns und Nichts bemerkt worden ift, in Erinnerung zu bringen, daß auch der Ausdruck: Einheit des Unendlichen und Endlichen, oder: daß Endliches und Unendliches daffelbe find, eine fchiefe Seite hat; weil er das, was ein Werden ift, als ruhendes Seyn ausdrückt. So ift auch das Unendliche das Werden zum Endlichen, und umgekehrt das Endliche das Werden zum Unendlichen. Man kann fo fagen, das Unendliche gehe zum Endlichen heraus, und zwar darum, weil es keine Wahrheit, kein Beftehen an ihm felbft hat; fo umgekehrt geht das Endliche, aus demfelben Grunde feiner Nichtigkeit, in das Unendliche hinein. Die Frage aber nimmt das Unendliche, das dem Endlichen gegenüberfteht, als etwas Wahrhaftes an; oder auch das beziehungslofe Unendliche, das denn aber nicht Unendliches, fondern Seyn heiffen follte; aber am Seyn hat es fich fchon gezeigt, daß diefe reine unmittelbare Einheit keine Wahrheit hat. [91]

seu outro; e é, por conseguinte, limitado e também finito. A resposta à questão de *como o infinito se torna finito* é, portanto, esta: Não há infinito que *primeiro* fosse infinito, e que só tivesse depois necessidade de tornar-se finito, **[90]** de chegar à finitude; o infinito já é para si mesmo, tanto finito quanto infinito. Ou quando a questão supõe que o infinito está de um lado, e que o finito saído dele na separação, é verdadeiramente real isolado dele: ou quando admite que a verdade seria, se não este finito, é claro, pelo **{62}** menos este infinito; podia-se responder, nesse caso, que esta separação é sem dúvida alguma, inconcebível. Porque tal finito e tal infinito não têm verdade, e o não-verdadeiro é inconcebível. Pode ser dito pois, que esta questão põe em obra um conteúdo não-verdadeiro e implica um reportamento não-verdadeiro deste conteúdo.

Nada há, pois, a responder, mas antes a negar: as pressuposições falsas que implica, ou a própria questão. Mas já se notou acima a respeito da unidade do ser e do nada — importa lembrar que mesmo esta expressão: 'unidade do finito e do infinito' ou: 'o finito e o infinito são a mesma coisa', tem um lado errôneo porque exprime como ser-em-repouso o que é um devir. Assim o infinito é também o chegar ao finito, e inversamente o finito o chegar ao infinito. Pode-se, pois, dizer que o infinito sai em direção do finito, e isto pela razão que ele não tem nenhuma verdade, nenhum subsistir em si mesmo. De modo semelhante e inverso, o finito, pela mesma razão de sua nulidade, entra no infinito. Mas a questão admite que o infinito, que defronta o finito, é alguma-coisa de verdadeiro; ou ainda, o infinito, *desprovido de reportamento*, o qual contudo devia então se chamar não infinito, mas ser. Ora, a propósito do ser já se mostrou que esta unidade pura e *imediata* não tem nenhuma *verdade*. **[91] {63}**

Drittes Kapitel

Das Fürſichſeyn

Im Fürſichſeyn iſt das qualitative Seyn vollendet; es iſt das unendliche Seyn. Das Seyn des Anfangs iſt beſtimmungslos. Das Daſeyn iſt das aufgehobene Seyn, aber nur das unmittelbar aufgehobene Seyn. Es enthält daher zunächſt nur die erſte, unmittelbare Negation, das Seyn iſt gleichfalls als erhalten, und die Beſtimmtheit iſt erſt Grenze. Die Bewegung des Daſeyns beſteht darin, dieſe Grenze aus ihrer Aeuſſerlichkeit in ſich hinein zu verlegen. Im Fürſichſeyn iſt dieſe Umkehrung vollendet. Das Negative als Inſichſeyn und das Negative als Grenze, als Andersſeyn iſt als identiſch geſetzt; das Fürſichſeyn iſt das ſich auf ſich beziehende Negative, das abſolute Beſtimmtſeyn.

Wie nun das Daſeyn ſich zum Daſeyenden beſtimmt oder macht, ſo beſtimmt erſtens das Fürſichſeyn ſich zum Fürſichſeyenden, oder zum Eins.

Zweytens iſt das Eins Repulſion und geht in Vielheit der Eins über.

Drittens aber hebt ſich diß Andersſeyn des Eins durch die Attraction auf, und die Qualität, die ſich im Fürſichſeyn auf ihre Spitze trieb, geht in Quantität über. [92]

A.

Fürſichſeyn als ſolches

Der allgemeine Begriff des Fürſichſeyns hat ſich ergeben. Es unterſcheiden ſich in ihm die Momente ſeiner unendlichen Beziehung auf ſich ſelbſt, und des Füreines-ſeyns. Als diß reflectirte Fürſichſeyn iſt es Idealität. Aber als die an ihm ſelbſt in ſich zurückkehrende Einheit ſeiner Momente iſt es das Eins.

Capítulo Terceiro
O ser-para-si

No *ser-para-si* chega ao acabamento o *ser qualitativo*: é o ser infinito. O ser do começo é desprovido da determinação. O 'ser-aí' é o ser suprassumido, mas apenas o ser imediatamente suprassumido. Por conseguinte, primeiro só contém a primeira negação, a negação imediata: o ser é igualmente como mantido, e a determinidade, primeiro é só o limite.

O movimento do ser-aí consiste em deslocar esse limite de sua exterioridade para o interior de si. No ser-para-si, esta reversão está consumada. O negativo como ser-dentro-de-si e o negativo como limite, como ser-outro, são postos como idênticos: o ser-para-si é *o negativo reportando-se a si, o ser-determinado absoluto*.

Agora, assim como o ser-aí se determina no essente-aí ou se faz tal, assim também o ser-para-si se determina *primeiro*:

1°) No essente-para-si, ou o *Um*.

2°) O Um é *repulsão*, e passa para a *Multiplicidade* dos Uns. Porém,

3°) Este ser-outro do Um se suprassume por intermédio da *atração*, e a qualidade, que no ser-para-si foi até ao cabo de si mesma, passa para a *quantidade*. **[92]**

A.
O ser-para-si como tal

O conceito universal do ser-para-si se destacou. Nele se diferenciam os momentos do seu *reportamento* infinito a si mesmo, e do *ser-para-uma-coisa*.

Enquanto este ser-para-si refletido, ele é *idealidade*. Mas enquanto *unidade de seus momentos*, que nele mesmo retorna a si, é o *Um*.

1.
Fürsichseyn überhaupt

Was für sich ist, ist es dadurch, daß es das Andersseyn, und die Beziehung und Gemeinschaft mit Anderem aufhebt. Das Andere ist in ihm nur als ein aufgehobenes, als sein Moment. Das Fürsichseyn geht nicht über sich hinaus, so daß es sich eine Schranke, ein Anderes wäre, sondern es besteht vielmehr darin, über die Schranke, über sein Andersseyn hinausgegangen, und als diese Negation die unendliche Rückkehr in sich zu seyn.

2.
Die Momente des Fürsichseyns

Das Fürsichseyn ist als Negation des Andersseyns, Beziehung auf sich; Gleichheit mit sich. Diß macht [93]

a.) das Moment seines Ansichseyns,

aus. Diß Ansichseyn ist aber weiter bestimmt als es im Daseyn war. Das Ansichseyn des Daseyns ist träge, wird bestimmt, und erhält sich nicht gegen die Grenze und das Begrenztwerden; so wie auch das Ansichseyn als Bestimmung zwar seiner Schranke gleich ist, oder sich selbst seine Schranke wird, aber so, daß es sich darin schlechthin das Nichtseyn seiner ist. Im Ansichseyn des Daseyns ist zwar gleichfalls das Seyn-für-Anderes aufgehoben; aber diß Aufheben besteht vielmehr nur in dem Unterscheiden und Absondern beyder von einander, und zwar gehört diß Absondern einer äussern Reflexion an. — Die Bestimmung oder das Sollen und die Schranke sind wohl an sich eine und dieselbe Bestimmtheit, die aber nur das einemal als das An-sich-seyn gegen das Nichtseyn, und das andremal, als diß Nichtseyn oder als absolutes Andersseyn gesetzt ist; sie sind nur an sich dasselbe, darum weil sie sich noch nicht an ihnen selbst in ihrer Unterschiedenheit, aufgehoben haben und noch nicht für sich dasselbe sind.

Das Ansichseyn des Fürsichseyns dagegen hat die Bestimmung dieses Aufhebens; das Fürsichseyn ist dadurch auch in der Unterscheidung, im Daseyn, die Einheit, welche das Sollen und die Schranke,

1.
Ser-para-si em geral

O que é para si, é assim porque suprassume o ser-outro, como também a relação e a comunidade com outra coisa. O outro só está nele *como* suprassumido, como seu momento. O ser-para-si não se ultrapassa, de modo que fosse para si uma limitação, um outro; antes, ele consiste em ter ultrapassado esta limitação, seu ser-outro, e, como negação, em ser o retorno infinito a si mesmo. {64}

2.
Os momentos do ser-para-si

O ser-para-si como negação do ser-outro, é reportamento a si; igualdade consigo. Isto constitui: [93]

a) O momento de seu ser-em-si

Mas este ser-em-si é determinado posteriormente como o era no ser-aí. O ser-em-si do ser-aí é inerte, se encontra determinado, e não se mantém frente ao limite e ao devir limitado. Igualmente o ser-em-si como determinação é sem dúvida igual à sua limitação, ou seja: torna-se sua limitação mesma, mas de tal modo que nisto é pura e simplesmente o não-ser de si. No ser-em-si do ser-aí, o ser-para-outra-coisa está igualmente suprassumido. Este suprassumir, porém, consiste antes, apenas, no ato de diferenciar e de isolar um do outro os dois momentos — ato de isolar que pertence a uma reflexão exterior.

A determinação, ou o dever-ser e a limitação, são de fato *em si* uma só e a mesma determinidade; mas que se põe uma vez como ser-em-si frente ao não-ser, e outra vez como este não-ser ou como ser-outro absoluto. Somente *em-si* é que são a mesma coisa, porque em si mesmos, em seu estado de diferenciação, ainda não foram suprassumidos, e ainda não são a mesma coisa *para-si*.

O ser-em-si do ser-para-si, ao contrário, tem a determinação deste suprassumir; assim, o ser-para-si, mesmo na diferenciação, no ser-aí é a unidade que o dever-ser e a limitação, ou o progresso

oder der unendliche Progreß nur an sich ist. Es ist in sich beschlossenes Daseyn, unendliche Beziehung auf sich selbst. Indem es Beziehung auf Anderes ist, ist es Beziehung darauf nur als auf ein aufgehobenes; es ist also im Andern Beziehung nur auf sich.

b.) Für eines seyn

Die unendliche Beziehung des Fürsichseyns auf sich besteht in der Gleichheit der Negation mit sich selbst. [94] Das Andersseyn ist aber nicht verschwunden, so daß das Fürsichseyn nur die unmittelbare Beziehung des Seyns auf sich wäre, sondern es ist ein aufgehobenes. Das Andersseyn ist nicht zwischen dem Fürsichseyn und einem Andern vertheilt; das Fürsichseyn hat nicht das Nichtseyn an ihm als Grenze oder Bestimmtheit, und damit auch nicht als ein von ihm anderes Daseyn. Das Andre ist daher überhaupt kein Daseyn, kein Etwas; es ist nur im Fürsichseyn, ist nichts außer der unendlichen Beziehung desselben auf sich selbst, und hat damit nur diß Daseyn, für eines zu seyn.

Diß zweyte Moment des Fürsichseyns, drückt es aus, wie das Endliche in seiner Einheit mit dem Unendlichen ist. Auch das Seynfür-Anderes im Daseyn oder das Daseyn überhaupt hat diese Seite für eines zu seyn; aber außerdem ist es auch an sich, gleichgültig gegen diese seine Grenze.

Anmerkung

Der zunächst als sonderbar erscheinende Ausdruck unserer Sprache für die Frage nach der Qualität, was für ein Ding etwas sey, hebt das hier betrachtete Moment vornemlich heraus. Die Bestimmtheit ist darin ausgedrückt, nicht als ein an-sich-seyendes, sondern als ein solches, das nur für eines ist. Dieser idealistische Ausdruck fragt dabey nicht, was diß Ding A für ein anderes Ding B sey, nicht was dieser Mensch für einen andern Menschen sey; — sondern was ist diß für ein Ding, für ein Mensch? so daß diß Seyn für eines zugleich zurückgenommen ist in diß Ding, in diesen Menschen selbst, oder daß dasjenige, welches ist, und das für welches es ist, ein und dasselbe ist, — eine Identität, welche itzt an der Idealität betrachtet werden wird. [95]

infinito, somente são em-si. Ele é o ser-aí fechado dentro de si, reportamento infinito a si mesmo. Enquanto reportamento a outra coisa, só é reportamento a si como suprassumido; no outro, é somente reportamento a si.

b) Ser para uma-coisa

O reportamento infinito do ser-para-si consiste na igualdade da negação com ela mesma. [94] No entanto, o ser-outro não desapareceu de modo que o ser-para-si fosse apenas o reportamento imediato do ser a si; se não, que: o ser-para-outro é um suprassumido. O ser-outro não se repartiu entre o ser-para-si e um outro; o ser-para-si não tem o não-ser *nele* como limite ou determinidade e assim também não o tem como um ser-aí outro em relação a ele. O outro, por conseguinte, não é absolutamente um ser-aí, um alguma-coisa: é somente no ser-para-si, e não é nada fora do relacionamento infinito deste ser-para-si a ele mesmo, e só tem assim este ser-aí que consiste em ser *para uma-coisa*.

Este segundo momento do ser-para-si exprime como o finito é em sua unidade com o infinito. Mesmo o ser-para-outra-coisa no ser-aí, ou o ser em geral, tem esse lado de ser-para-uma-coisa; mas além disso, é também em-si, indiferente a este seu limite.

{65}   **Nota**
Que é, como coisa?*

Para perguntar a qualidade de algo, usa-se em alemão esta expressão à primeira vista estranha: *que é que* alguma-coisa é, *como* coisa? Esta expressão ilustra bem o momento que está sendo considerado. A determinidade está aí expressa, não como um em-si essente, mas como o que é como uma coisa. Expressão idealista que não pergunta se uma coisa A é como outra coisa, B, ou se este homem é como um outro homem; mas sim, o que isto é *como coisa*, o que este homem é *como homem*? Deste modo, este ser como uma coisa é retomado ao mesmo tempo nesta coisa, ou neste homem mesmo, e assim, isto mesmo *que é*, e *o como* ele é, são uma só e a mesma coisa — uma identidade que será agora considerada na *idealidade*. [95]

c.) Idealität

Das Fürfichfeyn ift die einfache Gleichheit mit fich. Es hat die beyden unterfchiedenen Momente in fich, weil die einfache Gleichheit mit fich, nicht das Unmittelbare, das Seyn, ift, fondern nur als Aufheben des Andersfeyns; fie enthält alfo zugleich eine Trennung, oder Andersfeyn, aber als verfchwindende Trennung, als fich aufhebendes Andersfeyn. Die beyden Momente find daher unzertrennlich. Die unendliche Beziehung auf fich ift nur als Negation der Negation, und diß Aufheben des Andersfeyns ift unmittelbar fich auf fich beziehende Einheit.

Das Fürfichfeyn in diefer Beftimmung, daß es fich auf fich bezieht, dadurch daß das Andre in ihm nur aufgehobenes ift, ift Idealität.

Die Idealität ift alfo daffelbe, was die Unendlichkeit ift, oder fie ift der pofitive und reflectirte, beftimmte Ausdruck derfelben. Was unendlich ift, ift ideell; es ift nur infofern fchrankenlos, infofern das Andere nur für es ift. Hätte das Andere ein Dafeyn, fo wäre es nicht nur ein für eines, fondern machte eine Grenze aus.

Die Idealität und Realität ift ein und daffelbe, ift einer der fchon gerügten fchiefen Ausdrücke. Die Idealität ift vielmehr die Wahrheit der Realität, oder wenn man unter Realität, das Subftantielle, das Wahre felbft verftehen will, fo ift die Idealität die wahrhafte Realität; infofern nemlich das Dafeyn oder die Realität fich zur Idealität beftimmt hat.

Wie die Realität nach ihren beyden Seiten, des Anfichfeyns und des Seyns-für-Anderes, unterfchiedene [96] Bedeutungen zu haben fchien, fo fcheint auch das Ideelle im Sinne des Anfichfeyns, als unendlicheBeziehung auf fich, und im Sinne des Seyns-für-Anderes, nemlich als Seyn-für-eines, unterfchieden zu feyn. So ift der Geift, Gott, das Abfolute überhaupt, ein Ideelles, als unendliche Beziehung auf fich felbft, als Einheit mit fich, die nicht in die Aeufferlichkeit und in das Andersfeyn verloren ift, fondern für welche alle Beftimmtheit ift. — Das Leibnitzifche vorftellende Wefen, die Monade, ift wefentlich Ideelles. Das Vorftellen ift ein Fürfichfeyn, in welchem die Beftimmtheiten, nicht Grenzen, fondern nur Momente find. Vorftellen ift zwar eine concretere Beftimmung, die dem Bewußtfeyn angehört,

c) **Idealidade**

O ser-para-si é a igualdade simples consigo. Tem nele os dois momentos diferentes, porque a igualdade simples consigo não é o imediato, o ser, mas é somente como suprassumir do ser-outro. Contém, pois, ao mesmo tempo uma separação, ou ser-outro, mas como uma separação evanescente, como ser-outro se suprassumindo. Os dois momentos são, por conseguinte, inseparáveis. O reportamento infinito a si, só é como negação da negação, e este suprassumir do ser-outro é imediatamente unidade se referindo a si.

O ser-para-si, nesta determinação segundo a qual se refere a si pelo fato de que o outro não passa nele de um suprassumido, é a *idealidade*.

A idealidade é, pois, o mesmo que é a infinitude: é a sua expressão positiva, refletida, determinada. O que é *infinito* é *ideal*. Só é sem-limitação na medida em que o outro é somente para-ele. Se o outro tivesse um ser-aí, não seria apenas algo para uma-coisa, se não que constituiria um limite.

A idealidade e a realidade são uma só e a mesma coisa — eis uma das expressões errôneas já mencionadas. A idealidade é antes, a verdade da realidade, ou então: se por realidade se entende o substancial, o próprio verdadeiro, então a idealidade é a realidade verdadeira, a saber, na medida em que o ser-aí ou a realidade se determinou na idealidade.

A realidade parece ter significações diferentes, conforme cada um de seus lados: ser-em-si e ser para-outra-coisa. [96] Igualmente, o ideal parece ser diferente, no sentido de ser-em-si, (*reportamento infinito a si*)* e no sentido de ser-para-outra-coisa (*ser-para-uma-coisa*)*. É assim que o espírito, Deus, o absoluto em geral, é um *ideal*, como reportamento infinito a si mesmo, como unidade consigo, unidade que não se perde na exterioridade e no ser-outro, mas que é toda a determinidade.

A essência *leibniziana representante* — a *mônada* — é essencialmente algo ideal. O representar é um ser-para-si no qual as determinidades não são limites, mas apenas momentos. Representar é na certa uma determinação mais concreta, que pertence à consciência,

aber es hat hier keine weitere Bedeutung, als die der Idealität; denn auch das Bewußtſeynsloſe überhaupt iſt Vorſtellendes. Es iſt in dieſem Syſteme alſo das Andersſeyn überhaupt aufgehoben; Geiſt und Körper, oder die Monaden überhaupt ſind nicht Andere für einander, ſie begrenzen ſich nicht haben keine Einwirkung aufeinander; es fallen überhaupt alle Verhältniſſe weg, welchen ein Andersſeyn zum Grunde liegt. Daß es mehrere Monaden gibt, daß ſie damit auch als Andere beſtimmt werden, geht die Monaden ſelbſt nichts an; es iſt die auſſer ihnen fallende Reflexion eines Dritten; ſie ſind nicht an ihnen ſelbſt Andere. — Allein hierin liegt zugleich das Unvollendete dieſes Syſtems. Die Monaden ſind nur an ſich, oder in Gott, als der Monade der Monaden, oder auch im Syſteme, Vorſtellendes. Aber das Andersſeyn iſt gleichfalls vorhanden; es falle wohin es wolle, in die Vorſtellung ſelbſt, oder wie das Dritte beſtimmt werde, welches ſie als Andere betrachtet. Das Andre iſt daher nicht an ſich [97] ſelbſt aufgehoben; es iſt nur ausgeſchloſſen, und die Monaden nur durch die Abſtraction als ſolche geſetzt, welche nicht Andre ſind. Oder wenn es ein Drittes iſt, welches ihr Andersſeyn ſetzt, ſo iſt es auch ein Drittes, welches ihr Andersſeyn aufhebt; aber dieſe ganze Be, welche ſie zu ideellen macht, fällt auſſer ihnen.

Anderer Idealismus, wie zum Beyſpiel der Kantiſche und Fichte'ſche kommt nicht über das Sollen oder den unendlichen Progreß hinaus, und erreicht hiemit den Idealismus und das Fürſichſeyn nicht. In dieſen Syſtemen tritt das Ding-an-ſich oder der unendliche Anſtoß zwar unmittelbar in das Ich und wird nur ein für daſſelbe; aber er geht von einem freyen Andersſeyn aus. Das Ich wird daher wohl als das Ideelle von der Seite des Anſichſeyns als unendliche Beziehung auf ſich beſtimmt; aber die Seite des Füreines-ſeyns iſt nicht vollendet, daher aber auch nicht jene erſte.

Das Ideelle iſt zweytens auch das Seynfür-eines. Dieſer Sinn wird unterſchieden von dem erſten, der unendlichen Beziehung auf ſich ſelbſt. Im erſtern Sinne, wird Gott, Ich u.ſ.f. ein ideelles genannt, und das eigentliche Fürſichſeyn, die Unendlichkeit auf ihn eingeſchränkt, ſo daß Gott, Ich ſo nur ein Ideelles ſeyen, daß ſie ſchlechthin nicht füreines ſeyen. — In dieſem andern Sinne, wird eine leere Theorie, ein nur ideelles genannt. Das Ideelle hat dann ungefähr die Bedeutung ei-

mas aqui não tem outra significação que a de idealidade, porque, mesmo o desprovido de consciência em geral {66} é algo-que-representa. Neste sistema, o ser-outro em geral, está, pois, suprassumido: espírito e corpo, ou as mônadas em geral, não são outros, uns para os outros; não se limitam, não têm influência mútua: caem absolutamente todas as relações que têm um ser-outro no fundamento.

Que haja *muitas mônadas*, e que por isso sejam também determinadas como outras, isso em nada afeta as próprias mônadas: é apenas reflexão de um terceiro, que se opera fora delas. *Nelas mesmas*, não são *outras*. Acontece, porém, que neste ponto se revela o caráter inacabado deste sistema. As mônadas só são algo-que-representa ou *em si*, ou em *Deus* — mônada das mônadas — *ou ainda no sistema*. No entanto, o ser-outro está igualmente presente (isto é, dado): seja qual for o lugar em que se ponha, na própria representação, ou sob qualquer forma que seja determinado o terceiro que as considera como outras. O outro, portanto, não foi suprassumido em si mesmo; [97] está somente excluído, e só por abstração essas mônadas são postas como termos que não são *outros*. Ou então, se é um terceiro que põe seu ser-outro, então é também um terceiro que suprassume seu ser-outro, mas este *movimento* total *que faz delas (mônadas) ideais*, se opera fora delas.

Um outro idealismo, como por exemplo, o idealismo de Kant ou de Fichte, não vai além do *dever-ser* ou do *progresso infinito*, e assim não alcança o idealismo e o ser-para-si. Nestes sistemas, a coisa em si ou a impulsão infinita, sem dúvida que acede imediatamente ao Eu, e é somente alguma-coisa para ele; mas essa impulsão parte de um ser-outro livre. Por conseguinte, o Eu, como ideal, é bem determinado, do lado do ser-em-si, como reportamento infinito a si; mas o lado do ser-para-uma-coisa não se implementa; e, portanto, o primeiro também não.

Em *segundo lugar*, o ideal é também o *ser-para-uma-coisa*. Este sentido é diferente do primeiro, do reportamento infinito a si mesmo. No primeiro sentido, Deus, o Eu etc., são chamados de algo de ideal, o ser-para-si propriamente dito, a infinitude, é limitado a este sentido, de tal modo que Deus ou o Eu só são algo de ideal enquanto não são absolutamente *para-uma-coisa*. Neste outro sentido é designada uma teoria vazia, ou algo de puramente ideal. O ideal tem então, aproxima-

ner bloßen Einbildung, wenigſtens einer bloßen Vorſtellung, der nichts Wirkliches entſpricht, deren Inhalt nichts für ſich ſelbſt iſt. **[98]**

Inſofern aber an dieſem Unterſchiede feſtgehalten wird, ſo iſt der Vorſtellung, noch das Daſeyn und ein Etwas geblieben, oder eben durch jenes Beſtimmen ſelbſt zurückgekehrt. Als ob nemlich ein Etwas vorhanden, das als Grund oder Subject beſtünde, und für welches das Andre, ſo wie ein Etwas ſey, welches nur das Bezogene wäre; jenes das für-ſich-ſeyende, diß aber nur das für-anderes ſeyende Etwas. Aber das Für-eines-ſeyn und das Fürſichſeyn machen keine wahrhaften Beſtimmtheiten gegeneinander aus. Das Für-eines-ſeyn drückt das Aufgehobenſeyn des Andersſeyns aus; es iſt alſo weſentlich mit dem Fürſichſeyn eins. Das Fürſichſeyn iſt unendliche Beziehung auf ſich, dadurch daß es das aufgehobene Andersſeyn iſt. Inſofern der Unterſchied auf einen Augenblick angenommen, und hier ſchon von einem Fürſichſeyenden geſprochen wird, ſo iſt das Fürſichſeyende es ſelbſt, auf welches es ſich als auf das aufgehobene Andre bezieht, welches alſo für-eines iſt. Das Fürſichſeyn iſt Beziehung auf ſich, aber unendliche; es iſt alſo die Negation darin enthalten. Oder das Fürſichſeyende iſt nicht Unmittelbares, nicht Seyendes; aber dieſes Nichtſeyn iſt ſchlechthin aufgehoben; es iſt alſo ſich ſelbſt das aufgehobene Andere, das Für-eines-ſeyn; es bezieht ſich dadurch in ſeinem Andern nur auf ſich. Das Ideelle iſt alſo nothwendig für-eines, aber es iſt nicht für ein anderes; oder das eine, für welches es iſt, iſt nur es ſelbſt.

Ich alſo, der Geiſt überhaupt, oder Gott, ſind Ideelle, weil ſie unendlich ſind; aber ſie ſind ideell nicht, als für-ſich-ſeyende, verſchieden von dem, das für-eines iſt. Denn ſo wären ſie nur unmittelbare, oder näher wären ſie Daſeyn, ein Seyn-für-Anderes, weil das, welches für ſie wäre, nicht ſie ſelbſt, ſondern ein **[99]** Anderes wäre, wenn das Mo-

damente, o significado de simples representação, a que nada de efetivo corresponde, e cujo conteúdo não é nada *para-si-mesmo*. [98]

Mas na medida em que se atém firmemente a esta diferença, então para a representação ficaram ainda o *ser-aí* e um *alguma-coisa*, ou então voltam através deste mesmo determinar. Tudo se passa, com efeito, como se alguma-coisa estivesse presente, que subsistiria como fundamento ou sujeito e *para o qual* o outro seria como o alguma-coisa que fosse apenas o que é reportado. O primeiro, como o alguma-coisa para-si-essente, mas o último, só como o alguma-coisa para outra coisa. Mas o *ser-para-uma-coisa* e o *ser-para-si* não constituem determinidades verdadeiras um em relação ao outro. O *ser-para-uma-coisa* exprime o ser suprassumido do ser-outro: é, pois, essencialmente um com o ser-para-si. O ser-para-si é reportamento infinito pelo fato de que é ser-outro suprassumido.

Na medida em que a diferença é admitida por um instante e que se fala aqui de *um para-si-essente*, então este para-si-essente é o mesmo a que ele se refere como ao outro suprassumido: ele é, pois o que é *para-uma-coisa*. O ser-para-si é reportamento a si, mas reportamento infinito: a negação está, pois, contida nele. {67}

Dito de outra forma: o para-si-essente não é um imediato, não é um essente; mas este não-ser é pura e simplesmente suprassumido; portanto é para si mesmo o outro suprassumido, o *ser-para-uma-coisa*; assim não se refere se não a si no seu outro. Por conseguinte, o ideal é necessariamente *para-uma-coisa*, mas ele não é para um *outro*: o Um para o qual ele é, não é senão ele mesmo[1].

Portanto, Eu, o espírito em geral, ou Deus, são ideais porque são finitos. Mas idealmente, não são, enquanto para-si-essentes, diferentes do que é-para-uma-coisa. Porque assim eles seriam apenas imedia-

---

[1] Nota de Labarrière/Jarczyk. Hegel chega de novo à conclusão que forma o tema de todo este desenvolvimento: a idealidade, forma nova da infinitude, é a expressão acabada do que é o ser-para-si em sua afirmação primeira: unidade do ser-em-si (ou da relação a si) e do ser-para-uma-coisa. Mas a demonstração é aqui mais conclusiva, porque toma por hipótese a oposição destes dois termos e que esta oposição se acha suprassumida pela análise mesma que faz Hegel do que implicam um e o outro. (*Science de la logique*, 1972, p. 132, nota 41). (N. do T.)

ment, für-eines zu feyn, nicht ihnen zukommen follte. Gott ift daher für fich, infofern er felbft das ift, das für ihn ift.

Für-fich-feyn und Für-eines-feyn find alfo nicht verfchiedene Bedeutungen der Idealität, fondern find wefentliche, untrennbare Momente derfelben.

3.
Werden des Eins

Das Fürfichfeyn ift Idealität; und es ift, wie fich fo eben ergeben hat, die einfache Einheit feiner Momente, und eigentlich kein Unterfchied derfelben. Es enthält das Andersfeyn als aufgehobenes; das Aufheben des Andersfeyns und die Beziehung auf fich felbft find daffelbe; es ift nur Eine Beftimmung vorhanden, die Beziehung-auf-fich-felbft des Aufhebens. Die inner Momente des Fürfichfeyns find daher in der That in Unterfchiedslofigkeit zufammengefunken.

Das Fürfichfeyn ift daher ein einfaches Einsfeyn mit fich, ein In-fich-feyn, das keine Grenze oder Beftimmtheit hat, oder deffen Beftimmtheit das reine Negiren ift. Indem es überhaupt das fich auf fich beziehende Aufheben, diefe einfache Gleichheit mit fich felbft ift, ift es fomit ein Infichfeyn, das die Form der Unmittelbarkeit hat; Etwas, aber ein unbeftimmbares.

tos, ou mais precisamente, seriam ser-aí um ser para-outra-coisa. Com efeito, o que seria para eles não seria eles mesmos, mas um [99] outro, se o momento de ser-para-uma-coisa não lhes coubesse.

Por conseguinte, Deus é *para-si* na medida em que é o que é *para ele*.

Ser-para-si e ser-para-uma-coisa não são, pois, significações diversas da idealidade, mas são momentos essenciais, inseparáveis[2].

3.
Devir do Um

O ser-para-si é idealidade; e, tal como acaba de ser destacado, é a unidade simples de seus momentos, e não, falando com propriedade, sua diferença. Contém o ser-outro como suprassumido. O Suprassumir, o ser-outro e o reportamento a si mesmo são a mesma coisa. E só tem uma determinação: o reportamento a si mesmo do suprassumir. Os momentos interiores do ser-para-si deste modo sumiram, de fato, na *ausência-de-diferença*.

O ser para si, por conseguinte, é um ser-um consigo simples, um ser-dentro-de-si que não tem nenhum limite ou determinidade, ou: cuja determinidade é o ato puro de negar. Enquanto em geral é o suprassumir *se reportando* a si, esta igualdade simples consigo mesmo, é pelo fato mesmo um ser-dentro-de-si que tem a forma da imediatez: alguma-coisa, mas um indeterminável[3]. {68}

---

[2] Nota de Labarrière/Jarczyk. O ser-para-si é determinado como tal a partir da negação característica do ser aí: conserva, pois, nele o momento da alteridade que lhe é essencial. Se fosse tomado em sua pura abstração interior e excludente (da maneira da mônada leibniziana, pelo menos tal como Hegel a apresenta acima) não seria nada mais, precisamente, que o ser-aí que excluiria dele. Mas a *unidade* para a qual nos encaminhamos, é a de uma totalidade que não pode ser apreendida a não ser em sua universalidade real. O mesmo ocorre com todos os termos que exprimem uma idealidade verdadeira — inclusive Deus; que não passaria de um alguma-coisa entre outras alguma-coisa se admitisse uma exterioridade radical em reportamento a ele. (*Science de la logique*, 1972, p. 133, nota 44). (N. do T.)

[3] Nota de Labarrière/Jarczyk. Sendo negação redobrada, o ser-para-si tem a *forma* da imediatez, mas esta imediatez devinida pela suprassunção do limite não tem mais que passar, como ela, pelo proceder da determinação. (*Science de la logique*, 1972, p. 133, nota 47). (N. do T.)

Nach diefer Unmittelbarkeit ift diß Infichfeyn kein Beziehen, fondern ein Seyn. Aber als Unmittelbarkeit, die fich auf das Negiren gründet, ift es zugleich wefentlich Beziehung, diß macht feine Beftimmung aus. Seine Unmittelbarkeit und diefe feine Beftimmung **[100]** unterfcheiden fich alfo von einander. Bey feiner einfachen Unmittelbarkeit, oder als Seyn, ift es zugleich reines Negiren, eine Beziehung nach Auffen überhaupt, ein reines negirendes Beziehen; aber nicht auf ein Anderes; denn es ift hier kein Anderes mehr vorhanden, fondern vielmehr fchlechthin aufgehoben. Diefe Beziehung ift auch noch nicht Beziehung auf das Unmittelbare, fondern zunächft ift diefe Unmittelbarkeit nichts anderes als das einfache Beziehen der Negation auf fich felbft.

Was alfo gefetzt ift, ift die Rückkehr der Idealität in das einfache Infichfeyn, in eine Sichfelbftgleichheit, welche die Form von Unmittelbarkeit hat, und die ein bloß negatives Beziehen, ein Beziehen auf Nichts überhaupt ift. Das Fürfichfeyn ift, als diefes Unmittelbare, das reines Negiren ift, das Fürfichfeyende, das Eins. **[101]**

B.

Das Eins

1.

Das Eins und das Leere

Das Eins ift die einfache Beziehung des Fürfichfeyns auf fich felbft, die, indem feine Momente in fich zufammengefallen find, die Form der Unmittelbarkeit hat. Es ift daher überhaupt, ohne ein Dafeyn zu haben; das beftimmte Seyn oder Dafeyn ift im Fürfichfeyn zum reinen Seyn zurückgekehrt.

Weil Eins kein Dafeyn und keine Beftimmtheit als Beziehung auf Anderes hat, ift es auch keine Befchaffenheit und fomit keines Andersfeyns fähig; es ift unveränderlich.

Es ift unbeftimmt, aber nicht wie das Seyn; fondern feine Unbeftimmtheit ift die Beftimmtheit, welche Beziehung auf fich felbft ift, abfolutes Beftimmtfeyn. — Das abfolute Beftimmtfeyn ift die Beftimmtheit, oder Negation, als Beziehung nicht auf Anderes, fondern

Segundo esta imediatez, este ser-dentro-de-si não é um reportar, mas um *ser*. Porém, como *imediatez* que se funda em seu ato de negar, é, a um tempo, essencialmente reportamento, isto constitui sua determinação. Sua imediatez e esta sua determinação **[100]** se diferenciam, pois, uma da outra. Em sua imediatez simples, ou como ser, é ao mesmo tempo puro ato de negar, um reportamento ao exterior em geral, um puro relacionar negando. Mas não a um outro, porque aqui não há mais outro, que já foi pura e simplesmente suprassumido. Esta relação, igualmente, não é ainda reportamento ao imediato, mas antes que nada, não é outra coisa esta imediatez se não o ato simples pelo qual a negação se refere a si mesma.

Portanto, o que é posto é o retorno da idealidade ao ser-dentro-de-si simples, a uma igualdade-consigo-mesmo que tem a forma de imediatez, e que é um relacionar simplesmente negativo, um relacionar ao nada, em geral. O ser-para-si, como este imediato que é o puro ato de negar, é *o para-si-essente, o Um.* **[101]**

B.
O Um

1.
O Um e o vazio

O Um é o reportamento simples do ser-para-si a si mesmo, reportamento que — enquanto os momentos do ser-para-si sumiram no si — tem a forma da *imediatez*. Por conseguinte, ele *é*, em geral, sem ter um ser-aí; o ser determinado, ou o ser-aí fez retorno, no ser-para-si, ao ser puro.

Porque o Um não tem nenhum ser-aí e nenhuma determinidade como reportamento a outra coisa, não é tão pouco uma disposição, e, portanto, não é susceptível de um ser-outro: é *invariável*.

O Um é indeterminado, mas não como o ser, pois sua determinidade é a determinidade que é reportamento a si mesmo — ser-determinado absoluto. O *ser-determinado absoluto* é a determinidade ou negação, como reportamento não a outra-coisa, mas a si. Esta igual-

auf ſich. Dieſe Gleichheit des Eins mit ſich hat es alſo nur, inſofern es Verneinen, eine Richtung von ſich ab, hinaus auf Anderes iſt, die aber unmittelbar aufgehoben, umgewendet, weil kein Anderes iſt, auf das ſie gehe, und die in ſich zurückgekehrt iſt.

Weil um der Einfachheit dieſes In-ſich-zurückgekehrtſeyns willen, das Eins die Geſtalt eines Unmittelbaren, [102] Seyenden hat, ſo erſcheint ſein Aufheben, oder die Negation, als ein auſſer ihm ſeyendes Anderes, das nicht Etwas, ſondern das Nichts iſt, das ſelbſt die Geſtalt der Unmittelbarkeit gegen jenes Seyendes hat, aber an ſich zugleich nicht das erſte Nichts, nicht unmittelbar iſt, ſondern das Nichts als aufgehobenes Etwas — oder es iſt das Nichts als Leeres.

Das Leere iſt alſo in Wahrheit nicht unmittelbar, gleichgültig für ſich dem Eins gegenüber, ſondern es iſt deſſen Sich-beziehen-auf-Anderes oder deſſen Grenze. Das Eins aber iſt ſelbſt, als das abſolute Beſtimmtſeyn, die reine Grenze, die reine Negation oder Leere. Es iſt alſo, indem es ſich zum Leeren verhält, die unendliche Beziehung auf ſich. Es ſelbſt iſt aber die reine Negation, als unmittelbar ſich ſelbſt gleich, als ſeyend; die Leere aber iſt dagegen dieſelbe Negation, als Nichtſeyn.

Das Fürſichſeyn, indem es ſich auf dieſe Weiſe als das Eins und das Leere beſtimmt hat, hat wieder ein Daſeyn erlangt. Wie aber Etwas und ein Anderes, ſo zu ſagen, zu ihrem Boden das Seyn haben, auf dem die Beſtimmtheit derſelben geſetzt iſt, ſo hat das Eins und das Leere, das Nichts zu ihrem gemeinſchaftlichen oder vielmehr einfachen Boden. Das Fürſichſeyn hat zuerſt den Unterſchied in ihm ſelbſt, und die unterſchiedenen als ſeine Momente, das Fürſichſeyn als Anſichſeyn, und das Seyn-für-eines, deren Einheit die Idealität iſt. Sie treten aus dieſer Einheit oder werden die ſich Aeuſſerlichen, das Eins und das Leere, indem durch die einfache Einheit der Momente ſelbſt, die Beſtimmung des Seyns hereinkommt, wodurch das, was vorher Moment war, die Geſtalt eines Seyenden erhält. — Oder [103] es ſind zwey Momente, das einfache Fürſichſeyn, und das Seyn-für-eines; jedes für ſich betrachtet, und jedes iſt auch ſo für ſich, denn jedes iſt auch das Ganze, ſinkt in der einfachen Beziehung auf ſich in die Unmittelbarkeit zuſammen, und damit in das Daſeyn gegeneinander, in eine Beziehung von ſolchen, die nicht nur als Bezogene, ſondern auch unmittelbar ſind.

dade do Um consigo, só a possui na medida em que é ato de negar — uma trajetória que arranca de si, sai em direção de outra-coisa, mas que é imediatamente suprassumida, retornada, porque não há outro nenhum para onde ir, e assim retornou a si.

Porque o Um, em razão da simplicidade deste ser-retornado-em-si, tem a figura de um imediato, **[102]** de um *essente*, seu suprassumir ou a negação aparece então como um outro *essente fora dele*. Este outro não é alguma-coisa, mas o nada, que tem a figura do imediato em relação a este essente, porém que em-si, não é o primeiro nada, não é imediato mas o *nada como alguma-coisa suprassumido* — ou é o nada como *vazio*.

O vazio, pois, em verdade, não é imediato, indiferente para si frente ao Um, mas é o referir-se-a-outra-coisa deste Um, ou seu limite. {69} Mas o Um, como ser determinado absoluto, é o limite puro, a negação pura ou vacuidade. Estando em relação ao vazio, o Um é, pois, reportamento infinito a si. E é a negação pura como imediatamente igual a si mesmo, como *essente*. Quanto à vacuidade, por sua vez, é a mesma negação como *não-ser*.

O ser-para-si enquanto é determinado desta maneira como o Um e o vazio, adquiriu de novo um ser-aí. Mas, assim como alguma-coisa e um outro tem, por assim dizer, como seu terreno o ser, sobre o qual está posta sua determinidade, da mesma maneira o Um e o vazio têm o nada por terreno comum, ou antes, por terreno simples. O ser para si tem primeiro a diferença nele mesmo, e os [termos] diferenciados como seus momentos, o ser-para-si como ser-em-si e o ser-para-uma-coisa; e sua unidade é a idealidade. Quando se introduz a determinação do ser, através da unidade simples dos próprios momentos, eles saem desta unidade, ou se tornam os exteriores a si, o Um e o vazio. Deste modo, o que antes era momento, assume a figura de um essente. **[103]**

Ou, por outra: há dois momentos, o ser-para-si simples e o ser-para-uma-coisa. Cada um deles, considerados para si (e cada um igualmente a assim para si, pois cada um é igualmente o todo) cada um no reportamento simples a si mesmo, some na imediatez e portanto no ser-aí, um em relação ao outro; num reportamento de [termos] tais que não são somente como reportados, mas são igualmente *imediatos*.

Anmerkung

Das Eins in dieſer Form von Daſeyn iſt die Stuffe der Kategorie, die bey den Alten, als das Atomiſtiſche Princip vorgekommen iſt, nach welchem das Weſen der Dinge iſt, das Atome und das Leere, (το ἀτομον oder τα ἀτομα και τοκενον.) Die Abſtraction zu dieſer Form gediehen, hat eine größere Beſtimmtheit gewonnen, als das Seyn des Parmenides und das Werden des Heraklits. So hoch ſie ſteht, indem ſie dieſe einfache Beſtimmtheit des Eins und des Leeren zum Princip aller Dinge macht, die unendliche Mannichfaltigkeit der Welt auf dieſen einfachen Gegenſatz zurückführt und ſie aus ihm zu erkennen ſich erkühnt, ſo leichtiſt es für das vorſtellende Reflectiren, ſich hier Atome und daneben das Leere vorzuſtellen. Es iſt daher kein Wunder, daß das atomiſtiſche Princip ſich jederzeit erhalten hat; das gleich triviale und äuſſerliche Verhältniß der Zuſammenſetzung, das noch hinzukommen muß, um zum Scheine einer Verſchiedenheit und Mannichfaltigkeit zu gelangen, iſt eben ſo populär als die Atome ſelbſt und das Leere. Das Eins und das Leere iſt das Fürſichſeyn, das höchſte Inſichſeyn zur völligen Aeuſſerlichkeit herabgeſunken; denn im Eins iſt die Unmittelbarkeit oder das Seyn vorhanden, das, weil es die Negation alles Andersſeyns iſt, nicht mehr beſtimmbar und veränderlich iſt, alſo auch nicht wieder in ſich [104] zurückkehren zu können ſcheint, ſondern für das in ſeiner abſoluten Sprödigkeit alle Beſtimmung, Mannichfaltigkeit, Verknüpfung ſchlechthin äuſſerliche Beziehung bleibt.

In dieſer Aeuſſerlichkeit aber iſt das atomiſtiſche Princip nicht bey den erſten Denkern deſſelben geblieben, ſondern es hatte auſſer ſeiner Abſtraction, auch die ſpeculative Tiefe darin, daß das Leere als der Quellder Bewegung erkannt worden iſt; was eine ganz andere Beziehung des Atomen und des Leeren iſt, als das bloße Nebeneinander und die Gleichgültigkeit dieſer beyden Beſtimmungen gegeneinander. Daß das Leere der Quell der Bewegung iſt, hat aber nicht den geringfügigen Sinn, daß ſich etwas nur in ein Leeres hineinbewegen könne, und nicht in einen ſchon erfüllten Raum; in welchem Verſtande das Leere nur die Vorausſetzung oder Bedingung, nicht der Grund der Bewegung wäre, ſo wie auch die Bewegung ſelbſt als vorhanden vorausgeſetzt, und das Weſentliche, der Gedanke an einen

Nota

Atomística*

O Um, nesta forma de ser-aí, é o nível da categoria que, nos antigos, foi encontrado como o *princípio atomístico*, princípio segundo o qual a essência das coisas é o *átomo* e o *vazio* (*to àtomon ou ta àtoma kai to kenon*). A abstração, chegada até esta forma, ganhou uma determinidade maior que o ser de Parmênides e o devir de Heráclito. Por um lado, se elevou esta determinidade simples do Um e do vazio, ao se fazer o princípio de todas as coisas, reduzindo a esta oposição simples a variedade infinita do mundo, e tendo a ousadia de conhecê-la a partir dela. Mas, por outro lado, se abriu caminho à facilidade, para o ato de refletir representador, de se representar *aqui* os átomos, e o vazio, *ao lado*.

Por conseguinte, não é de estranhar que este princípio atomístico se tenha mantido em todo o tempo: a relação igualmente trivial e exterior da *composição*, que deve ainda ser acrescentada para obter a aparência de uma diversidade e de uma variedade, é tão popular quanto o próprio átomo e o vazio. O Um e o vazio são o ser-para-si, o supremo ser-dentro-de-si rebaixado até à exterioridade plena; porque no Um está presente a imediatez ou o ser. E o ser, porque é a negação de todo ser-outro, não é mais determinável e variável: nem parece mais poder retornar de novo a si, [104] e para ele, em sua rigidez absoluta, toda determinação, toda variedade, toda ligação fica um reportamento pura e simplesmente exterior.

O princípio atomístico não ficou, porém nesta exterioridade, entre aqueles que primeiro o pensaram: mas, além de sua abstração, houve também profundeza especulativa no conhecimento do vazio como a *fonte* do *movimento*. {70} Isto equivale a estabelecer entre o átomo e o vazio um reportamento totalmente diverso da simples justaposição e indiferença destas duas determinações, uma em relação a outra.

Porém, que o vazio seja a fonte do movimento, não tem o sentido sem importância de que alguma-coisa só pode se mover no vazio e não num espaço já cheio; segundo esta compreensão, o vazio seria apenas o pressuposto ou condição, e não o *fundamento* do movimento: e ainda se supõe que o movimento mesmo é dado e se esquece o essencial, que é pensar num fundamento desse movimento. Ao con-

Grund derselben vergessen ist. Die Ansicht dagegen, daß das Leere den Grund der Bewegung ausmacht, enthält den tiefen Gedanken, daß im Negativen überhaupt, der Grund des Werdens, der Unruhe der Selbstbewegung liegt. Wobey aber das Negative nicht als das der Vorstellung am nächsten liegende Nichts, sondern als die wahrhafte Negativität, als das Unendliche zu nehmen ist.

2.
Viele Eins (Repulsion)

Das Eins und das Leere macht das Fürsichseyn in seinem Daseyn aus. [105] Jedes dieser Momente ist zugleich die Negation; das Eins und das Leere macht also die Beziehung der Negation auf die Negation aus. Aber die Bestimmtheit dieses Daseyns, wie es sich ergeben hat, ist, daß das Eins die Negation in der Bestimmung des Seyns, das Leere aber die Negation in der Bestimmung des Nichtseyns ist. Dieser erst abstracte Unterschied hat sich weiter zu bestimmen.

Das Eins hat Unmittelbarkeit; es ist Beziehung auf sich und gleichgültig für sich, gegen das Nichts, das aufser ihm ist. Aber das Eins ist wesentlich nicht gleichgültig gegen das Leere; denn es ist Beziehung auf sich nur als beziehende Negation, d. h. als dasjenige, was das Leere aufser ihm seyn soll. Insofern daher erstens das Eins als unmittelbares sich auf das Leere, das gleichfalls die Gestalt eines unmittelbaren hat, bezieht, so ist die Beziehung des Daseyns vorhanden, das Eins bezieht sich also auf das Leere als ein ihm Anderes, und geht über sich hinaus in das Leere. Aber da zweytens in der Idealität des Fürsichseyns kein Anderes, da die Beziehung auf sein Nichtseyn wesentlich Beziehung auf sich selbst ist, so ist das daseyende Andere zugleich es selbst, und zugleich sein Nichtseyn. Das Eins ist somit Werden zu vielen Eins.

Diese Bewegung des Eins zu vielen Eins ist aber nicht sowohl ein Werden; denn Werden ist ein Uebergehen ins Entgegengesetzte, von Seyn in Nichts, und es ist eine Beziehung, die nicht unmittelbar das Bezogene selbst ist. Hier hingegen wird Eins nur zu Eins; ferner Eins, das Bezogene, ist diese negative Beziehung selbst.

Denn Eins ist Beziehung auf sich als negatives Beziehen; so ist es Fürsichseyn überhaupt, ein Beziehen ohne [106] Bezogenes. Aber

trário, o modo de ver segundo o qual o vazio constitui o fundamento do movimento contém este pensamento profundo de que é no negativo em geral que se encontra o fundamento de devir, da inquietude do automovimento. Mas aí, o negativo não se deve tomar como o nada que se encontra bem perto da representação; trata-se da negatividade verdadeira, do infinito.

2.
Múltiplos Uns (Repulsão)

O Um e o vazio constituem o ser-para-si em seu 'ser-aí'. [105]

Cada um destes momentos é ao mesmo tempo a negação: o Um e o vazio constituem, pois, o reportamento da negação a negação. Mas a determinidade deste 'ser-aí', conforme se destacou, é que o Um é a negação na determinação do ser, enquanto o vazio é a determinação na negação do não-ser. Esta diferença, de início abstrata, deve se determinar ulteriormente.

O Um tem a imediatez; é o reportamento a si e indiferente para si em relação ao nada que está fora dele. Mas o Um é essencialmente não-indiferente em relação ao vazio, porquanto é reportamento a si apenas enquanto negação reportante; quer dizer, como isto mesmo que o vazio deve ser fora dele. Por conseguinte, na medida em que, *primeiro*: o Um como imediato se refere ao vazio — que tem igualmente a figura de um imediato — então está presente o reportamento do ser-aí: o Um se refere pois ao vazio *como a um outro que ele*, e se ultrapassa no vazio. Mas como, *em segundo lugar*, na idealidade do ser-para-si não há nenhum outro, pois seu reportamento a seu não-ser é essencialmente reportamento a ele mesmo, então, o outro essente-aí é ao mesmo tempo ele mesmo e seu não-ser. O Um é assim *devir de múltiplos Uns*.

Mas este movimento do Um em direção a múltiplos Uns, igualmente, não é um devir; porque o devir é um passar para o oposto, do ser para o nada, e é um reportamento que não é imediatamente o próprio reportado. Aqui, ao contrário, o Um não se torna se não Um: em outro Um — o reportado — está este mesmo reportamento negativo.

Porque o Um é reportamento a si como reportamento negativo; é assim que ele é ser-para-si em geral, um reportar sem reportado. [106]

infofern es Eins ift, ift es unmittelbar; und ift damit wefentlich Beziehung auf fich, als auf ein unmittelbares; es ift damit ein Bezogenes vorhanden, aber durch abfolut negative Beziehung, welche unendliches Aufheben des Andersfeyns ift. Das Eins geht alfo nicht in ein Anderes über; fondern es ftößt fich felbft von fich ab. Die negative Beziehung des Eins auf fich ift Repulfion.

Die Repulfion ift alfo wohl Werden der vielen Eins, aber durch das Eins felbft.

Das Eins ift darum auch nicht als ein gewordenes; das Werden zu Vielen verfchwindet unmittelbar als Werden; die gewordenen find Eins, find nicht für Anderes, fondern beziehen fich unendlich auf fich felbft. Das Eins ftößt nur fich von fich felbft ab, es wird alfo nicht, fondern es ift fchon; diß Werden ift daher kein Uebergehen.

Die Vielheit ift fomit nicht ein Andersfeyn, und eine dem Eins vollkommen äußere Beftimmung. Das Eins, indem es fich felbft repellirt, bleibt Beziehung auf fich, wird nicht Beziehen auf ein Anderes. Daß die Eins andere gegeneinander, daß fie in die Beftimmtheit der Vielheit zufammengefaßt find, geht alfo die Eins nichts an. Wäre die Vielheit eine Beziehung ihrer felbft aufeinander, fo begrenzten fie einander oder hätten ein Seyn-für-Anderes. Ihre Beziehung, infofern fie als unmittelbare vorgeftellt werden, ift das Leere, oder keine Beziehung. Die Grenze ift das, worin die Begrenzten eben fo fehr find als nicht find; aber das Leere ift als das reine Nichtfeyn beftimmt, und nur diß macht ihre Grenze aus. [107]

Die Repulfion des Eins von fich felbft, ift daher die außer fich gekommene Unendlichkeit; fie ift ein eben fo einfaches Beziehen des Eins auf Eins als vielmehr die abfolute Beziehungsofigkeit* der Eins. Oder die Vielheit des Eins ift das eigene Setzen des Eins; das Eins ift nichts als die negative Beziehung des Eins auf fich, und diefe Beziehung, alfo das Eins felbft ift das viele Eins. Aber eben fo geht die Vielheit das Eins nichts an, fie ift ihm fchlechthin äußerlich; denn das Eins ift eben das Aufheben des Andersfeyns, die Repulfion ift feine Beziehung auf fich, und einfache Gleichheit mit fich felbft.

Mas, na medida em que é Um, é *imediato*; e por aí é essencialmente reportamento a si como *a um imediato*. Está, pois, presente um *reportado*, mas através de um reportamento absolutamente negativo, que é o suprassumir infinito do ser-outro. {71} O Um não passa para um outro; mas se expulsa de si mesmo. O reportamento negativo do Um a si é uma *repulsão*.

A repulsão é, pois, o devir dos múltiplos Uns, mas por intermédio do próprio Um.

Por esta razão também o Um não é como um *devinido**. O devir que conduz aos múltiplos Uns desaparece imediatamente como devir: os devinidos são Uns, não são para outra-coisa, mas se referem infinitamente a si mesmos. O Um não expulsa de si mesmo se não a si — não se torna, mas *já é*: este devir, pois, não é um ato-de-passar.

Assim a multiplicidade não é um *ser-outro*, não é uma determinação perfeitamente exterior ao Um. O Um, enquanto se repele a si mesmo, permanece reportamento a si, não se torna ato-de-repelir a um outro. O Um nada tem a ver com o fato de que os Uns sejam outros — em relação um ao outro — e que sejam recapitulados na determinidade da multiplicidade. Se a multiplicidade fosse um reportamento deles uns aos outros, então se limitariam um ao outro e seriam ser-para-outra-coisa. Seu reportamento, na medida em que se representam como imediatos, é o vazio, não é um reportamento. O limite é aquilo onde os limitados *são*, tanto quanto não são. Mas o vazio é determinado como o não-ser-puro, e é somente isto que constitui seu limite. [107]

A repulsão de si mesmo do Um é, por conseguinte, a infinita saída fora de si: é um ato-de-referir igualmente simples do Um ao Um, como — melhor dito — a ausência de reportamento absoluto do Um. Ou seja: à multiplicidade do Um é o próprio pôr do Um; o Um não é nada, a não ser o reportamento negativa do Um a si, e este reportamento, portanto, o próprio Um é o Um múltiplo. Mas do mesmo modo, a multiplicidade não concerne em nada o Um, é pura e simplesmente exterior ao Um; porque o Um é justamente o suprassumir do ser-outro, a repulsão é seu reportamento a si, e a igualdade simples consigo mesmo.

Anmerkung

Es ift vorhin des Leibnitzifchen Idealismus erwähnt worden. Es kann hier hinzugefetzt werden, daß derfelbe von der vorftellenden Monade, dem Fürfichfeyn, in der weitern Beftimmung diefes Fürfichfeyns, nur bis zu der fo eben betrachteten Repulfion fortging, und zwar zu der Vielheit, in der die Eins jedes nur für fich, gleichgültig gegen das Dafeyn und Für-fich-feyn anderer ift, oder überhaupt Andere gar nicht für das Eins find. Die Monade ift für fich die ganze abgefchloffene Welt; es bedarf keine der andern. Die innre Mannichfaltigkeit, die fie in ihrem Vorftellen hat, geht uns hier nichts an; denn fie ändert in ihrer Beftimmung, für fich zu feyn, nichts; die Monade, da die Mannichfaltigkeit eine ideelle ift, bleibt nur auf fich felbft bezogen, die Veränderungen entwickeln fich innerhalb ihrer, und find keine Beziehungen derfelben aufeinander; was nach der realen Beftimmung als Beziehung der Monaden aufeinander genommen wird, ift ein unabhängiges nur fimultanes Werden. Der Leibnitzifche Idealismus nimmt übrigens die Vielheit unmittelbar als eine gegebene [108] auf, und begreift fie nicht als eine Repulfion der Monade. Er hat daher die Vielheit nur nach der Seite ihrer abfoluten Aeufferlichkeit, nicht nach der Seite, daß die Beziehung der Monade auf fich, als negative eben fo fehr felbft die Vielheit ift; — welche beyde Momente die Repulfion in fich faßt. Die Atomiftik hat einerfeits den Begriff der Idealität nicht; fie faßt das Eins nicht als ein folches, das in ihm felbft die beyden Momente des Fürfichfeyns und des Für-es-feyns enthält; alfo nicht als ideelles, fondern nur als einfach, unmittelbar Für-fich-feyendes. Dagegen geht fie über die bloß gleichgültige Vielheit hinaus; die Atomen kommen doch in eine weitere Beftimmung gegeneinander, wenn auch nicht durch die Repulfion felbft; da hingegen in jener gleichgültigen Unabhängigkeit der Monaden, die Vielheit, welche Grundbeftimmung ift, wie oben fchon erinnert, etwa nur in die Monade der Monaden, oder in den betrachtenden Philofophen fällt, und nicht eine Beftimmung der Monaden an fich ift. Oder eben infofern die Vielheit nicht eine Beftimmung der Monaden an fich ift, infofern fie nicht andere für einander find, fo gehört diefe Beftimmung nur der

Nota
Multiplicidade das Mônadas*

Acima se mencionou o *idealismo leibniziano*. Pode-se acrescentar aqui que esse idealismo, a partir da *mônada representante* — o ser-para-si — só progrediu, na determinação ulterior deste ser-para-si, até a repulsão que acaba de ser considerada, ou seja, até a multiplicidade em que os Uns estão somente cada um para si, indiferentes em face do ser-aí e ao ser-para-si das outras; *multiplicidade* na qual, em geral, os outros não são de maneira nenhuma, para o Um.

A mônada é para si o mundo fechado em sua totalidade: nenhuma tem necessidade das outras. A variedade interior que ela tem em seu representar, não nos concerne aqui para nada. Nada muda na sua determinação de ser-para-si. A mônada, pelo fato de que a variedade é uma variedade ideal, fica referida exclusivamente a si mesma; as mudanças se desenvolvem no seu interior, não são relações que teriam umas mônadas com as outras. O que é tomado, segundo a determinação real, como reportamento das Mônadas entre si, é um devir independente, somente simultâneo. O idealismo leibniziano admite também que a *multiplicidade* imediatamente como uma multiplicidade dada **[108]** — não a entende como uma *repulsão* da mônada. Portanto, só há multiplicidade segundo o lado de sua exterioridade absoluta, não pelo lado do reportamento a si da **{72}** mônada, enquanto reportamento negativo, é também igualmente a multiplicidade — dois momentos que a repulsão nela contém. A *atomística*, de um lado, não tem o conceito da idealidade; não apreende o Um como o que contém os dois momentos do ser-para-si e do ser-para-ele; portanto, não como ideal, mas só como simplesmente, imediatamente, para-si-essente.

Ao contrário, ultrapassa a multiplicidade simplesmente indiferente; os átomos terminam chegando a uma determinação ulterior, uns em relação aos outros, mesma que não seja por intermédio da repulsão; porém, nesta independência indiferente das mônadas, a multiplicidade que é *determinação fundamental* — como se viu acima — só se dá, de certa maneira, na mônada das mônadas ou no filósofo que opera a consideração: não é uma determinação das mônadas em si. Ou, seja: justamente na medida em que a multiplicidade não é uma determina-

Erscheinung an, ist ihrem Wesen äusserlich, und ihre Wahrheit ist nur die Substanz, die Eine ist.

3.
Gegenseitige Repulsion

1. Die Repulsion macht die Beziehung des Eins auf sich selbst aus, aber ist eben so sehr sein Ausser-sichkommen. Diß Aussersichkommen, die Vielheit der Eins ist die Repulsion des Eins von sich selbst; daher nicht eine dem Eins äusserliche Bestimmung, nicht verschieden von der Repulsion als einfacher Beziehung auf sich. [109]

Diß näher betrachtet, so bezieht das Eins sich auf sich als auf ein unmittelbares; aber die Unmittelbarkeit ist Seyn; die Repulsion, als die sich auf sich beziehende Negation aber ist nicht Unmittelbarkeit oder Seyn. Eins bezieht sich daher auf sich zugleich als sein absolutes Nichtseyn; es ist Abstossen seiner von sich selbst; das Abgestossene ist einerseits zwar es selbst, aber eben so sehr sein Nichtseyn. Diß Abgestossene selbst als Eins ist ein Unmittelbares, und zugleich als Nichtseyn des sich auf sich selbst beziehenden bestimmt; oder als ein absolut Anderes. Die Vielheit enthielt zunächst kein Andersseyn; die Grenze war nur das Leere, oder nur das, worin die Eins nicht sind. Aber sie sind auch in der Grenze; sie sind im Leeren, oder ihre Repulsion ist ihre gemeinsame Beziehung.

Die Repulsion des Eins also, indem sie Abstossen seiner von sich selbst ist, ist zugleich Abstossen des Eins als eines Andern von sich, und damit ein gegenseitiges Repelliren der vielen Eins.

Die Vielen stehen auf diese Weise als einander abstossend, in Beziehung auf einander; sie erhalten sich als für sich seyende in der Repulsion; ihre Beziehung besteht darin, ihre Beziehung zu negiren.

Diese gegenseitige Repulsion macht erst das Daseyn der vielen Eins aus; denn sie ist nicht ihr Fürsichseyn, das nur in einem Dritten unterschieden wäre, sondern ihr eigenes sich erhaltendes Unterscheiden. Näher bestimmt ist sie, insofern darin jedes gegen die Andern sich erhält, ein gegenseitiges Ausschliessen. Oder diese

ção das mônadas em si, e em que elas não são outras, umas para as outras, então esta determinação só pertence ao fenômeno. É exterior à *sua essência*, e sua verdade é somente a *substância*, que é *Uma*.

3.
Repulsão recíproca

1. A repulsão constitui o reportamento do Um a si mesmo, mas é igualmente seu sair-de-si. Este sair de si, a multiplicidade dos Uns, é a repulsão de si mesmo do Um. Por conseguinte, não uma determinação exterior ao Um, não diferente da repulsão como reportamento simples a si. [109]

Quando se examina isto mais de perto, então o Um se refere a si como um imediato. Ora, a imediatez é ser, mas a repulsão, negação referindo-se a si, não é a imediatez ou ser. Por conseguinte, o Um se refere a si ao mesmo tempo como seu não-ser absoluto: é o ato de se repelir a si mesmo. Sem dúvida, de um lado, o rejeitado é ele próprio, mas igualmente é seu *não-ser*.

Este rejeitado, por sua vez, enquanto Um, é um imediato, e determinado ao mesmo tempo como não-ser do que se refere a si mesmo; ou, como um absolutamente *outro*. A multiplicidade não continha, de início, nenhum ser-outro; o limite era somente o vazio, ou somente aquilo em que os Uns *não são*. Mas eles *são* também no limite; são no vazio, ou ainda, sua repulsão é seu comum reportamento.

A repulsão do Um, enquanto ato de se repelir de si mesmo, é, pois, ao mesmo tempo, *ato pelo qual o Um se repele de si como de um outro*, e, portanto, um ato de *repelir recíproco* dos Uns múltiplos.

Os múltiplos, enquanto repelindo-se um ao outro, se mantém em reportamento, desta maneira, uns com os outros; mantém-se como em-si-essentes nessa repulsão. Seu reportamento consiste nisto: em negar seu reportamento.

É somente na repulsão recíproca que consiste o *ser-aí* dos múltiplos. Não é seu ser-para-si, que só seria diferente de um terceiro, mas é seu próprio diferenciar se mantendo. Determinada de maneira mais precisa {73} esta repulsão é, na medida em que cada um se mantém em aos outros, um excluir recíproco. Ou seja: este reportamento é

Beziehung ist eine nur relative Repulsion. Sie negiren sich nemlich gegenseitig, oder setzen sich als solche, die nur für-eines sind. Aber sie negiren [110] eben so sehr zugleich diß, nur für-eines zu seyn; sie repelliren diese ihre Idealität.

2. In diesem Daseyn der vielen Eins trennen sich somit die Momente, die in der Idealität schlechthin vereinigt sind. Das Eins ist in seinem Fürsichseyn zwar auch so für-eines, daß diß Aufgehobenseyn des Andersseyns seine Beziehung auf sich selbst ist. Aber zugleich ist das Seyn-für-eines, wie es in der relativen Repulsion, dem Ausschliessen bestimmt ist, ein Seyn-für-Anderes. Jedes wird von dem Andern repellirt, aufgehoben und zu einem gemacht, das nicht für sich, sondern für-eines ist. Sein Seyn-für-eines fällt sonach nicht nur in das Eins als solches selbst, sondern auch in ein anderes Eins, und ist Seyn-für-Anderes.

Das Fürsichseyn der vielen Eins ist hiemit die Repulsion derselben gegeneinander, wodurch sie so sich erhalten, daß sie sich gegenseitig aufheben, und die andern als ein bloßes Seyn-für-Anderes setzen. Aber zugleich besteht die Repulsion darin, diese Idealität zu repelliren, und sich zu setzen, nicht für-ein-Anderes zu seyn. Aber beydes ist wieder eine und dieselbe Beziehung; die gegenseitige Repulsion ist gegenseitiges Aufheben, jedes erhält sich nur, indem es die Andern als ein Seyn-für-Anderes, als ein Nichtdaseyn setzt, und eben so sehr nur indem es diß aufhebt, für ein Anderes zu seyn.

3. Das Seyn-für-Anderes ist insofern so sehr aufgehoben als vorhanden. Aber es ist in verschiedener Rücksicht gesetzt und aufgehoben. Die Eins sind unmittelbare; sie beziehen sich repellirend, aufhebend gegeneinander; sie setzen so gegenseitig das Fürsichseyn der Andern auf das Seyn-für-Anderes herab; diß Moment hat also Statt in Beziehung auf Andere. Aber [111] das Eins hebt diß sein Seyn-für-Anderes auf; diß Moment ist seine Beziehung auf sich selbst. Das Eins ist Seyn-für-Anderes nur in Andern; aber diß Aufgehobenseyn des Eins geht das Eins nichts an; in ihm sind die Andern nicht als daseyende, unmittelbare Andre, sondern nur als Aufgehobene, dadurch bezieht es sich auf sich.

uma repulsão somente relativa. Com efeito, os Uns se negam reciprocamente, ou ainda: se põem como termos que só são *para-uma-coisa*. Mas negam [110] igualmente o fato *de só ser para uma coisa*; repelem essa *idealidade* que é a sua.

2. No ser-aí dos múltiplos Uns se separam os momentos que na idealidade são pura e simplesmente unidos. O Um, em seu ser-para-si, é certamente também para-uma-coisa, de maneira que este ser suprassumido do ser-outro é seu reportamento a si mesmo. Mas ao mesmo tempo o ser-para-uma-coisa, tal como é determinado na repulsão relativa, no ato de excluir, é um ser-para-outra-coisa. Cada um é repelido do outro, suprassumido, e feito tal que não é para-si, mas para-uma-coisa. Em consequência, seu ser-para-uma-coisa não vem a dar somente no Um como tal, mas também em um outro, e é ser-para-outra-coisa.

O ser-para-si dos Uns múltiplos é assim a repulsão desses mesmos Uns, uns em face dos outros. Por aí, se mantêm de tal modo que não se suprassumem reciprocamente, e põem os outros como um simples ser-para-outra-coisa. Mas ao mesmo tempo, a repulsão consiste em repelir esta idealidade, e a se pôr (de maneira a) não ser para-um outro. Mas os dois são de novo um só e o mesmo reportamento: a repulsão recíproca é suprassumir recíproco, cada um se mantém somente enquanto põe os outros como um ser-para-outra-coisa, como um 'não-ser-aí'; e igualmente, só enquanto suprassume o fato de ser para um outro.

3. O ser-para-outra-coisa, nesta medida, é tão suprassumido quanto presente; mas são diversas as perspectivas em que é posto e em que é suprassumido. Os Uns são imediatos: referem-se uns aos outros em se repelindo, em se suprassumindo. Rebaixam assim reciprocamente o ser-para-si dos outros a ser-para-outra-coisa. Este momento tem, então, lugar em *reportamento a outros*. Mas [111] o Um suprassume este ser-para-outra-coisa que é seu; este momento é seu *reportamento a si mesmo*. O Um só é ser-para-outra-coisa em outros: mas este ser suprassumido do Um não tem nada a ver com o Um: nele os outros não estão como outros essentes-aí, mas apenas como suprassumidos; é por aí que ele se refere a si.

Das Eins war Repulſion, indem es ſich von ſich abſtößt, und indem ſomit das Abgeſtoſſene nur es ſelbſt iſt, iſt es damit unmittelbare Rückkehr in ſich. Aber dieſes Repelliren iſt übergegangen in die Repulſion Anderer und des Seyns-für-Andere von ſich. Das Eins erhält ſich nur dadurch für ſich, daß es ſich auf Andere negirend bezieht, und indem dieſe Negation gegenſeitig iſt, daß es das Seyn-für-eins, das es darin erhält, aufhebt. Die Repulſion, das Abſtoßen des Eins vo ſich, iſt ſomit übergegangen in Abſtoßen der Andern, in das Setzen der Andern als ſeyend nur für-eines, und damit das Aufheben ſeines Seyns-für-Anderes, in die Attraction. [112]

C.

Attraktion

Die Repulſion iſt die Selbſtzerſplitterung des Eins zunächſt in Viele, und dann um ihrer Unmittelbarkeit willen, in Andre. Indem aber die Eins überhaupt Viele und eben ſo Andre ſind, ſo iſt dadurch kein Unterſchied derſelben vorhanden, und das abſolute Beſtimmtſeyn des Eins an ſich ſelbſt iſt noch nicht realiſirt. Das Eins nemlich als das Ideelle, welches ebenſowohl fürſich, als auch für eines, beydes in einer Identität iſt, fällt um dieſer Unterſchiedsloſigkeit willen in die Unmittelbarkeit des Seyns zuſammen. Weil in dieſer Idealität kein wahrhaftes Anderes vorhanden iſt, ſo findet auch kein wahrhaftes Aufheben des Andersſeyns Statt, und damit keine reelle Idealität. Dieſe wird nun in der Attraction. Die Repulſion enthält zwar andere; aber indem die vielen Eins überhaupt ſich insgeſammt andere ſind, ſo hält ſich ihre Repulſion das Gleichgewicht; ſie heben ihr gegenſeitiges Seyn-für-eines, ſelbſt auf. Sie repelliren die Repulſion, oder das Andersſeyn.

Indem nun aber das Eins aufhört die bloß einfache Beziehung der Negation auf ſich ſelbſt zu ſeyn, und zu einem beſtimmten Unterſchiede in ſich gelangt, ſo wird es zur Totalität, oder zur Identität der Idealität und Realität. Das abſolute Beſtimmtſeyn hat dann ſeine Spitze erreicht, es iſt in ſich zurückgegangen; und die Qualität, das unmittelbare Beſtimmtſeyn durch ein Anderes, oder das Andersſeyn

O Um era repulsão enquanto se repelia de si; enquanto o repelido só é ele mesmo, é assim retorno imediato sobre si. Mas este ato de repelir passou para a repulsão dos outros, e do ser-para-outra-coisa fora de si. O Um só se mantém para-si referindo-se negativamente a outros, e, enquanto esta negação é recíproca, suprassumindo o ser-para-uma-coisa que ele ali mantém. A repulsão, ato pelo qual o Um se repele de si, passou assim em ato de repelir os outros, no ato de pôr os outros como sendo somente para-uma-coisa, e assim, o suprassumir de seu ser-para-outra-coisa, passou para a *atração*.

[112] {74} C.

Atração

A repulsão é auto-despedaçamento do Um, primeiro em múltiplos, e em seguida, devido a sua imediatez, em outros. Porém, enquanto os Uns em geral são múltiplos, e logo são também outros, nem por isso sua diferença está presente ou dada. E nem é realidade ainda o ser-determinado absoluto do Um em si mesmo.

Com efeito, o Um — como ideal que é tanto para-si como para-uma-coisa, ambos numa identidade — em razão desta ausência de diferença soçobra na imediatez do ser. Porque nessa idealidade não está presente (dado) nenhum outro verdadeiro, e, portanto nenhum suprassumir verdadeiro tão pouco pode acontecer; e por conseguinte, nenhuma idealidade real.

Agora, na atração, é que ocorre uma idealidade real. Certamente, a repulsão implica que haja outros; porém, como os Uns múltiplos em geral são outros para si todos juntos, então nessa repulsão se mantém o equilíbrio. Com efeito, os múltiplos suprassumem seu ser-para-uma-coisa recíproco, e assim repelem a repulsão ou o ser-outro.

O Um deixa agora de ser o simples e puro reportamento da negação a si mesma e atinge dentro de si uma diferença determinada; e deste modo chega à totalidade, ou à identidade da idealidade e da realidade. O ser determinado absoluto alcançou assim sua culminância: retornou a si. A qualidade, ser determinado imediato por intermédio de um outro, ou: o ser-outro em geral, se torna um indiferente:

überhaupt, wird ein gleichgültiges; die Qualität wird an diefer in fich gediegenen Einheit zur Quantität. [113]

1.

Ein Eins

Die Repulfion macht die vielen Eins zu Seyenden-für-Anderes. Aber es find die Vielen, denen diß Repelliren zukommt, und zwar kommt es ihnen zu als Eins. Aber als Eins find fie unendliche Beziehung auf fich felbft, als folche repelliren fie eben fo fehr diß Seyn-für-Anderes, oder jenes Repelliren. Diefe Repulfion der Repulfion ift fomit, als fich felbft aufhebend, Attraction.

Es tritt aber hier der erwähnte Unterfchied ein; Eins fetzt nemlich die andern Eins, als Seyn-für-Anderes, und hebt, — infofern diß Repelliren gegenfeitig wäre, — fein Seyn-für-Anderes, das es darin erhielte, auf; es erhält aber das Seyn-für-Anderes der Andern.

Die Attraction ift nämlich Repulfion der Repulfion. Das Eins fetzt die andern Eins ideell, als Seyn-für-Anderes, aber hebt diß Seyn-für-Anderes eben fo fehr wieder auf. Es ift fomit die Rückkehr des Eins in fich felbft gefetzt, oder diefelbe unendliche Beziehung auf fich, welche das Eins an fich ift. Aber es find damit zweyerley Eins vorhanden; nemlich das unmittelbare Eins, oder das Eins, wie es an fich ift, und dann das Eins, das aus feiner Zerftreuung, aus der Vielheit in fich zurückkehrt.

Diefes Eins kann das reale Eins infofern genannt werden, als es aus der Vielheit und dem Seyn-für-Anderes in fich zurückkehrt, und diß Moment, aber als aufgehobenes an ihm hat; oder infofern das Moment des Seyns-für-eines, das es in feiner Idealität enthält, nicht bloß diß abftracte Moment mehr ift, fondern [114] die unmittelbaren Eins es ausmachen. Das andere Eins dagegen ift diß unmittelbare nicht in fich zurückkehrende Eins, das wefentlich als aufgehobenes ift, und im Seyn-für-Anderes bleibt.

Jenes Eins ift das attrahirende Eins; das fich an den unmittelbaren Eins fein Moment des Seyn-für-eines gibt. Diefe werden attrahirt. Sie find unmittelbar; aber das Eins ift wefentlich diß, nicht ein unmittelbares Seyendes zu feyn; denn es ift vielmehr die fich auf fich beziehende

a qualidade, nessa unidade compacta dentro de si, se torna quantidade. [113]

1.
Um Um

A repulsão faz dos múltiplos Uns, essentes-para-outra-coisa. Mas é aos múltiplos que compete esse repelir, e certamente lhes compete enquanto são Uns. Porém, como Uns, são reportamento infinito a si mesmos: como tais repelem igualmente esse 'ser-para-outra-coisa', ou seja, este repelir. Repulsão da repulsão que é assim, enquanto suprassumindo-se a si mesma, atração.

Mas aqui intervém a diferença mencionada: Um põe, com efeito, os outros Uns, como ser-para-outra-coisa; e, na medida em que esse repelir seria mútuo, suprassume o *seu* ser-para-outra-coisa, que ele ali mantinha, mas também ser-para-outra dos outros.

Com efeito, a atração é a repulsão da repulsão. O Um põe os outros Uns idealmente, como ser-para-outra-coisa, mas suprassume também de novo este ser-para-outra-coisa. No mesmo lance é posto o retorno do Um a si mesmo, ou o mesmo reportamento infinito a si que o Um é em si. Mas assim estão presentes, dados, duas espécies de Uns: a saber, o Um *imediato*, ou o Um tal como é em si; e então o Um, que a partir de sua dispersão, a partir da multiplicidade, *retorna* {75} *dentro de si*.

Este Um pode chamar-se o *Um real*, enquanto retorna a si a partir da multiplicidade e do ser-para-outra-coisa, e nele tem esse momento, mas como suprassumido. Na medida em que o momento de ser-para-uma-coisa, que contém em sua idealidade, não é mais apenas este momento abstrato, mas [114] onde estão os Uns imediatos que o constituem. Ao contrário, o outro Um é este imediato que não retorna em si, que é essencialmente como suprassumido e permanece no ser-para-outra-coisa.

Este Um é *o Um que exerce a atração*; que se dá, nos Uns imediatos, seu momento do ser-para-uma-coisa. Estes são atraídos: são imediatos. Mas o Um é essencialmente isto: não ser um essente imediato — porque é, antes, a negação referindo-se a si. Portanto, en-

Negation. Indem fie alfo unmittelbare find, find fie nur fich felbft ungleiche, andre an fich felbft.

Es ift hiemit auch das an-fich-feyende Andersfeyn vorhanden, und das vorherige, nur äufferliche Andersfeyn verfchwunden. Das unmittelbare Eins ift nur als aufgehobenes, das nur für-anderes ift. Das Fürfichfeyn aber, das nur für-anderes ift, ift eben das Andersfeyn an fich felbft.

Ferner das attrahirende Eins, welches das Seyn-für-Anderes in fich aufhebt, und aus demfelben in fich zurückkehrt, ift eben damit nicht mehr das einfache Fürfichfeyn, fondern das auch das Andersfeyn als Moment in ihm felbft hat.

Das attrahirende Eins alfo als aus der Vielheit in fich zurückkehrend, beftimmt fich felbft als Eins, es ift Eins, als nichtfeyend Vieles, Ein Eins.

2.
Gleichgewicht der Attraction und Repulfion

Das Fürfichfeyn, das fich als Eins beftimmt hat, verliert fich zuerft als Vielheit in abfolute Aeufferlichkeit, [115] und erhält fich darin nicht fowohl nach feiner Unmittelbarkeit, — infofern die Vielen auch Eins find, — als es fich daraus zu Einem Eins wiederherftellt.

Diß in fich zurückgekehrte Eins ift, nicht nur die einfache Beziehung auf fich felbft, fondern die Beziehung auf fich als aufgehobenes Andersfeyn. — Ferner ift das Andersfeyn, wie es hier vorkommt, nicht das unmittelbare Andersfeyn des Dafeyns als folchen, fondern das eigene Andersfeyn des Eins, die Vielheit. Das Fürfichfeyn ift nach feinem Werden aus dem Dafeyn zwar fchon an fich aufgehobenes Andersfeyn; aber es hatte fich hier wieder an ihm felbft fein Anderes zu fetzen, um das, was es an fich ift, auch im Fürfichfeyn als folchem zu feyn. Das Andersfeyn hat aber in ihm eine andere Form, als im Dafeyn. Weil das Fürfichfeyn unendliche Bezie-

quanto imediatos, são desiguais somente a si mesmos — *outros em si mesmos*.

Por aí está também dado, presente, o ser-outro em-si-essente; desapareceu o ser-outro anterior, que era apenas exterior. O Um imediato é só como [Um] suprassumido que é apenas para-outra-coisa. Mas o ser-para-si que é somente para-outra-coisa é justamente o *ser-outro em si mesmo*.

Além disso, o Um que exerce atração, que suprassume em si o ser-para-outra-coisa e retorna a si a partir daquele, já não é justamente por isso o ser-para-si *simples*, mas sim o que tem em si o ser-outro como momento.

Portanto, a Um que exerce atração, como retornando a si a partir da multiplicidade, se *determina* a si mesmo como Um: é Um como não sendo múltiplo: é *Um Um*.

2.
Equilíbrio da atração e da repulsão

O ser-para-si que se determinou como Um se perde primeiro como multiplicidade, em exterioridade absoluta, [115] e ali não se *mantém* tanto através de sua imediatez — na medida em que os múltiplos são Uns — como se *restabelece* a partir dela, como *um Um*[4].

Esse Um retornado dentro de si não é apenas o reportamento simples a si mesmo, mas o reportamento a si como ser-outro suprassumido. Além disso, como se encontra aqui, o ser-outro, não é o imediato do ser-aí como tal, mas o próprio ser-outro do Um, a multiplicidade. O ser-para-si, segundo o seu devir a partir do ser-aí, é certamente já *em-si*, o ser-outro suprassumido. Porém precisava, aqui. de novo, *pôr nele mesmo* o seu outro, para que fosse também; no ser-para-si enquanto tal, o que é em-si. Mas o ser-outro tem nele uma outra forma que no ser-aí. Porque o ser-para-si é reportamento infinito a si, o ser-outro nele é somente a multiplicidade, *ele mesmo* como outro.

---

4 Nota de Labarrière/Jarczyk. Reafirma de novo que a repulsão não engendra uma alteridade verdadeira, (que se mantenha como "imediata") mas vem a dar na determinação do Um originário, como refletido em si. (*Science de la logique*, 1972, p. 147, nota 126). (N. do T.)

hung auf sich ist, ist das Andersseyn an ihm nur die Vielheit, es selbst als anderes.

Indem das Fürsichseyn aber so seine Unmittelbarkeit aufgehoben hat, und für-sich-seyendes Für-sichseyn ist, hat in ihm das Bestimmtseyn sich zwar zum absoluten Bestimmtseyn an ihm selbst, zum absoluten Qualitativen gemacht; aber ist in dieser Realität schon über die Qualität hinausgegangen. Eins ist nur Ein Eins, insofern in ihm die Vielheit, d. h. das Eins selbst aufgehoben ist. — Oder Eins ist als Ein Eins mit sich selbst zusammengegangen; es hat also, statt ausschliessend zu seyn, sich in Continuität gesetzt.

Die Attraction nemlich, oder das Eine Eins näher betrachtet, so ist es bestimmt an sich selbst, denn es ist nicht eins der Vielen, es hat die Vielheit in [116] sich aufgehoben; es ist also nicht ein Bestimmtes gegen Anderes, sondern hat das Andere und die Beziehung darauf an ihm selbst. Als Ein Eins ist aber seine absolute Bestimmtheit gleichfalls in die Unmittelbarkeit zurückgegangen, und bezieht sich als ausschliessend auf die Vielen, als gegen andere, als gegen sein Nichtseyn, das selbst unmittelbar wäre. Aber es ist nur Ein Eins; die Vielen sind gar nicht, sie haben sich aufgehoben; so sind sie mit Eins in eins gesetzt, und dieses ist nicht mehr Eins als solches.

Das Eine Eins ist an sich Attraction, aufgehobene Repulsion; aber dieses Eins fängt selbst damit an, ein unmittelbares zu seyn; es ist ein Eins, und seine Reflexion in sich besteht darin, eben die Unmittelbarkeit aufzuheben. Die Repulsion der Repulsion hebt nur das eigne Seyn-für-Anderes, erhält aber das Seyn-für-Anderes der Andern; aber ein eignes solches Seyn, das sich unterschiede von andern setzt eine ursprüngliche, eine unmittelbare Unterschiedenheit der Eins voraus, welche nicht vorhanden ist. Die Repulsion ist also ein Seyn-für-eines der Vielen überhaupt, und insofern sie Repulsion der Repulsion ist, so ist sie Erhaltung eben so sehr der Vielen Eins, deren Seyn-für-eines von ihnen selbst repellirt wird. Es sind daher alle gleich attrahirend, sie setzen alle auf gleiche Weise einander, als Seyn-für-Anderes, und repelliren dasselbe, heben es in ihrer unendlichen Beziehung in sich selbst auf. Die Vielen Eins sind somit erhalten.

— Schon in der sinnlichen Vorstellung der räumlichen Attraction dauert der Strom der attrahirt-werdenden Punkte fort; an die Stelle

Mas quando o ser-para-si suprassumiu assim sua imediatez e é ser-para-si em-si-essente, com certeza o ser-determinado nele se fez o ser determinado absoluto em si mesmo, o qualificativo absoluto; mas nessa realidade, {76} ele já ultrapassou a qualidade. O Um é somente *Um* Um, na medida em que nele a multiplicidade — quer dizer, o próprio um — está suprassumida. Ou seja, o Um, como Um Um, *se juntou consigo mesmo*; portanto, em lugar de ser excludente, se pôs em *continuidade*.

Consideremos, com efeito, de maneira mais precisa a atração, ou o Um que é Um Um. *É determinado em si mesmo*, porque não é um dos múltiplos — suprassumiu em si a multiplicidade. [116] Não é pois, alguma-coisa de determinado em face de outra coisa, mas tem em si mesmo o outro e o reportamento a ele. Mas, enquanto é Um Um, sua determinidade absoluta retornou igualmente à *imediatez*, e se relaciona como excludente com os múltiplos, com os outros, e com seu não-ser que seria também imediato. Mas o que *é*, é somente *Um Um*; os múltiplos não são de modo algum, estão suprassumidos. Assim estão *postos em unidade com o Um*, e este não é mais o Um como tal.

O Um que é Um Um é em si atração, repulsão suprassumida. Mas este Um começa também por ser um imediato: é um Um, e sua reflexão em si consiste justamente em suprassumir esta imediatez. A repulsão da repulsão só suprassume o próprio ser-para-outra-coisa, mas mantém o ser-para-outra-coisa dos outros. Um tal ser *próprio*, que se diferencia de outros, pressupõe um *estado de diferenciação original e imediato* dos Uns, que não é dado, presente.

A repulsão é, pois, o ser-para-uma-coisa dos múltiplos em geral, e na medida em que é repulsão da repulsão, é igualmente manutenção dos Uns múltiplos, cujo ser-para-uma-coisa é repelido dos mesmos. Por conseguinte, todos exercem igualmente atração, eles todos se põem uns aos outros da mesma maneira, como ser-para-outra-coisa, e o repelem, o suprassumem em seu reportamento infinito dentro de si a si mesmos. Dessa forma, os múltiplos Uns são mantidos.

Já na representação sensível da atração espacial, é contínua a corrente dos pontos que se tornam atraídos: no lugar dos átomos que

der Atome, die in dem einen attrahirenden Punkte verſchwinden, tritt eine andere Menge aus dem Nichts hervor. Diß Werden geht [117] nicht in das Reſultat des Einen Eins ſo zurück, daß nur das Eine Eins und ſonſt nichts wäre; auf dieſe Weiſe würde nur die anfängliche Beſtimmung, das Eins und das Leere geſetzt, und die Realität des Eins, das Zurückkehren in ſich aus dem Vielen, verſchwunden ſeyn. Sondern indem es ſich als Ein Eins durch dieſe Rückkehr wird, ſo iſt es ausſchließend, Ein Eins gegen Viele und es erhält ſie damit eben ſo. Aber die Erhaltung der Vielen heißt nichts anderes, als daß ſie attrahirend ſind, daß ſie ihr Seyn-für-Anderes aufheben.

Attraction und Repulſion ſind auf dieſe Weiſe nicht nur im Gleichgewicht, ſondern ſie ſind in der That identiſch und ununterſcheidbar daſſelbe. Die Repulſion erſcheint zunächſt als das Ausſchließen der andern; aber diß Ausſchließen iſt Setzen derſelben als Seyender-für-Andere. Aber die Attraction iſt daſſelbe, denn ſie beſteht eben in der Selbſterhaltung des Eins gegen die Andern, in dem Aufheben derſelben, im Setzen derſelben als Seyender-für-Andere. Die Repulſion iſt ferner umgekehrt das Aufheben dieſes Seyns-für-Anderes, durch ſie erhält ſich das Eins, indem es ſein Negirtwerden aufhebt; aber die Attraction iſt eben diß Aufheben ſeines Seyns-für-Andere, welches Aufheben es erhielt. Die ſinnliche Vorſtellung erhält allein den Unterſchied von Attraction und Repulſion, indem ſie einen unmittelbaren Punkt feſthält, und die Unmittelbarkeit der andern verſchwinden, aber in der That eben ſo ſehr auch wieder entſtehen läßt.

Wie die Repulſion ſich ſelbſt repellirt, ſo attrahirt die Attraction ſich ſelbſt, oder iſt Attraction der Attraction. Denn ihrer Beſtimmung nach iſt ſie das Ideellſetzen der vielen Eins, und dadurch das Werden Eines Eins, das für ſich bleibe, und ſein Seyn-für-Anderes [118] aufhebe. Aber unter den vielen Eins, die aufgehoben werden ſollen, ſind alle Eins begriffen; die Attraction hebt das eine Eins, deſſen Werden ſie ſeyn ſoll, eben ſo ſehr auf. Oder umgekehrt indem ſie als Werden des Einen Eins das Seyn-für-Anderes des Eins aufhebt, ſo hebt ſie eben ſo ſehr das Setzen, wodurch die Eins-Seyn-für-Andere werden, das heißt wieder, ſich ſelbſt auf.

Dieſe Identität der Repulſion und Attraction hat ſomit das Reſultat, daß die unendliche Beziehung des Eins auf ſich, ſein Seyn-

desaparecem no ponto único que exerce atração, emerge do nada uma outra multidão. Este devir não retorna [117] no resultado do Um que é um Um de tal maneira que só houvesse o Um que um Um e nada mais; desse modo seria apenas posta a determinação do começo — o Um e o Vazio — e a realidade do Um, o retornar dentro de si a partir do múltiplo, teria desaparecido.

Mas enquanto a si devém como o Um Um por intermédio desse retorno, então é excludente, é Um Um em face dos múltiplos e por aí igualmente os mantém. Porém a manutenção dos múltiplos só significa isto: eles exercem a atração, e suprassumem seu ser-para-outra-coisa.

Atração e repulsão, desta maneira, não apenas estão em equilíbrio, mas também são identicamente e de forma indiscernível, a mesma coisa. A repulsão aparece primeiro como ato de excluir os outros: mas esse ato de excluir é o ato de os pôr como essentes-para-outros. Mas a atração é a mesma coisa, porque consiste precisamente na auto-manutenção do Um em face dos outros, no ato de os suprassumir, no ato de os pôr como essentes-para-outros.

Além disso, a repulsão é, ao inverso, o suprassumir deste ser-para-outra-coisa. Por ela o Um se mantém suprassumindo seu ser negado; mas a atração é justamente este suprassumir de seu ser-para-outros, esse suprassumir que a manteve. A representação sensível mantém apenas a diferença entre atração e repulsão, enquanto ela retém-firmemente um ponto *imediato* e deixa desaparecer {77} a imediatez dos outros: mas na verdade deixa igualmente que ela surja de novo.

Ora, tal como a repulsão se repele a si mesma, também a atração se atrai a si mesma, ou seja: é atração da atração. Com efeito: segundo sua determinação, é o pôr ideal dos Uns múltiplos, e assim, o devir do *Um Um* que permanece para-si e que suprassume seu ser-para-outra-coisa. Porém, todos os Uns estão abrangidos nestes múltiplos Uns que devem ser suprassumidos. A atração suprassume igualmente o Um que é Um, cujo devir ela deve ser. Inversamente: enquanto devir do Um que é um Um, suprassume o ser-para-outra-coisa do Um [118], então suprassume também o ato-de-pôr, por meio do qual os Uns se tornam ser-para-outra-coisa. Quer dizer: a atração se suprassume a si mesma.

Essa identidade da repulsão e da atração tem assim por resultado que o reportamento infinito do Um a si seja seu ser-para-outra-coisa.

für-Anderes ist; sein Fürsichseyn ist unendliche Negation seiner selbst, unendliches Ausserichseyn, und diß Ausserichseyn ist umgekehrt unendliches Zurückgekehrtseyn in sich selbst.

Das Eins ist an sich nur diese unendliche Beziehung auf sich, deren Resultat die Identität der Attraction und Repulsion ist; — das Eins ist nichts auser der Repulsion und Attraction. Aber insofern das Eins die Gestalt der Unmittelbarkeit erhalten hat, erscheinen sie als Beziehungen desselben, so daß es auser ihnen sich für sich erhielte; als ob sein Seyn-für-ein-Anderes unterschieden wäre von seinem Fürsichseyn, oder vielmehr von seinem Ansichseyn, seiner unendlichen Beziehung auf sich selbst. Eins aber als an sich genommen, unterschieden von seiner negativen Beziehung, ist es das unmittelbare Eins, das Viele. Aber eben so unmittelbar fällt das Viele in Eins zusammen, oder ist das Viele die Negation seiner selbst. Denn von dem Vielen ist jedes Eins, oder jedes ist ein Vieles, oder jedes unterscheidet sich schlechthin von den Andern, und schließt sie von sich aus. Aber eben darin sind sie einander gleich; jedes hat ganz und gar dieselben Bestimmungen, welche das Andere hat; darin daß das eine der Viele nicht sey, was das andere, sind sie dasselbe. [119]

Die vorhin relative Repulsion und Attraction, welche nur eine Beziehung de Eins war, wovon sich ihre Unmittelbarkeit, als Beziehung auf sich selbst, unterschied, ist also in der That absolute Repulsion und Attraction; Repulsion und Attraction, welche identisch sind. Was vorhanden ist, ist, daß Eins, als sich unendlich auf sich selbst beziehend, sich auf sein absolutes Andersseyn bezieht, und indem es sich auf diß sein Nichtseyn bezieht, eben darin sich auf sich selbst bezieht, und daß das Eins selbst nur dieses Beziehen ist. Seine Unmittelbarkeit, sein Seyn ist vielmehr sein Andersseyn, und diß sein Ausserichseyn ist sein Seyn.

Anmerkung

Attraction und Repulsion pflegen bekanntlich als Kräfte angesehen zu werden. Sie werden bey dieser Vorstellung als selbstständig betrachtet, so daß sie sich nicht durch ihre Natur aufeinander beziehen, d. h.

Seu ser-para-si é a negação infinita de si mesmo — o ser-fora-de-si infinito — e este ser-fora-de-si, inversamente, é o ser-retornado infinito dentro de si mesmo.

O Um, *em-si*, é só este reportamento infinito a si, cujo resultado é a identidade da atração e da repulsão. O Um não é nada, fora da repulsão e da atração. Porém, na medida em que o Um conservou a figura da imediatez, a atração e a repulsão aparecem como relações deste Um, de modo que ele não se manteria para-si fora delas; como se seu ser-para-um-outro fosse diferente de seu ser-para-si — ou antes, de seu ser-em-si, de seu relacionamento infinito a si mesmo.

Mas o Um, tomado como *em-si*, diferente de seu reportamento negativo, é o Um imediato — o múltiplo. Contudo, o múltiplo soçobra também imediatamente no Um, ou seja: o múltiplo é a negação de si mesmo. Porque é do múltiplo que cada Um é; ou: cada um é um múltiplo; ou: cada um se diferencia pura e simplesmente dos outros e os exclui de si. Mas é justamente nisso que são iguais uns aos outros: cada um tem as mesmas determinações que o outro. É nisso que um dos múltiplos não é o que o outro é, que eles são a mesma coisa. [119]

A atração e a repulsão, que pareciam relativas quando consideradas acima como *reportamento dos Uns*, cuja *imediatez* se *diferenciava* como *reportamento a si mesmo* — são, pois, de fato, repulsão e atração absolutas; atração e repulsão que são idênticas. O que está presente e dado, é o Um, como se reportando infinitamente a si mesmo, se reporta a seu *ser-outro* absoluto; e — enquanto se refere a este não-ser seu — nisso justamente se reporta *a si mesmo*: e que o próprio Um só é este referir. Sua imediatez — seu ser — é antes seu ser-outro; e este *ser-fora-de-si* que é seu, é *seu ser*.

Nota
Construção kantiana da matéria a partir da força de atração e da força de repulsão*

Como se sabe, costuma-se considerar a atração e a repulsão como *forças*. Nesta representação, são consideradas como autônomas, de tal modo que não se referem uma a outra por intermédio de sua natureza,

daß nicht jede nur ein in ihre entgegengefetzte übergehendes Moment feyn, fondern feft der andern gegenüber beharren foll. (...)*

[128]   3.
Uebergang zur Quantität

Das Qualitative hat zu feiner Grundbeftimmung das Seyn und die Unmittelbarkeit, in welcher das Seyn und Nichts eins ift; die Grenze und die Beftimmtheit ift mit dem Seyn des Etwas fo identifch, daß mit ihrer Veränderung diefes felbft verfchwindet.

Um der Unmittelbarkeit diefer Einheit willen, worin der Unterfchied verfchwunden ift, der aber an fich darin in der Einheit des Seyns und Nichts, vorhanden ift, fällt er als das Andersfeyn auffer jener Einheit. Diefe Beziehung auf Anderes aber widerfpricht der Unmittelbarkeit, in der die qualitative Beftimmtheit ift. Sie hebt diß Andersfeyn, hebt fich in der Unendlichkeit des Fürfichfeyns auf, welches die Beziehung des Beftimmtfeyns auf fich felbft, das Beftimmtfeyn an fich ift.

In diefer Gleichheit mit fich hat das Qualitative, welches das Andre zunächft als ein Aeufferes hatte, fich zu feiner wahrhaften Einheit erhoben. Aber feine [129] Beftimmtheit, die Unmittelbarkeit, ift zugleich verfchwunden.

Das Fürfichfeyn ift zunächft nur der Begriff der unendlichen Beziehung des Negativen auf fich felbft, ohne das Negative als realen Unterfchied in diefer Einheit zugleich zu enthalten, fo daß es durch diefe einfache Einheit felbft wieder in die Unmittelbarkeit zufammengeht, und das Andre als Vieles auffer ihm hat. Aber diß Viele ift felbft Eins, oder das Eins ift Vielheit in ihm felbft. Die Bewegung des Fürfichfeyns hat darin beftanden, fich zu realifiren, oder das in ihm aufgehobene Andersfeyn in fich felbft zu fetzen, und damit fich als die Identität mit fich im Andersfeyn darzuftellen.

Was alfo nunmehr vorhanden ift, ift das Eins, das mit fich in Einheit, aber nicht unmittelbar ift, fondern darin daß es fich auf fein

quer dizer, cada uma não deve ser apenas um momento que passa para o seu oposto, mas deve se manter firmemente diante do outro[5].

[128] {78}

3.
Passagem à Quantidade

O qualitativo tem por sua determinação fundamental o ser e a imediatez na qual o ser e o nada são um só. O limite e a determinidade são a tal ponto idênticos ao ser do alguma-coisa que ao mudarem, este desaparece.

*Em razão da imediatez desta unidade na qual essa diferença desapareceu, diferença que, portanto, *em si* está presente aí na unidade do *ser e do nada*, ela cai como o *ser-outro* fora desta unidade*. Porém, esse reportamento a outra coisa contradiz a imediatez em que se encontra a determinidade qualitativa. Suprassume este ser-outro, se suprassume na infinidade do ser-para-si, o qual é o reportamento a si mesmo do ser determinado, o ser determinado em si.

Nesta igualdade consigo, o qualitativo — que antes tinha o outro como um exterior — se elevou a sua unidade verdadeira. Mas sua [129] determinidade, a imediatez, ao mesmo tempo desapareceu.

O ser-para-si só é, de início, o conceito do reportamento infinito do negativo a si mesmo, sem conter ao mesmo tempo o negativo como diferença real nesta unidade; de forma que, por meio dessa unidade simples, ele se reúne de novo na imediatez, e tem o outro fora dele como múltiplo. Porém, esse múltiplo é por sua vez, Um; ou seja: o Um é multiplicidade em si mesmo. O movimento do ser-para-si consistiu em se realizar, ou em pôr em si mesmo o ser-outro suprassumido nele, e, portanto, em se apresentar como identidade consigo no ser-outro.

Assim, o que de agora em diante está dado, presente, é o Um que está em unidade consigo — mas não imediatamente, e sim no fato de

---

[5] Nota imensa (dez páginas sobre a Física de Kant), omitida nesta tradução. (N. do T.)*

Nichtfeyn bezieht, aber damit auf fich felbft; feine unendliche Beziehung durch fein Nichtfeyn auf fich felbft.

Das Eins ift fomit zur Einheit erweitert; das Andersfeyn ift eine Grenze geworden, die in ihrer Negation in fich zurückgekehrt, nicht mehr Beftimmtheit als Beziehung auf Anderes, alfo eine gleichgültige Grenze ift. Die unmittelbare Einheit des Qualitativen mit fich ift alfo übergegangen in die Einheit mit fich durch fein Andersfeyn. Diefe Einheit, in der das Andersfeyn in fich zurückgenommen, und die Beftimmtheit dadurch gleichgültig ift, die aufgehobene Qualität ift die Quantität.

se referir a seu não-ser, e, contudo, por aí, a si mesmo: seu reportamento infinito a si mesmo através de seu não-ser.

O Um é desse modo ampliado até à unidade. O ser-outro se tornou um limite, que retornado a si em sua unidade, não é mais determinidade como reportamento a outra coisa, e é, portanto, um limite indiferente. A unidade imediata do qualitativo consigo, passou assim na unidade consigo através de seu ser-outro. Esta unidade, na qual o ser-outro é retornado em si, e na qual a determinidade é por isso mesmo indiferente — a qualidade suprassumida — é a *quantidade*.

Observações editoriais

Advertência

Estas "Observações editoriais" não se querem exaustivas, por isso abordam apenas o essencial da primeira edição da *Lógica* nela mesma e de sua tradução por Lima Vaz. Isso vale para as opções de tradução seguidas por Vaz — já justificadas tanto por Labarrière e Jarczyk no original francês ora traduzido, quanto por Meneses em *Para ler*... (ver *Apresentação*); mas vale igualmente para as grandes linhas da articulação hegeliana do conteúdo especulativo em 1812 e para as intervenções menores do editor no original datilografado, o único existente, da tradução vaziana doravante à disposição do leitor e da leitora. Outrossim, tais "Observações" incidem sobre certos momentos chave do texto de Hegel e de sua versão por Lima Vaz, bem como das intervenções mais relevantes e, portanto, exigentes de justificação por parte do editor. Também aqui as "Observações" se limitaram ao estritamente essencial.

PREFÁCIO

III (41, 1); 1

Este é um prefácio à *Ciência da Lógica* (*Wissenschaft der Logik*, = WdL) e não apenas à *Doutrina do Ser*. Em vista disso, as questões nele discutidas dizem respeito ao cerne mesmo do Lógico, isto é, ao conteúdo propriamente especulativo ou — nas *Preleções sobre Lógica e Metafísica* (*Vorlesungen über Logik und Metaphysik*, = VLM) de 1817, conforme o comentário destas ao § 16 da primeira edição da *Enciclopédia* — a Deus, enquanto "o

conteúdo" e "o conceito o mais especulativo" (VLM, ad 16, p. 15). Essa a razão por que, quando da segunda edição da *Doutrina do Ser*, precisamente às primeiras linhas de seu prefácio (WdL, I, 1832, GW 21, p. 10), Hegel referir-se à primeira edição justamente no que tange à insuficiência desta quanto à tarefa da elaboração científica e da exposição daquele conteúdo, em rigor, o ob-jeto para si da ciência filosófica; uma insuficiência talvez ligada ao próprio ponto de partida de Hegel em 1807, 1812 e 1817, a saber, a consideração fundada em Baumgarten (*Metaphysik*, § 1, 1766) de que "a lógica [natural] é para nós uma metafísica natural, todos que pensam a têm" (VLM, ad 12, p. 8). Esse o pressuposto fundamental da investigação e da demonstração do fato segundo o qual "o conteúdo especulativo ocorre na representação de toda consciência" (VLM, ad 16, p. 15); mas permanece, porém, em suas *essencialidades espirituais*, "por detrás da consciência", para utilizar a linguagem da *Fenomenologia*, constituindo-se assim no ob-jeto da Lógica. Obra fundamental para a primeira concepção madura de sistema de Hegel, a própria *Fenomenologia do Espírito* será modificada em passagens capitais em 1831, ainda que Hegel não continue sua revisão, interrompendo-a no parágrafo 31, à linha 18 da página 25 da edição crítica de 1988, que corresponde à linha XXXVII da edição de 1807 ou à linha 19 da página 25 da edição de 1832, com a qual se conclui o parágrafo 31 da obra (cf. SILVA, Prefácio, in VIEIRA, L. A. e DA SILVA, M. M., [Orgs.]. *Interpretações da Fenomenologia do Espírito de Hegel*, São Paulo: Loyola, 1974, p. 20-21). Interessante notar, neste contexto, em rigor, no parágrafo imediatamente anterior, a substituição da afirmação capital (em 1807) segundo a qual "o que nesse movimento [de conversão do *Em-si rememorado* — que antes de ser pensado era mero ser-aí — na forma do *ser-para-si*] é poupado ao indivíduo é o suprassumir do ser-aí; mas o que ainda falta é a *representação* e o *modo-de-conhecer* com as formas" (PhG, 1807, Wessels/Clairmont, p. 24; ed. bras., Meneses, p. 43). Afirmação então substituída por esta: "O que é poupado no todo do ponto de vista em que recebemos esse movimento é a suprassunção do ser-aí; mas o que ainda permanece [übrig] [como tarefa para nós] e precisa de maior transformação é a representação e o conhecimento das formas" (PhG, 1832, W3, p. 34). Ora, no parágrafo seguinte, que trata do assim chamado "bem-conhecido em geral" dessas formas e da necessidade de que o bem-conhecido seja reconhecido, Hegel interrompe a correção da *Fenomenologia* e, ao que parece, passa à da *Ló-*

gica, discutindo essa mesma questão, tal como ficara registrado, por exemplo, já no prefácio à segunda edição dessa última. Prefácio que, tal como o da primeira edição, põe em questão o conjunto da problemática referente à toda a *Ciência da Lógica* e não só à *Doutrina do Ser*.

III (41, 7-17); 1

Parágrafo difícil, algumas nuances e particularidades do original são perdidos no texto original datilografado de Lima Vaz, cujo objetivo, não obstante, não era a publicação do presente escrito, mas tão somente sua utilização em sala de aula. Daí a simplificação de alguns períodos, como, por exemplo, "Es ift diß ein Factum, daß das Intereffe theils am Inhalte, theils an der Form der vormaligen Metaphyfik, theils an beyden zugleich verlohren ift"* ("C'est um fait que l'intéret soit pour le contenu soit pour la forme de l'ancienne métaphysique, soit pour l'un et l'autre à la fois, est perdu", SdL I, p. 2), que no referido original se apresenta assim: "O fato é que se perdeu o interesse pela forma e pelo conteúdo da antiga metafísica". Ao omitir palavras importantes do original alemão, e francês, essa versão dá por consumado o fato de que, para Hegel, em verdade, comporta três possibilidades, hipóteses ou constatações a serem igualmente investigadas, a saber: se perdera em parte o interesse pelo conteúdo, em parte pela forma ou, ainda, em parte por ambos, mas não completamente. Não obstante, trechos como esse são esporádicos no original datilografado, razão pela qual devem ser considerados ou um lapso do próprio Vaz ou de quem fez a transposição do manuscrito para o texto datilografado; caso em que, na medida do possível, conforme dito na Apresentação, manteve-se a versão vaziana da Lógica de Hegel tal qual vertida no original utilizado para esta edição. Nela, termos como 'metafísica de outrora' e 'antiga metafísica' traduzem 'vormalige Metaphysik', portanto referem-se à metafísica imediatamente anterior aos "últimos 25 anos" (antes de 1812) ou à completa transformação do pensamento alemão com a revolução copernicana de Kant, aludida no primeiro parágrafo do Prefácio. Ainda quanto ao segundo parágrafo, nota-se sua divisão, procedimento que se repete ao logo de toda a tradução; não se conseguiu averiguar se tal procedimento teria partido de Lima Vaz ou apenas de quem digitou o texto; presumiu-se, porém, que devido aos objetivos pedagógicos dessa versão e à colaboração estreita en-

tre o jesuíta mineiro e Paulo Meneses, discutida na Apresentação, tal procedimento (sistematicamente considerado) se deveria a Vaz ele mesmo, por isso sua manutenção. Quando este não foi o entendimento do editor, reintroduziu-se o trecho separado no parágrafo original.

* Mantemos nas "Observações editoriais" o uso da grafia do original alemão de 1812, ora publicado ao lado da versão brasileira.

IV (41, 18-22); 1

Trecho final do segundo parágrafo de Hegel, cuja tradução segue, em geral, os mesmos pressupostos do trecho anterior, comentado acima. É presumível que sua separação em relação ao restante do parágrafo não se justifique apenas a modo de facilitação de leitura, mas, ao contrário, para focalizar, com mais determinação, os argumentos de Hegel e os elementos cruciais neles contidos; no caso, o fato estranho de se perder, juntamente com a metafísica (anterior ao kantismo), o espírito que ocupa com a sua essência pura. Espírito que, nesse povo, não teria mais ser-aí efetivo. Ao final do parágrafo, o trecho "[...] der mit feinem reinen Wefen fich befchåftigende Geift kein wirkliches Dafeyn mehr in demfelben hat" é vertido no original datilografado como segue: "[...] e que nele não exista mais o espírito que se ocupa de sua pura essência"; o texto estabelecido seguiu mais de perto a versão francesa, em especial devido à expressão "wirkliches Dafeyn" aplicada ao espírito do povo, no qual tem seu ser-aí efetivo. O verbo 'existir' na terceira pessoa do singular, utilizado no mesmo contexto em que também já se utilizara 'existência de Deus' para traduzir 'Daseyn Gottes', se mostrou bastante problemático no referido contexto, podendo gerar confusão quanto ao que, no caso do espírito estaria em jogo.

V (43, 32); 2

No original datilografado: "Antes se achava que sua utilidade era *ensinar a pensar* [...]". Pequena variação de Lima Vaz em relação aos originais alemão e francês. O acento nestas edições é no fato que através da lógica se "aprende a pensar"; portanto acentua-se que ela é um meio. No original datilografado, ao contrário, é dado à lógica o papel de sujeito, "sua utilidade era ensinar a pensar".

V (45, 4); 2

Conforme a versão francesa de Labarrière/Jarczyk, que verte *Gegenstand* por *ob-jet*, o editor decidiu por seguir o mesmo procedimento, fixando ob-jeto para traduzir o alemão *Gegenstand* e objeto para *Objekt*.

V (45, 4); 2

Esse trecho no original datilografado: "[...] mantida como disciplina do currículo oficial".

VII (47, 12); 2

"[...] a natureza do ob-jeto mesmo [...]". Trecho faltante do original datilografado de Lima Vaz.

VIII (47, 15); 3

Os itálicos são de Lima Vaz, em cujo manuscrito, porém, está ausente o termo 'conceito', que é de fato o que está em causa para Hegel. Nesta passagem não foi possível atestar se a ausência do termo 'conceito' foi proposital ou não; assumimos a segunda hipótese, mais adequada tanto a Hegel quanto ao próprio Lima Vaz, que, em seu curso sobre a Lógica em 1985/2, defende a tese da lógica hegeliana como uma lógica da filosofia e a primeira lógica desse tipo.

VIII-IX (47, 31; 49, 9); 3

Esse parágrafo inteiro se mostra essencial a Lima Vaz no que tange à sua tese (praticada desde os anos de 1970, mas elaborada apenas no final de sua vida) de que o método acompanha o conteúdo e, portanto, se amolda a este. O exemplo fundamental de Lima Vaz não é senão o do próprio Hegel, que segue esse método tanto na *Fenomenologia*, a qual, então, se conforma ao saber em devir, quanto na *Lógica*, cujo método se conforma ao automovimento puro do conteúdo. Para o caso de Lima Vaz, veja-se, VAZ, Henrique C. de Lima, Método e dialética, in: DE BRITO, E. F. e CHANG,

L. H., *Filosofia e método*. São Paulo: Loyola, 2002, p. 9. Nesse texto, o filósofo afirma ainda, explicitamente, que "o procedimento dialético é diferente segundo a diferença dos conteúdos que são pensados dialeticamente"; como exemplo do mesmo, ele cita precisamente as partes sistemáticas de sua *Antropologia* e sua *Ética* (ver, VAZ, Henrique C. de Lima, Método e dialética, in: op. cit., p. 15ss). Tal exemplo, entretanto, já mostra uma diferença importante em relação a Hegel; diferença essa que, pouco a pouco, emerge do contato mesmo de Lima Vaz com a Lógica hegeliana.

VIII (47, 33); 3

"— ele nega o que é simples, e é assim que ele põe a diferença determinada do entendimento". Período faltante na tradução de Vaz; pelo contexto, involuntariamente.

IX (49, 3); 3

Tradução estranha para 'Auflösung' no presente contexto, que remete ao processo mesmo das determinações da lógica especulativa, sob cujo universal não se subsume nenhum particular determinado ou pré-existente. Como primeira determinação, porém, o universal ora em jogo se dissolve, quando, em seu determinar, o particular se determina juntamente com ele. Não obstante, esse movimento se mostrou problemático tanto a Hegel, que, em relação a WdL, I, 1812, VIII: "weil fie das Allgemeine erzeugt, und das Befondere darunter fubfumirt", na segunda edição (WdL I, 1832, W5, p. 16), troca 'subsumirt' por 'begreift', deixando, contudo, intacto o período que discute (IX/39, 16ss) o processo em jogo em tal afirmação. Situação que parece levar Labarrière/Jarczyk, e com eles Lima Vaz, a verter duas expressões distintas ("in Nichts auflöst" e "in der Auflösung") por "reduz a nada" (VIII, 8) e "em sua redução" (IX/39, 19). O que deixa pelo menos ambígua, nas respectivas traduções, a passagem na qual ocorre o termo em questão.

X (49, 21); 3

No espírito da tradução de Lima Vaz, inspirada em Meneses, e conforme o uso de *rapport* na edição francesa, para a tradução de *Beziehung*,

padronizou-se nesta edição a versão do termo alemão pelo português *reportamento*. Sinônimo, melhor, variação de *reportação* (do latim *reportatio*, ação de reportar), *reportamento* é um substantivo formado a partir do verbo *reportar* (do latim *reportare*) e implica um tipo de relação determinada, concreta e, portanto, existente ou essente, na qual, por exemplo, estão em jogo a atração e a repulsão, assim como, por isso, a retração. *Reportamento* e *reportar* podem ser usados diversas situações como sinônimos de outros termos, entre eles: recuar, volver, voltar, remontar, retornar; aludir, mencionar, referir, relacionar, remeter. No original datilografado de Lima Vaz, sem correção, o termo português utilizado para traduzir *Beziehung* (*rapport*) é *relação*; entretanto, quando *Beziehung* e *Verhältnis* aparecem no mesmo contexto, e no francês se mostram respectivamente como *rapport* e *relation*, Lima Vaz eventualmente distingue-os em sua versão pelo uso respectivo de *relacionamento* e de *relação*. Em vista disso, como nas primeiras 33 páginas do original datilografado isso não ocorre, mas como a distinção entre *Beziehung* e *Verhältnis* é fundamental, em Hegel, para a compreensão dos diversos modos pelos quais, mediante certas relações (*Verhältnisse*), ocorre determinado relacionamento, o editor viu por bem antecipar a correção que, em Lima Vaz, irá ocorrer apenas a partir da folha 34 de seu manuscrito (datilografado). Essa antecipação se justifica porquanto tal ocorrência reporta-se em verdade, ao título de uma anotação de Hegel já no sumário da *Lógica do Ser* de 1812, na qual, implicitamente, o filósofo introduz a distinção acima aludida entre *Verhältnis* e *Beziehung*, a saber, a distinção segundo a qual esta, como relacionamento, é constituída por *Verhältnisse*, isto é, por uma ou mais relações. Porém, talvez por um lapso em XVIII (73, 17-21), Lima Vaz omite justamente a passagem em que Hegel irá usar distintamente, e no mesmo contexto, os termos ora em questão (quando se apresentam como *äusserliche Verhältnisse* e como *Beziehung*), caso em que manterá a identificação dos mesmos até 38 (149, 16). O mesmo ocorre em 20 (119, 7-14), quando Hegel introduz de modo sistemático a *Relation* (*relação*), a categoria que, enquanto Medida, por conseguinte, nos limites de uma determinação de ser, não é a relação em geral (*Relation überhaupt*) e sim relação determinada, logo *relacionamento* (*Beziehung*). Mas aqui outro problema emerge, o problema fundamental que, de certo modo, justifica a indecisão de Lima Vaz: *relacionamento* não é um termo apropriado para todos os contextos em que, no original alemão, Hegel

utiliza *Beziehung*; esse também, ao que parece, o problema encontrado pelos tradutores da Segunda edição da Doutrina do Ser, que traduzem *Beziehung* e *Verhältnis* igualmente por relação: uma solução que no caso presente, por motivos óbvios, não era opção. Daí, a partir da distinção de Hegel, da indicação de Lima Vaz e do exemplo dos tradutores franceses, decidiu-se usar o termo português *reportamento*, cuja significação tem o mérito de poder autorreferenciar-se, como *Beziehung* e *rapport*, o que não é o caso de *relacionamento*, bem como manter-se ao nível de uma relação concreta e, portanto, constituída por relações (*Verhältnisse*). Em vista disso, mantiveram-se os usos distintos de *Beziehung* nos originais alemão e francês também no texto português, mantendo *relação* apenas para *Relation* e para *Verhältnis*, assim como para certas expressões ou locuções, excetuando-se *in Beziehung*.

X (49, 28); 3

No manuscrito está grafado 'de per si' (no sentido de 'por si') em relação a 'para si' para a tradução de 'für sich', talvez grafada em erro ao invés de 'per se', a expressão latina para 'por si' ou 'em si'. Na dúvida, e considerando o fato de a digitação utilizada como original não ter sido feita por Lima Vaz, bem como os termos alemães (ou franceses) para os quais a expressão 'de per si' foi utilizada, ela não foi mantida nesta edição; caso em que se utilizaram os termos correspondentes em Língua portuguesa para os vocábulos em questão no texto original. As demais ocorrências de 'de per si' que se seguem no original datilografado e suas respectivas substituições na presente publicação não foram objeto de nota.

INTRODUÇÃO

I (51, 1); 4

A Introdução parece ter sido o texto da *Lógica* mais trabalhado por Lima Vaz. Se isso não ocorreu de fato (as pesquisas sobre os inéditos do autor deverão mostrá-lo assim que suas edições vierem a lume), foi essa sem dúvida a intenção do filósofo. A Introdução ora sob nossos olhos está dividida em 9 (nove) seções e essa divisão obedece a um claro plano de ensino, que ganha

relevo na medida em que, também para Hegel, a Introdução contém o essencial da concepção hegeliana da Lógica especulativa. Aqui, mais do que em outros lugares, a quebra de parágrafos (do texto original) obedece ao firme propósito didático-pedagógico de uma iniciação à ciência puramente especulativa de modo a um tempo histórico e conceitual.

I (51, 2); 4

§ 1. *A Lógica não é uma ciência como as outras*, subtítulo de Lima Vaz. O tradutor parece querer aplicar à sua leitura da Lógica, ou antes, ao seu ensino dessa Ciência e da obra que a apresenta, os mesmos parâmetros utilizados por Hegel quando de seus cursos sobre a *Enciclopédia* e a *Filosofia do Direito*, ambas divididas por parágrafos. Faz-se necessário observar aqui que, com esse procedimento, Lima Vaz antecipa o procedimento de Paulo Meneses, na *Fenomenologia do Espírito*, em pelo menos uma década, se se mantiver a hipótese atual de que a presente tradução é datada de 1982 e datilografada em 1983. Não obstante, sabedores da amizade e da colaboração intensa entre Lima Vaz e Meneses nessa época, não podemos afirmar isso sem ressalvas, haja vista que já em *Para ler a Fenomenologia do espírito de Hegel. Roteiro*, Meneses como que também antecipa seu procedimento, neste caso, seguindo Lasson, mediante suas divisões dos capítulos da Fenomenologia, consideradas "um recurso didático indispensável" (MENESES, para ler..., 1985, p. 11). Para mais informações, veja nossa Apresentação.

III (53, 11); 4

§ 2. *Refutação dessa falsa compreensão da lógica*, subtítulo de Lima Vaz. Trata-se aí da refutação hegeliana do postulado da lógica tradicional de que, em seu procedimento, se deve abstrair de todo conteúdo; aliás, de que forma e conteúdo têm que ser separados. Separação essa fundada na pressuposição segundo a qual a lógica limita-se à exposição das regras formais às quais o pensamento ou o saber deve conformar-se em sua coerência interna, para, conforme Labarrière-Jarczyk (Présentation, SdL I, 1812, p. XIII), "ser capaz de compreender e de exprimir a coisa em sua verdade". Pressuposição segundo a qual, igualmente, à ontologia ou à metafísica cabe a exposição do conteúdo propriamente dito, a saber, ainda conforme

Labarrière-Jarczyk (ibid.), "as grandes categorias do ser, em sua origem, na determinação de sua natureza e de sua essência, enfim, de sua destinação última". Esse o ponto fundamental para Hegel, que nega tal separação em razão de que simplesmente impróprio afirmar que a lógica não pode abstrair de todo conteúdo, que ela não ensina senão as regras do pensar sem poder engajar-se no que é pensado ou tomá-lo à sua disposição. O que significa, enfim, que a lógica não pode fornecer as condições formais do conhecimento verdadeiro sem poder conter ela mesma a verdade real desse conhecimento ou sem poder ser o caminho para essa verdade pelo fato de que o essencial dessa verdade, o conteúdo, estaria fora dela. Contra aquela separação, portanto, Hegel contrapõe a tese de que há o intrínseco no pensar e de que é precisamente esse intrínseco, enquanto ele se desenvolve de modo imanente ao seu próprio automovimento, a unidade de ser e pensar, de conteúdo e forma etc.

V (55, 31); 5

§ 3. *A velha metafísica estava mais perto da verdade que o senso comum*, subtítulo de Lima Vaz. Com esse título Lima Vaz resume toda uma discussão na qual Hegel confronta a metafísica pré-kantiana (wolffiana) e o kantismo, então por muitos tornado o novo senso comum, tal como o filósofo já deixara claro no Prefácio. A terminologia de Hegel, porém, se presta a contrassensos, pelo menos para quem o lê fora da Alemanha de sua época e mais de duzentos anos depois. Com '*ältere Metaphyſik*' ('antiga metafísica'), o filósofo que dizer o mesmo que com '*vormalige Metaphyſik*' ('metafísica anterior'); contudo, o "antigo" ou o "anterior" em questão (bem como o adjetivo 'velha', no subtítulo de Lima Vaz) nada tem a ver com o que nos dias de hoje se designa 'metafísica antiga'. No § 27 da *Enciclopédia* de 1830, Hegel é bem claro quanto a isso porquanto determina o que ele próprio nomeia 'antiga metafísica', "em seu desenvolvimento mais determinado e mais próximo de nós", "tal como era constituída em nosso meio [o pensar filosófico alemão] antes da filosofia kantiana"; portanto, antes da mutação completa daquele pensar, levada a termo por esta filosofia. Da mesma forma, a expressão '*neue Zeit*' ('novo tempo') também se presta a desentendimentos, em especial quando vertida por 'época moderna', como o faz Labarrière/Jarczyk, seguidos por Lima Vaz. '*Neue Zeit*' não designa

para Hegel (neste momento, 1812) o que posteriormente se entenderá por esse termo; isto é, algo como uma época histórica determinada e, por conseguinte, datada, logo distinta de outras épocas (em sentido amplo). Em ambos os casos, enfim, o sentido das expressões ora aludidas deve ser tomado de modo estrito, valendo apenas, respectivamente, para a metafísica alemã pré-kantiana e para a época iniciada pela filosofia de Kant. Isso vale, nesse quadro teórico, igualmente para a expressão 'filosofia moderna'.

V (57, 6-8); 5

Trecho propositalmente reduzido no original datilografado: "o pensar e a natureza das coisas têm um só e o mesmo conteúdo". Além da redução do texto, no original de Vaz lê-se 'têm', ao invés de 'seriam' (*sey*) ou, como no francês, 'são' (sont). Nessa interpretação (não revisada), a frase de Hegel soa como a de um "tomista transcendental": o pensar e a natureza das coisas não seriam um só e mesmo conteúdo. Mas, ao contrário, ao terem um e mesmo conteúdo, este estaria para aqueles como o conteúdo mesmo da transcendência, do qual o pensar e a natureza das coisas apenas participariam. Ver, VAZ, Henrique C. de Lima, *Antropologia Filosófica II*, 1992, p. 114ss. De certa maneira, de um ponto de vista pedagógico, a transformação de Vaz, aqui, não consiste em um erro de leitura do texto hegeliano; contudo, ao omitir os termos ora indicados e, por isso, poder usar sem mais o verbo ter (ao invés do ser), ele desloca o elemento especulativo propriamente dito (no sentido de Hegel), que é, em rigor, necessariamente imanente, interpretando-o, ou pelo menos deixando em aberto a possibilidade de se interpretá-lo, ao modo da transcendência ou da participação. Em vista disso, Lima Vaz, mas também Labarrière/Jarczyk deixam de lado o fato de que, no contexto em questão, Hegel está na verdade discutindo o ponto de vista da metafísica kantiana sobre a questão em tela e não afirmando seu próprio ponto de vista.

VI (57, 23); 6

§ 4. *Exposição e crítica do kantismo*, subtítulo de Lima Vaz.

VI (57, 30-33); 6

"[...] a elevação acima dessas determinações, que chegam à intelecção de seu conflito, é o grande passo negativo para o verdadeiro conceito da razão". Trecho ausente na tradução vaziana, ao que parece por lapso.

IX (61, 20); 7

§ 5. *Lógica e Metafísica*, subtítulo de Lima Vaz.

X (63, 16); 8

§ 6. *Lógica e Ciência no sistema hegeliano*, subtítulo de Lima Vaz.

XI (63, 34-65,5); 8

"Mas é fazer uma afirmação histórica [...], [...] determinação mais precisa e universal na definição". Trecho em que Lima Vaz interpreta livremente o texto de Hegel, na tradução de Labarrière/Jarczyk lê-se: "Que l'on se represente précisément ceci, c'est une affirmation historique, au regard de laquelle on peut seulement em appeler à quelque chose qui soit reconnu, ou que, à proprement parler, on ne peut introduire qu'em priant de bien vouloir le faire passer pour reconnu. Cela ne met nullement un terme au fait que l'un introduise d'un côté, l'autre d'un autre côté, un cas et une instance: quelque chose de plus et d'autre devrait être entendu sous telle ou telle expression.; dans la définition qu'on en donne il faudrait donc faire place encore à une détermination plus precise ou plus universelle, et, en fonction de cela, aménager aussi la science" (SdL, I, p. 18).

XIV (69, 6); 10

§ 7. *Reformulação da Lógica*, subtítulo de Lima Vaz.

XVII (71, 25-26); 11

Aspas duplas de Lima Vaz.

XVII (73, 2); 11

Nota de Hegel, não transcrita por Lima Vaz.

XVIII (73, 17-21); 11

"[...] isto é, fora de sua relação completamente exterior [...]", trecho faltante no original datilografado de Lima Vaz. O período completo no original de Lima Vaz: "Na aritmética, os números são tomados como o que é privado de conceito, como o que não tem nenhuma significação fora de sua igualdade ou desigualdade; como o que não é um pensamento, nem em si mesmo, nem em sua relação".

XIX (75, 14-15); 11

"Até o presente, a filosofia ainda não encontrou o seu método." Constatação fundamental para a leitura vaziana de Hegel e para a própria obra futura de Lima Vaz, em especial no tocante ao modo como uma "lógica da metafísica" (expressão de Lima Vaz em sua aula de 7/08/1985, no curso de Introdução à Lógica de Hegel) tem que instaurar-se e como, nela, a relação entre lógica e dialética se impõe.

XIX (75, 21); 12

§ 8. *O verdadeiro método da Filosofia é dado pela Lógica*, subtítulo de Lima Vaz.

XX-XXI (77, 12-18); 12

"Reconheço [...], que o move". Trecho corrigido pelo editor. Hegel faz aí uma tríplice distinção que é necessário levar em conta, à luz da própria tematização de sua Lógica e de sua compreensão por Vaz. Trata-se das expressões 'an ihm ſelbſt', 'in ſich ſelbſt' e 'an ſich ſelbſt', a primeira referida ao sistema, a segunda ao conteúdo e a terceira à dialética que o conteúdo tem em si mesmo e que, portanto, o move. Esse movimento que move o conteúdo, o move justamente porque este conteúdo é, dentro de si mesmo,

o próprio método que o sistema da Lógica segue nele mesmo. Isso significa que sistema, método (ou dialética) e conteúdo são a um tempo idênticos e diferentes (porque se impõem como determinações ou momentos distintos e um e mesmo movimento). Dentro de si mesmo o conteúdo se move e, assim fazendo, se mostra em si mesmo na medida em que seu movimento imanente o permite determinar-se nele mesmo.

XXII (79, 18-19); 13

"Uma parte separada (no interior) da lógica". Expressão capital para a concepção hegeliana e, em um sentido ligeiramente distinto, da concepção vaziana da dialética. O parêntese é um acréscimo da edição francesa de Labarrière/Jarczyk mantido por Lima Vaz.

XXIV (81, 23); 14

§ 9. A *Dialética hegeliana e sua Lógica*, subtítulo de Lima Vaz.

XXVI (83, 32); 14

Para completar o sentido da frase no contexto geral do parágrafo, Lima Vaz acrescenta o parêntese "(da lógica)". Isso ajuda na compreensão do que de imediato aí está em jogo, mas não esclarece por completo a questão mesma de Hegel, a saber, o caráter vazio ou meramente formal da Lógica enquanto Ciência primeira, tal como ela aparece para nós, e o seu caráter pleno e real enquanto Ciência absoluta. Algo devidamente esclarecido apenas nas *Preleções sobre Lógica e Metafísica* de 1817, do comentário ao § 12 em diante, mais precisamente no comentário ao § 17 da primeira edição da *Enciclopédia*, também de 1817.

XXVII (85, 13-16); 15

No original datilografado de Lima Vaz, esse período está assim grafado: "Por consenso geral, a lógica deve primeiro ser aprendida como uma coisa que se entende na certa e que se penetra; mas que desde o começo de sua abordagem carece de amplidão, profundidade e significação de mais alcance".

XXVIII (87, 5); 15

"...por meio da lógica,". Acréscimo de Lima Vaz.

LÓGICA. SUAS DIVISÕES GERAIS

1 (89, 5); 16

Acréscimo de Lima Vaz em razão de nota de Labarrière/Jarczyk.

2 (91, 4, nota); 16

Texto ausente na versão de Lima Vaz, tradução do editor.

3 (93, 9); 17

Aspas simples de Lima Vaz.

5 (95, 14, nota); 18

'Devinida'/'devinido' traduz aqui e em outras ocorrências o 'devenue' francês, da mesma forma que será o caso para 'geworden'. Ver, adiante nota referente a 106 (253, 9); 71.

QUAL DEVE SER O COMEÇO DA CIÊNCIA?

9 (101, 18-19); 19

No original datilografado de Lima Vaz: "o Todo é um ciclo em si mesmo no qual o primeiro é também o último e o último é o primeiro". Nesse contexto, Lima Vaz deixa de lado uma importante nota de Labarrière, na qual o francês se refere à passagem do Prefácio à *Fenomenologia do Espírito* segundo a qual "o verdadeiro é o devir de si mesmo, o círculo que pressupõe e tem no começo seu próprio fim, e só é efetivo por sua atualização desenvolvida e seu fim" (ver, *Fenomenologia do Espírito*, tradução brasileira de Paulo Meneses, § 18, p. 35). Interessante observar, nas duas passagens, e mais uma outra — "O verdadeiro é o todo. [...]" (op. cit., § 20, p. 36) —, o

contraste entre o ciclo e o círculo: O todo é um ciclo; o verdadeiro é o devir, o círculo; o verdadeiro é o todo. Essa imagem do sistema não foi ainda notada e, portanto, permanece ignorada pelos estudiosos de Hegel.

13 (105, 33-107, 14); 21-22

Neste parágrafo e nos seguintes, Hegel explicita os pressupostos e, ao mesmo tempo, critica o recurso das assim chamadas definições do absoluto, tal como entendidas pela metafísica. Recurso do qual, não obstante, ele fará largo uso em sua *Enciclopédia* de 1830.

13 (107, 10); 21-22

Neste ponto, um lapso na numeração das folhas do original datilografado impede a exata correspondência entre a numeração aqui estabelecida e a constante do referido original. As duas folhas anteriores à que aqui se inicia, posteriores à numerada com o numeral 19, não apresentam indicação de número, enquanto a seguinte apresenta a indicação "21", quando teria que mostrar "22". Em vista disso, a partir desse momento, a paginação então grafada manterá essa diferença, estando sempre um número à frente do explicitamente constante do original datilografa do Lima Vaz.

14-15 (109, 3-24); 22

Parágrafos essenciais para se compreender a concepção vaziana de desenvolvimento dialético ou sistemático e sua relação com a análise. Ver, VAZ, Henrique C. de Lima, *Escritos de filosofia IV. Introdução à Ética Filosófica 1*. São Paulo: Loyola, 1999, p. 75ss; *Escritos de Filosofia V. Introdução à Ética filosófica II*, São Paulo: Loyola, 2000, p. 17ss. Ver, também, VAZ, Henrique C. de Lima, *Antropologia Filosófica I*, São Paulo: Loyola, 1991, p. 160-161; p. 162-163ss; p. 219; p. 221-222.

18 (115, 9-10); 24

No original datilografado de Lima Vaz: "[...] se *existe mais* que o ser puro na expressão do absoluto ou do eterno, ou de Deus, [...]".

QUALIDADE. SER

23 (125, 14); 27

"*A oposição do ser e do nada na representação*". Título da anotação indicado no sumário da edição original de 1812.

23 (125, 15); 27

Lima Vaz traduz *Seyendes* (*Das Seyende*), tal como *seyende*, por *essente*; isso também ocorre com *Daseyendes* (*Das Daseyende*) e *daseyende*, vertidos por *essente-aí*. Traduções cujo modelo, através de Paulo Meneses, é devido à versão italiana da *Fenomenologia do Espírito* por Enrico de Negri (Firenze: La Nuova Itália, 1973), na qual 'seyende' (*seiende*, na ortografia atualizada), como no francês *étant*, é vertido por *essente*. Paulo Meneses utilizara esse termo e seus correlatos pela primeira vez em *Para ler a Fenomenologia do Espírito. Roteiro* (São Paulo: Loyola, 1985), obra da qual Lima Vaz fora o editor e para a qual fizera uma apresentação. No entanto, para a tradução de *daseyende* e sua forma substantivada, Lima Vaz oscila entre 'essente-aí' e 'aí-essente' (este o termo utilizado por Meneses); para efeito de padronização, nesta edição se manteve apenas 'essente-aí'. Para mais, a respeito, veja-se a *Apresentação* a esta tradução.

27 (130, 30; 131, 30); 29

No original de 1812 aqui utilizado faltam os dois caracteres iniciais no termo assinalado, que seria 'anderswoher', tal como corrigido no texto digitalizado pelo Projeto *Deutscher Textarchiv* (DTA) e na edição crítica da Gesammelte Werke, 11, p. 47, l. 20-21: "Der Unterſchied muß erſt anderswoher kommen" (A diferença tem que primeiro vir de outra parte).

27-28 (130, 30-132, 2; 131, 30-133, 4); 29

Embora as aspas sejam de Hegel, não se trata aí de uma citação expressa de Kant, mas antes de um comentário a KrV B, 627: "Mas, para o estado das minhas posses, há mais em cem talheres reais do que no seu simples conceito (isto é, na sua possibilidade). Porque, na realidade, o objeto não

está meramente contido, analiticamente, no meu conceito, mas é sinteticamente acrescentado ao meu conceito (que é uma determinação do meu estado), sem que por essa existência exterior ao meu conceito os cem talheres pensados sofram o mínimo aumento." (Citado conforme a edição portuguesa da Calouste Gulbenkian, *Crítica da Razão pura*, tradução de Manuela Pinto dos Santos e Alexandre Fradique Morujão. Introdução e notas de Alexandre Fradique Morujão, 5ª edição, Lisboa, 2001).

28 (133, 12-16); 29

Texto faltante na tradução de Lima Vaz.

33 (141, 11); 32

"*Ser e Nada, tomados cada um para si*". Título da anotação indicado no sumário da edição original de 1812.

35 (143, 29); 33

Lima Vaz segue aqui a versão de Labarrière/Jarczyk para o termo *Erinnerung*. Conforme Labarrière (*Science de la logique, I. L'Être*, p. 71, nota 80), "a *Erinnerung* ora em questão designa igualmente o movimento fenomenológico que leva à unidade simples do ser a diversidade sensível enquanto o movimento propriamente logico que assegura o retorno do ser em sua própria realidade essencial. Essa acepção uma e dupla se encontra na primeira página da *Doutrina da Essência* (cf., *Logik*, II, Lasson, 3, l. 13-14; l. 31)" [ed. bras., *Ciência da Lógica. 2. A Doutrina da Essência*, p. 31; p. 32]: "Somente enquanto o saber se interioriza [*erinnert*] a partir do ser imediato, encontra, através dessa mediação, a essência"; "[...] esse ser puro [...] pressupõe uma *interiorização* [*Erinnerung*] e um movimento que purificou o ser aí imediato até torná-lo ser puro".

37 (146, 13; 147, 11); 34

No original de 1812 aqui utilizado um borrão impede a leitura de 'ein', assim corrigido no texto digitalizado pelo Projeto DTA e na edição crítica da

Gesammelte Werke, 11, p. 53, l. 3: "[...] es ist ein ausgesprochenes, hat ein empiriches Daseyn überhaupt [...]" (ele é qualquer coisa de enunciado, tem um ser-aí empírico em geral).

38 (149, 16); 34

No original datilografado de Lima Vaz utilizou-se, neste ponto, o termo *relacionamento* para a tradução de *Beziehung* (*rapport*). Sobre a substituição de relacionamento por reportamento, ver nota referente a X (49, 21); 3.

38 (149, 16); 34

"*Outras relações no reportamento do ser e do nada*". Título da anotação indicado no sumário da edição original de 1812.

40 (153, 2); 35

"*A Dialética habitual diante do devir e do surgir e desaparecer*". Título da anotação indicado no sumário da edição original de 1812.

44 (157, 28); 37

Termo controverso para a tradução de "aufheben", 'suprassumir' foi tomado por Lima Vaz enquanto constitutivo de seu próprio pensamento, tal como ele escreve, por exemplo, em vários lugares de *Antropologia Filosófica* I, especialmente quando, para a tradução de 'Aufhebung', identifica 'suprassunção' — cunhado a partir de 'sursomption', utilizado por Labarrière e Jarczyk, seguindo por seu turno a sugestão de Yvon Gauthier — com 'mediação' e 'sobrelevação', respectivamente em *Antropologia Filosófica I*, p. 118 e p. 266. Segue a justificativa de Labarrière (em *Structures et Mouvement Dialectique dans la Phénoménologie de L'Esprit de Hegel*, 1968, p. 309), que se funda na de Gauthier:

> [...] a melhor transposição poderia ser essa introduzida por Yvon Gauthier (em seu artigo: Logique hégélienne et Formalization, Dialogue, Revue canadienne de Philosophie, septembre 1967, p. 152, note 5):

Propomos a tradução 'suprassumir' e 'suprassunção' para 'Aufheben' e 'Aufhebung'. A derivação etimológica se apoia sobre o modelo "assumir-assunção". A semântica da palavra corresponde ao antônimo de 'subsunção', que se encontra em Kant. A suprassunção define, portanto, uma operação contrária àquela da subsunção, que consiste em por a parte na ou sob a totalidade; a suprassunção, a Aufhebung, designa o processo da totalização da parte. [...]
Essa a tradução que adotamos aqui.

Também aqui, no entanto, Lima Vaz se beneficia do trabalho pioneiro de Paulo Meneses, que já na primeira metade dos anos de 1980 estabelecera seu cânone para a posterior tradução da *Fenomenologia do Espírito* em Língua portuguesa. Em sua tradução anterior, a versão parcial da *Fenomenologia do Espírito* — cujo prefácio, introdução e suas duas primeiras seções foram publicados em primeira edição em 1973 —, os termos portugueses utilizados para traduzir os alemães em tela eram 'suprimir' e 'supressão', tal como boa parte dos estudiosos de Hegel faziam à época, ainda sem o aporte das contribuições de Gauthier e, sobretudo, de seu encampamento por Labarrière, respectivamente, em 1967 e 1968. De fato, conforme já mencionado anteriormente, às páginas 9-10 de seu *Para ler a Fenomenologia do Espírito de Hegel. Roteiro* (São Paulo: Loyola, 1985) dedica 17 linhas de sua "Nota sobre a composição deste roteiro" precisamente aos termos 'aufheben' e 'Aufhebung' bem como à justificativa de sua tradução em português pelos neologismos 'suprassumir' e 'suprassunção'. Isso a partir dos modelos propostos por Yvon Gauthier, a partir de então utilizados por Labarrière.

45 (159, 19); 38

"*O suprassumir*". Título da anotação indicado no sumário da edição original de 1812.

O SER-AÍ

54 (173, 15); 42

"*Significação habitual da realidade*". Título da anotação indicado no sumário da edição original de 1812.

55 (175, 6); 43

Parênteses de Hegel.

55 (175, 25); 43

Aspas duplas de Lima Vaz.

58 (181, 5); 45

Tomando essa nota de Labarrière/Jarczyk por referência, tal como utilizada por Lima Vaz, o uso de *ser-dentro-de-si* foi padronizado como a versão brasileira de *Insichsein* na presente tradução. No original datilografado aparece de maneira oscilante *ser-dentro-de-si* e *ser-em-si*; a fixação de *ser-dentro-de-si* para *Insichsein* mantém o rigor do texto de Hegel, assim como permite ao leitor acompanhar de modo mais claro quando no original está em jogo *Insichsein* ou *Ansichsein*, vertido por *ser-em-si*.

68 (183); 50

"*Significação habitual da qualidade*". Título da anotação indicado no sumário da edição original de 1812.

69 (197, 7-8); 52

No original datilografado de Lima Vaz, essas linhas se apresentam assim: "A *Qualirung* ou *Inqualirung* da filosofia de Jacob Böhme (que vai à profundeza, embora profundeza turva) [...]", já nomeia, portanto, o autor com quem Hegel está a discutir. De fato, todo esse parágrafo (destacado na versão de Vaz) se refere à filosofia de Jakob Böhme, o qual, no entanto, conforme nota de Labarrière e Jarczyk, só será nomeado de modo explícito na segunda edição da *Doutrina do Ser*, mas em um contexto que muda substancialmente sua apropriação por Hegel. No que diz respeito à tradução dos termos acima referidos, Lima Vaz segue o procedimento de Labarrière e Jarczyk, isto é, mantém-nos tal como no original, sem tradução. Para um maior esclarecimento quanto a esse ponto, e no espírito da versão mesma de Vaz, a nota dos tradutores franceses é reproduzida a seguir.

Esta filosofia na profundidade turva é a de Jakob Böhme, que será nomeado neste mesmo lugar na segunda edição (cf. Lasson I, 101) [ed. bras., Iber et al., p. 119]. Esses dois termos, *Qualirung* e *Inqualirung* (dos quais não tentamos a impossível tradução), pertencem, com efeito, ao vocábulo de Böhme. Este os criou conjugando, em torno do termo de base *Qualität*, as palavras *Quell* (fonte) e *Qual* (tormento). A qualidade, para ele, é um processo essencialmente dinâmico (sabemos que Böhme denomina as qualidades *dunameis*; cf. *La Philosophie de Jacob Böhme*, par Alexandre Koyré, p. 381, nota): dinamismo negativo que faz com que o ser-em-si se determine fundamentalmente em uma unidade constitutiva com o ser-para-outra-coisa (que é seu tormento, seu ferimento — *Qual*); dinamismo positivo que faz com que o alguma-coisa, em função precisamente da qualidade que é a sua, desenvolva uma ação no mundo (origem, fonte — *Quelle*). Hegel evoca este termo de Böhme em numerosas outras passagens de sua obra: *História da Filosofia*, III. Seção B. Jakob Böhme. l.c. A Qualidade (éd. Glockner, 19, 310ss) [ed. Moldenhauer/Michel, 20, p. 103]; *Enciclopédia*, prefácio à segunda edição (éd. Nicolin/Pöggeler, 12/39; tradução de B. Bourgeois, Vrin, 1970, p. 131) [ed. port., Morão, p. 52; ed. bras., Meneses, com os adendos orais, p. 26]; recensão de uma obra de filosofia hindu nos *Jahrbücher für Wissenschaft* [*Anuários de Ciência*] de 1827 (ed. Glockner, 20, p. 125) [ed. Moldenhauer/Michel, 11, p. 198] etc. A *qualidade*, em Böhme, é, na perspectiva de sua sistemática trinitária, o que caracteriza por Pai, isto é, a Totalidade-fonte, não ainda posta em sua diferença efetiva. (*Science de la logique*, I, p. 104, nota).

Embora os tradutores franceses afirmem que Jakob Böhme "será nomeado neste mesmo lugar na segunda edição", uma consideração mais ampla se faz aqui necessária. Não será exatamente "neste mesmo lugar": enquanto na primeira edição a referência à filosofia de Böhme se dá no contexto de uma nota sobre a significação habitual da Qualidade, nos limites da *disposição* (*Beschaffenheit*) segunda determinação da determinidade (em geral), segunda determinação da Determinidade, por sua vez, segunda divisão do Ser-aí; na segunda edição a referência em tela ocorre no contexto de uma nota sobre realidade e negação, nos limites da Quali-

dade como segunda determinação do Ser-aí como tal, primeira divisão do Ser-aí. Isso se impõe no contexto de uma reformulação geral da *Doutrina do Ser*, em especial no concernente à Finitude, que então ocupará o lugar da Determinidade como segunda divisão do Ser-aí na edição de 1831 (1832), quando a *Determinidade como tal* permanecerá como a categoria a mais abstrata, identificada, portanto, com a Qualidade, mas desaparece enquanto divisão específica. Essa mudança tem a ver com a transformação mesma do projeto hegeliano de uma consideração mais rigorosa e de uma exposição mais adequada do conteúdo especulativo para além do programa levado a termo na primeira edição, algo cuja consideração, porém, ultrapassa o escopo da nota presente. Para mais detalhes, ver nota referente a III (41, 1); 1.

70-71 (199, 17-22); 51

No original datilografado: "O devir igualmente aqui está determinado de maneira mais precisa, como mudança, pela razão seguinte: não são momentos puramente abstratos que se relacionam, mas momentos tais que são também unidades um do outro; segue-se daí que a determinação, no passar, se mantém igualmente, e o que se põe aqui não é um desaparecer, mas somente um devir-outro".

74 (205, 6); 53

"*Tu deves, porque tu podes* [*Du ſollſt, weil du kannſt*]". Título da anotação indicado no sumário da edição original de 1812.

75 (207, 17); 54

Esta anotação não se encontra indicada no sumário da edição original.

87 (225, 7); 60

"*Oposição habitual do finito e do infinito*". Título da anotação indicado no sumário da edição original de 1812.

O SER-PARA-SI

94 (235, 21); 65

"*Que é, como coisa?*" Título da anotação indicado no sumário da edição original de 1812.

96 (237, 27); 65

Parênteses de Lima Vaz.

103 (249, 2); 69

"*Atomística*". Título da anotação indicado no sumário da edição original de 1812.

106 (253, 9); 71

Lima Vaz traduz "ein gewordenes" por "um devindo", assim como "die gewordenen" por "os devindos". Trata-se, pois, da substantivação de um gerúndio cujo significado preciso é mudando, modificando, tornando etc.; em todo caso, capta o processo mesmo do devir na medida em que esse processo incide no alguma-coisa, mais precisamente no Um. Não obstante, os termos alemães em tela não dizem respeito ao que ainda estaria em devir ou no processo do devir, portanto devindo, mas ao que já deveio. Essa a razão pela qual o editor haver introduzido o neologismo 'devinido', que indica propriamente o que passou por ou no devir, logo, que deveio, ora designado 'o devinido'. Esta solução mantém o sentido que Hegel pretende em seu uso dos termos alemães utilizados, assim como a intenção de Vaz.

107 (252, 27); 71

No original de 1812 aqui utilizado 'Beziehungsloſigkeit' é grafado sem o segundo 'i', corrigido na edição crítica, assim como no texto digitalizado pelo Projeto DTA.

107 (255, 2); 71

"*Multiplicidade das Mônadas*". Título da anotação indicado no sumário da edição original de 1812.

119 (271, 30); 77

"*Construção kantiana da matéria a partir da força de atração e da força de repulsão*". Título da anotação indicado no sumário da edição original de 1812.

119 (273, 2, nota 1); 77

Lima Vaz interrompe a tradução da nota de Hegel sobre a assim chamada "construção kantiana da matéria" afirmando que ela é uma "nota imensa", a qual se inicia à página 119 e segue até à página 128 do original alemão. Na verdade, porém, o conteúdo da nota, no contexto do ensino de Vaz, que se constituía no propósito fundamental desta tradução, divergia desse propósito na medida em que tratava na verdade de um problema de história da filosofia, enquanto aquele ensino pretendia dar a conhecer a estrutura básica ou as articulações fundamentais do sistema de Hegel, tal como se pode apreender do conjunto dos cursos de Vaz sobre a *Ciência da Lógica*.

128 (273, 9-11); 78

Esse trecho no original datilografado de Vaz: "Em razão da imediatez desta unidade na qual desapareceu essa diferença, já que tal diferença só se dá onde há a unidade do *ser e do nada*, e fora desta unidade vem cair no *ser-outro*".

Obras citadas

(nas notas do tradutor e do editor)

BAUMGARTEN, A. G., *Metaphysik*, Halle, 1766.

HEGEL, G. W. F., *Ciência da Lógica. 3. A doutrina do Conceito*. Trad. Christian Iber e Federico Orsini. Petrópolis: Vozes; Bragança Paulista: Edusf, 2018.

HEGEL, G. W. F., *Ciência da Lógica. 2. A doutrina da Essência*. Trad. Christian Iber e Federico Orsini. Petrópolis: Vozes; Bragança Paulista: Edusf, 2017.

HEGEL, G. W. F., *Ciência da Lógica. 1. A doutrina do Ser*. Trad. Christian Iber, Marloren Miranda e Federico Orsini. Petrópolis: Vozes; Bragança Paulista: Edusf, 2016.

HEGEL, G. W. F., *Ciência da Lógica, Excertos*. Seleção e tradução de Marco Aurélio Werle. São Paulo: Barcarolla, 2011.

HEGEL, G. W. F., *Fenomenologia do Espírito*. 7. ed. rev. Tradução de Paulo Meneses. Petrópolis: Vozes; Bragança Paulista: USF, 2002.

HEGEL, G. W. F., *Leçons sur les preuves de l'existence de Dieu*. Traduction, présentation et notes par Jean-Marie Lardic. Paris: Aubier, 1994.

HEGEL, G. W. F., *Vorlesungen über Logik und Metaphysik* (Heidelberg 1817). Mitgeschrieben von F. A. Good. Herausgegeben von Karen Gloy, unter Mitarbeit von Manuel Bachmann, Reinhard Heckmann und Rainer Lambrecht. Hamburg: Felix Meiner, 1992.

HEGEL, G. W. F., *Phänomenologie des Geistes* (1807), neu hrsg. von Hans-Friedrich Wessels u. Heirinch Clairmont. Mit e. Einleitung von Wolfgang Bonsiepen. Hamburg: Meiner, 1988.

HEGEL, G. W. F., *Wissenschaft der Logik. Erster Teil: Die objektive Logik. Erster Band: Die Lehre vom Sein* (1832), herausgegeben von Friedrich Hogemann und Walter Jaeschke. Hamburg: Felix Meiner, 1985 [GW 21].

HEGEL, G. W. F., *Wissenschaft der Logik. Erster Band: Die objektive Logik.* (1812/1813), herausgegeben von Friedrich Hogemann und Walter Jaeschke. Hamburg: Felix Meiner, 1978 [GW 11].

HEGEL, G. W. F., *Science de la logique*, Premier tome. Deuxième libre. *La doctrine de l'essence*. Traduction, présentation et notes par P. J. Labarrière et Gwendoline Jarczyk. Paris: Aubier, 1976.

HEGEL, G. W. F., *Science de la logique*, Premier tome. Premier libre. *L'Être*. Édition de 1812. Traduction, présentation et notes par P. J. Labarrière et Gwendoline Jarczyk. Paris: Aubier, 1972.

HEGEL, G. W. F., *Enzyklopädie der Philosophischen Wissenschaften (1830)*. Hrsg. von F. Nicolin u. O. Pöggeler. Hamburg, Felix Meiner Verlag, 1959.

HEGEL, G. W. F., *Wissenschaft der Logik*. Zweiter Teil. Herausgegeben von Georg Lasson. Hamburg: Felix Meiner, 1963 (primeira edição, 1834).

HEGEL, G. W. F., *Phänomenologie des Geistes*. Hrsg. D. Johann Schulze. Berlin, Duncker und Humblot, 1832 (*Werke, Vollständige Ausgabe*. Zweiter Band).

HEGEL, G. W. F., *Wissenschaft der Logik, Erster Band. Die objektive Logik. [Erster Buch: Das Sein]*. Nürnberg: Johann Leonhard Schrag, 1812. Disponível em: <http://www.deutschestextarchiv.de/book/view/hegel_logik0101_1812?p=1>. Acesso em julho de 2019.

HEGEL, G. W. F., *System der Wissenschaft*. Erster Teil: *Die Phänomenologie des Geistes*. Bamberg/Würzburg, Joseph Anton Goebhardt, 1807.

HEIDEGGER, M., Erläuterung der "Einleintung" zu Hegels "Phänomenologie des Geistes" (1942). In: HEIDEGGER, M., *Gesamtausgabe, 68. Hegel*. Herausgegeben von Ingrid Schüssler. Farnkfurt am Main: Vittorio Klosterman, 1993.

KANT, I., *Crítica da Razão pura*. Tradução de Manuela Pinto dos Santos e Alexandre Fradique Morujão. Introdução e notas de Alexandre Fradique Morujão, 5ª edição, Lisboa: Calouste Gulbenkian, 2001.

LABARRIÈRE, P.-J., *Structures et Mouvement Dialectique dans la Phénoménologie de L'Esprit de Hegel*, Paris: Aubier, 1968.

LARDIC, J.-M., Introduction. In: HEGEL, G. W. F., *Leçons sur les preuves de l'existence de Dieu*. Traduction, présentation et notes par Jean-Marie Lardic. Paris: Aubier, 1994.

MENESES, P. G. de, *Para ler a Fenomenologia do Espírito*, São Paulo: Loyola, 1985.

NOBRE, M e REGO, J. M., *Conversas com filósofos brasileiros*, São Paulo: Ed. 34, 2001.

SAMPAIO, R. G., *Metafísica e Modernidade, método e estrutura, temas e sistema em Henrique Cláudio de Lima Vaz*. São Paulo: Loyola, 2006.

SILVA, M. M. da, Prefácio, in: VIEIRA, L. A. e SILVA, M. M. da, (Orgs.). *Interpretações da Fenomenologia do Espírito de Hegel*, São Paulo: Loyola, 1914,

VAZ, Henrique C. de Lima, Método e dialética, in: DE BRITO, E. F. e CHANG, L. H., *Filosofia e método*. São Paulo: Loyola, 2002.

VAZ, Henrique C. de Lima, *Escritos de Filosofia V. Introdução à Ética Filosófica 2*. São Paulo: Loyola, 2000.

VAZ, Henrique C. de Lima, *Escritos de Filosofia IV. Introdução à Ética Filosófica 1*. São Paulo: Loyola, 1999.

VAZ, Henrique C. de Lima, *Antropologia filosófica II*. São Paulo: Loyola, 1992.

VAZ, Henrique C. de Lima, *Antropologia filosófica I*. São Paulo: Loyola, 1991.

VAZ, Henrique C. de Lima, *Escritos de Filosofia II. Ética e Cultura*, São Paulo: Loyola, 1988.

VAZ, Henrique C. de Lima, Apresentação, in MENESES, P. G. de, *Para ler a Fenomenologia do Espírito*, São Paulo: Loyola, 1985.

VAZ, Henrique C. de Lima, Antropologia e direitos humanos, in: *REB*, 37 (1977): 13-40.

VAZ, Henrique C. de Lima, Moral, Sociedade e Nação, in: *Revista Brasileira de Filosofia*, 53 (1964): 1-30.

Edições Loyola

editoração impressão acabamento

Rua 1822 nº 341 – Ipiranga
04216-000 São Paulo, SP
T 55 11 3385 8500/8501, 2063 4275
www.loyola.com.br